国家通用手语系列
中国残疾人联合会 组编

化学常用词通用手语

中国聋人协会
国家手语和盲文研究中心 编

华夏出版社
HUAXIA PUBLISHING HOUSE

前　言

　　化学是在原子、分子水平上研究物质的组成、结构、性质及其应用的一门基础自然科学，其特征是研究物质和创造物质。化学不仅与人类的日常生活密切相关，也是材料科学、生命科学、信息科学、环境科学和能源科学等现代科学技术的重要基础，是推进现代社会文明和科学技术进步的重要力量。化学课是聋校义务教育阶段、聋人高中和高等教育的一门基础课程，是实施科学教育的重要领域，对引导听力残疾学生认识物质世界的变化规律，体验科学探究过程，形成积极的科学态度有着独特的作用。同时，根据听力残疾学生的身心特点，化学课教学需要使用手语。

　　20世纪90年代，中国聋人协会编辑的《中国手语》首次将一些化学常用词手语单列。2005年，中国残疾人联合会教育就业部委托上海市教育委员会教研室研究自然科学专业手语，2011年，《理科专业手语》出版，其中包括了化学方面的手语词。2016年，教育部颁布了《聋校义务教育化学课程标准》，聋校新的化学教材开始使用。同时，随着国家第一、二期特殊教育提升计划的实施，面向听力残疾学生的高中教育、职业教育和高等教育不断发展，化学课程的内容和程度在扩大和加深，原有的化学手语已不能完全适应教学的需要。同时，随着国家通用手语研究的深入，需要对原化学手语中不符合手语形象性、空间性、简约性的手势进行修改。2017年，中国残疾人联合会批准"化学学科常用词通用手语研究"立项，以进一步丰富和完善体现化学学科特点的专业手语，使之成为全国聋人教育机构化学教学通用的规范性手语。

　　在常用词目选择方面，根据教育部《聋校义务教育化学课程标准（2016年版）》所规定的身边的化学物质、物质的化学变化、物质构成的奥秘、化学与社会发展、科学探究五个方面，以聋校化学教材中的常用词为重点，并参考普通高中化学课程标准和教材，以及专门招收听力残疾学生的高等院校的化学教学内容，尽可能多地收入教学中使用频率高的常用词。

　　在手语表达方面，依据手语语言学理论，通过反复讨论、比较，尽量选取能比较简明、正确地表达化学概念的形象手语动作。对目前尚无表达人名特别是外国人名的约定俗成的手语，本书采用汉语手指字母或汉语手指字母＋手势的方式。

　　为了让听力残疾学生正确地学习化学知识，教学中需要将手语使用与图形、符号、公式和文字等相联系，使学生理解化学手语动作的设计理据及其与化学概念之间的关系。还可以在解释诸如"吸水""脱水""排水法""灭火剂""脱水剂"的意思时，颠倒手语词序，发挥手语形象性的作用，进而正确地理解和使用手语。

《化学常用词通用手语》共收入词目1059个（含列在括号中的同义词、近义词）。其中，❶❷为词目相同、词义不同的词；①②为词目和词义相同，但手语动作有差异的词。

化学学科常用词通用手语研究项目组负责人为北京联合大学智慧城市学院教科办马密霞，成员有：北京联合大学特殊教育学院祝平、李元稚、姚登峰、刘月媛，南京市聋人学校孙海蓉。基于项目成果参加后期审议和研究工作的有：国家手语和盲文研究中心顾定倩、王晨华、于缘缘，中国聋人协会手语研究与推广委员会徐聪，北京市手语研究会周旋，北京启喑实验学校张佳慧、孙联群，北京市东城区特殊教育学校穆颖，天津市聋人学校王健，南京市聋人学校张晓华，厦门市特殊教育学校许惠玲、徐林，成都市特殊教育学校戴毅，郑州工程技术学院刘明，华夏出版社有限公司刘畅。

全书文字说明和统稿由顾定倩负责，绘图由孙联群负责。

本项目研究得到北京联合大学、北京市手语研究会、北京启喑实验学校、北京市东城区特殊教育学校、天津市聋人学校、南京市聋人学校、厦门市特殊教育学校、成都市特殊教育学校、郑州工程技术学院的支持与帮助；得到中国残疾人联合会教育就业部副主任韩咏梅，教育处林帅华、郑莉，华夏出版社有限公司副总编辑曾令真的关心和支持。华夏出版社国家通用手语数字推广中心刘娲、徐聪、王一博、刘畅、李亚飞，信息中心副编审臧明云为本书的编辑、出版付出了辛勤的努力。在此，谨向所有关心、支持化学常用词通用手语研究的单位和人士表示衷心的感谢！

限于我们的专业水平和能力，本书难免存在不完善之处，希望广大读者提出意见，以便今后进一步完善。

《化学常用词通用手语》编写组

2022年3月

目　录

汉语手指字母方案 …………………………………………………………………………… 1
手势动作图解符号说明 ……………………………………………………………………… 11
手位和朝向图示说明 ………………………………………………………………………… 13

一、一般词汇

1. 教学常规用语

化学　课题　小结　教学模型　现象① …………………………………………………… 1
现象②　探究　奥秘　递变❶　递变❷　石器 …………………………………………… 2
青铜器　铁器　陶器（陶罐、罐）　开发　开采（挖掘、发掘、采矿）　回收 ………… 3
再生　利用（借用）　循环利用　化工厂　污水处理厂　垃圾处理站 …………………… 4

2. 物质的结构与性质

物质（东西、材料、物资）　化学变化　物理变化　化学性质　物理性质 ……………… 5
化学物质　化学结构　化合态　游离态　单质　化合物 …………………………………… 6
纯净物　混合物　成分　气味　变色　无色 ………………………………………………… 7
褪色①　褪色②　浑浊①　浑浊②　物体状态　固体 …………………………………… 8
液体　气体　粉尘　物理量　质量　硬度 …………………………………………………… 9
密度　压强　体积　容积　沸点　熔点 …………………………………………………… 10
凝固点　燃点①（着火点①）　燃点②（着火点②）　熔沸点　熔融状态　延展性 …… 11
溶解性　挥发性　腐蚀性　气密性　导电性　导热性 …………………………………… 12
热稳定性　耐高温　分散系　分散剂　分散质　溶液 …………………………………… 13
悬浊液　乳浊液　胶体　气溶胶　液溶胶　固溶胶 ……………………………………… 14
丁达尔效应　溶剂　溶质　纯度　浓度　盐度 …………………………………………… 15
溶解度　易溶　可溶　微溶　难溶①　难溶② …………………………………………… 16
溶质质量分数　饱和（满）　饱和溶液　不饱和溶液　波尔多液　水溶液 …………… 17
浓溶液　稀溶液　粒子　微粒　分子　原子 ……………………………………………… 18
质子　中子　离子　原子核　原子轨道　分子轨道 ……………………………………… 19
轨道重叠　分子间作用力（范德华力）　静电作用　化学键　离子键　离子化合物 … 20
共价键　共用电子对　偏移　共价化合物　金属键　配位键 …………………………… 21
氢键　单键　双键　三键　空间构型　键角 ……………………………………………… 22
键能　晶体①　晶体②　晶格　结合力　极化 …………………………………………… 23
极性　非极性　极性键　非极性键　极性分子　非极性分子 …………………………… 24
孤对电子　离域电子（自由电子）　阿伏加德罗常数　物质的量　单位　摩尔（mol） …… 25

摩尔质量　微粒数　气体摩尔体积　物质的量浓度　质量守恒　质量守恒定律……26
元素　元素周期表　元素周期律　族　主族　副族………………………………27
零族　短周期　长周期　卤族元素（卤素）　稀土元素　过渡元素……………28
微量元素　碱金属　质子数　中子数　质量数　核外电子数………………………29
核素　同位素　核电荷数　原子序数　原子量　分子量……………………………30
相对原子质量　相对分子质量　原子结构示意图　电子层　电子层数　最外层电子数……31
次外层电子数　族序数　原子半径　价电子　化合价（价态、原子价）　氧化数……32
电负性　电子能级　电子排布　电子排布式　电子转移　通式………………………33
化学式　分子式　实验式　最简式　电子式　结构式………………………………34
结构简式　离子酸　离子碱　原子团　阳离子　阴离子……………………………35
氢离子①　氢离子②　氢氧根离子　电解质　强电解质　弱电解质………………36
非电解质　电离　电离度　电离常数　电离方程式　电离能………………………37
电荷　正电荷　负电荷　酸　碱　盐…………………………………………………38
酸酐　酸碱度（pH 值）　酸性　碱性　中性　酸碱性……………………………39
酸碱指示剂　酸碱质子理论　氧化性　还原性　毒性　可燃性……………………40

3. 化学反应

化学反应　离子反应　潮解　水解　溶解（分解）…………………………………41
降解（粉碎）　吸水　脱水　挥发　汽化（气化）　液化…………………………42
冷凝　升华　结晶①　结晶②　凝聚（凝固）　浓缩（缩）………………………43
裂解（分裂）　锈（生锈）　化学符号　化学计量数　化学方程式　离子方程式……44
媒介　反应物　生成物（产物）　配平　反应条件　吸热……………………………45
放热　中和热　吸热反应　放热反应　焰色反应（焰色试验①）　焰色试验②……46
可逆反应　正反应　逆反应　分解反应　化合　化合反应…………………………47
置换反应　复分解反应　氧化　还原（复原、恢复）　氧化还原反应　中和作用……48
中和反应　银镜反应　歧化反应　裂解反应　水解反应　水合反应…………………49
取代反应　卤代反应　加成反应　消去反应　酯化反应　加聚反应…………………50
缩聚反应　皂化反应　电极反应　化学反应速率　化学反应限度　化学平衡………51
化学平衡状态　动态平衡………………………………………………………………52

4. 化学与能源

能源①　能源②　可再生能源…………………………………………………………52
不可再生能源　化石能源　化学能　热能　聚变　裂变……………………………53
衰变　充电电池　锂电池　镍镉电池　银锌电池　锌锰电池………………………54
燃料电池　一次性电池　原电池　蓄电池　电解池　煤（煤块）…………………55
煤气　水煤气　石油　天然气　沼气　可燃冰………………………………………56
液化石油气　原油①　原油②　柴油　煤油　机油…………………………………57
润滑油　尾气（汽车尾气）　氟利昂　减碳　低碳（降碳）　碳利用………………58
碳捕集　碳封存　碳中和①　碳中和②　碳达峰……………………………………59

二、无机化学

无机化学 无机物 无机化合物 同素异形体 空气（天气） ······ 60
氢气 氧气 氮气 氯气 氯水 溴水 ······ 61
液溴 氖气 稀有气体（惰性气体） 臭氧 氨气（氨） 氨水 ······ 62
金属 活泼金属 不活泼金属 黑色金属 有色金属 重金属 ······ 63
金属性 金属活动性 非金属① 非金属② 非金属性① 非金属性② ······ 64
金刚石（钻石） 石墨 无定形碳 活性炭 氧化物 酸性氧化物 ······ 65
碱性氧化物 金属氧化物 过氧化物 两性氧化物 一氧化氮 一氧化碳① ······ 66
一氧化碳② 二氧化碳① 二氧化碳② 干冰 二氧化氮 二氧化硅 ······ 67
二氧化硫 三氧化硫 三氧化二氮 五氧化二氮 五氧化二磷 氧化钾 ······ 68
氧化钙（生石灰） 氧化钠 氧化镁 氧化铝 氧化铁 氧化铜 ······ 69
二氧化锰 氧化亚铁 四氧化三铁 过氧化钠 过氧化氢 双氧水 ······ 70
氧化膜 钝化 铁锈 氯化物 氯化钾 氯化钙 ······ 71
氯化钠 氯化镁 氯化铝 氯化锌 氯化铁 氯化铜 ······ 72
氯化汞 氯化银 氯化锂 氯化钡 氯化铵 二氯化锰 ······ 73
含氧酸 无氧酸 一元酸 二元酸 多元酸 强酸 ······ 74
强碱 弱酸 弱碱 酸式盐 碱式盐 硅酸盐 ······ 75
铁盐 亚铁盐 盐酸 硫酸 硝酸 磷酸 ······ 76
碳酸 硅酸 稀盐酸 稀硫酸 浓盐酸 浓硫酸 ······ 77
氢化物 氢氧化物 两性氢氧化物 氢氧化钾 氢氧化钙（熟石灰①） 熟石灰② ······ 78
澄清石灰水 氢氧化钠 氢氧化镁 氢氧化铝 氢氧化铁 氢氧化铜 ······ 79
氢氧化钡 氢氧化锶 氢氧化亚铁 碱石灰 氯酸钾 高锰酸钾 ······ 80
次氯酸 次氯酸根 次氯酸钙 次氯酸钠 漂白剂 漂白粉 ······ 81
硫酸根 硫酸钾 硫酸钙 硫酸钠 硫酸镁 硫酸铝 ······ 82
硫酸铁 硫酸亚铁 硫酸铜 硫酸钡 硫酸铵 硫酸铝钾 ······ 83
亚硫酸根 亚硫酸钠 矾 明矾 硝酸根 硝酸钾 ······ 84
硝酸钙 硝酸钠 硝酸镁 硝酸铜 硝酸银 硝酸钡 ······ 85
硝酸铵 亚硝酸根 亚硝酸钾 亚硝酸钠 磷酸根 磷酸钾 ······ 86
磷酸钠 磷酸氢根 磷酸氢二钾 磷酸氢二钠 磷酸二氢根 磷酸二氢钾 ······ 87
磷酸二氢钠 碳酸根 碳酸钾 碳酸钙（石灰石①） 石灰石② 碳酸钠（纯碱、苏打①） ······ 88
苏打② 碳酸铜 碳酸银 碳酸钡 碳酸铵 碳酸氢根 ······ 89
碳酸氢钠（小苏打①） 小苏打② 食用碱 偏铝酸钠 硫氰化钾 白金 ······ 90
黄金 青铜 黄铜 冶炼（冶金） 合金 铝合金 ······ 91
不锈钢 炼铁 生铁① 生铁② 熟铁 铁屑 ······ 92
钢 炼钢 合金钢 矿物 黄铜矿 赤铁矿 ······ 93
菱铁矿 辉铁矿 银矿 铝土矿 花岗岩 大理石 ······ 94
红宝石 蓝宝石 硝 芒硝 硅藻土 火药 ······ 95
化肥 氮肥 磷肥 钾肥 复合肥料 脱氮作用 ······ 96

三、有机化学

有机化学 有机物 有机化合物 羧酸 醇 ······ 97

醛 酮 酚 醚 酯 烃 ····················· 98

烷烃 环烷烃 烯烃 炔烃 卤代烃 饱和烃 ······ 99

不饱和烃 脂肪烃 芳香烃 脂肪族化合物 芳香族化合物 同系物 ······ 100

衍生物 同分异构体 同分异构现象 碳碳双键 键线式 主链 ······ 101

支链（侧链） 取代基 烃基 烷基 羟基 羧基 ······ 102

醛基 酮基 酯基 配合物（络合物） 螯合物 高分子化合物（高分子） ······ 103

高聚物 聚合物 碳水化合物 有机溶剂 甲烷 乙烷 ······ 104

丙烷 丁烷 戊烷 己烷 氯代物 一氯甲烷 ······ 105

二氯甲烷 三氯甲烷 四氯化碳 环丙烷 环丁烷 环戊烷 ······ 106

环己烷 乙烯 丙烯 丁烯 乙炔 丙炔 ······ 107

丁炔 苯 苯环 甲苯 苯酚 苯甲酸钠 ······ 108

苯并芘 甲酸（蚁酸①） 蚁酸② 乙酸（醋酸） 乙二酸（草酸①） 草酸② ······ 109

果酸 苹果酸 乳酸① 乳酸② 甲醇 乙醇（酒精） ······ 110

乙二醇 丙三醇（甘油①） 甘油② 硫醇 乙醚 甲醛（福尔马林、蚁醛） ······ 111

乙醛（醋醛） 丙酮 乙酸乙酯 甘油三酯 单糖 多糖 ······ 112

果糖 葡萄糖 蔗糖 麦芽糖 木糖 木糖醇 ······ 113

单体 结构单元 聚合度 聚乙烯 聚四氟乙烯（特氟龙①） 特氟龙② ······ 114

聚氯乙烯 聚苯乙烯 聚酰胺（尼龙①、锦纶） 尼龙② 尼龙纤维 腈纶 ······ 115

合成纤维 合成橡胶 丙基橡胶 丁基橡胶 塑料（橡胶） 酚醛树脂 ······ 116

复合材料 玻璃钢 有机玻璃 多肽 氨基酸 尿素 ······ 117

农药① 农药② 杀虫剂 杀菌剂 尼古丁 芳香剂 ······ 118

芳香油 防冻剂 防腐剂 石蜡 表面活性物质 甲基橙 ······ 119

甲基红 石蕊 酚酞 炸药 硝酸甘油 油脂 ······ 120

四、化学实验

1. 一般词汇

实验① 实验② 实验室 实验室规则 实验设计 ······ 121

实验技能 操作方法 试剂 仪器 器材（设备） 设施 ······ 122

防护用具 护目镜 安全图标 可燃物 易燃物 易爆物 ······ 123

易耗品 实验室制法 工业制法 排水法（排水集气法） 向上排空气法 向下排空气法 ······ 124

滴定法 点燃（点火） 火（燃烧） 常温 加热 高温 ······ 125

充分燃烧（完全燃烧） 不充分燃烧（不完全燃烧） 蒸发 沸腾 掺杂 配制 ······ 126

制取 提取（提炼） 提取物 蒸馏 蒸馏水 分馏 ······ 127

干馏 振荡 分液 分离 离心分离 提纯 ······ 128

分层① 分层② 萃取 过滤 滤液 沉淀 ······ 129

沉降 稀释 淡化 吸附 扩散 扩散过程 ······ 130

电极 阳极 阴极 检测 分类（分组） 分析 ······ 131

分析化学　定量　定量分析　计量法　化学计量法　定性………………… 132
　　定性分析　准确度　精确度　精密度　废气　废水…………………………… 133
　　废渣　杂质……………………………………………………………………… 134

2. 实验试剂与仪器

　　萃取剂　氧化剂　还原剂……………………………………………………… 134
　　催化剂　干燥剂　缓冲剂　灭火剂　脱水剂　指示剂………………………… 135
　　制冷剂　胶粘剂　清洁剂　乳化剂　疏松剂　添加剂………………………… 136
　　甜味剂　香味剂　消毒液　表面皿　蒸发皿　酒精灯………………………… 137
　　酒精灯罩　酒精喷灯　滤纸　试纸　药匙　燃烧匙…………………………… 138
　　玻璃棒　洗耳球　温度计①（温度①）　温度计②（温度②）　导管①　导管②… 139
　　玻璃管　橡胶管　橡胶塞（橡皮塞）　有孔橡胶塞　试管　试管夹…………… 140
　　试管架　试管刷　水槽　洗涤槽　铁架台　铁圈……………………………… 141
　　铁夹　石棉网　泥三角　三脚架　漏斗　长颈漏斗…………………………… 142
　　分液漏斗　滴管　胶头滴管　冷凝管　移液管　滴定管……………………… 143
　　酸式滴定管　碱式滴定管　滴定管夹　球形干燥管　U形干燥管　量杯……… 144
　　量筒　称量瓶　容量瓶　烧杯　烧瓶　洗瓶…………………………………… 145
　　试剂瓶　广口瓶　细口瓶　集气瓶　气瓶（储气瓶）　滴瓶………………… 146
　　锥形瓶　三颈瓶　平底烧瓶　圆底烧瓶　蒸馏烧瓶　坩埚…………………… 147
　　坩埚钳　研钵　研钵棒　镊子　砝码　天平（托盘天平）…………………… 148
　　电子天平　分析天平　干燥器　恒温器　灭火器　氢气发生器（启普发生器）… 149
　　电搅拌器　磁力搅拌器………………………………………………………… 150

五、科学家

　　阿伏加德罗　玻义耳（玻意耳）　戴维　道尔顿　卡文迪许………………… 151
　　凯库勒　拉瓦锡　门捷列夫　普利斯特里　舍勒　侯德榜…………………… 152
　　张青莲①　张青莲②……………………………………………………………… 153

附录　化学元素…………………………………………………………………… 154
汉语拼音索引……………………………………………………………………… 175
笔画索引…………………………………………………………………………… 183

语言文字规范 GF 0021—2019

汉语手指字母方案

(中华人民共和国教育部、国家语言文字工作委员会、中国残疾人联合会
2019年7月15日发布，2019年11月1日实施)

前　　言

本规范按照GB/T 1.1—2009给出的规则起草。

本规范遵循下列原则起草：

稳定性原则。汉语手指字母在我国聋人教育和通用手语中已使用半个多世纪，影响深远。其简单、清楚、象形、通俗的设计原则和手指字母图示风格具有中国特色，被使用者熟识和接受。本规范保持原方案的设计原则、内容框架和图示风格。

实践性原则。本规范所作的所有修订均来自汉语手指字母使用过程中发现的问题。

时代性原则。本规范吸收现代语言学和手语语言学理论的最新成果。

规范性原则。本规范力求全面、准确地图示和说明每个手指字母的指式、位置、朝向及附加动作，图文体例、风格与GF 0020—2018《国家通用手语常用词表》保持一致。

本规范代替1963年12月29日中华人民共和国内务部、中华人民共和国教育部、中国文字改革委员会公布施行的《汉语手指字母方案》，与原《汉语手指字母方案》相比，主要变化如下：

——根据语言文字规范编写规则，采用新的编排体例；

——调整了术语"汉语手指字母"的定义；

——调整了字母"CH"的指式；

——调整了字母"A、B、C、D、H、I、L、Q、U"指式的呈现角度；

——增加了术语"远节指""近节指""中节指""书空"的定义；

——增加了表示每个汉语手指字母指式的位置说明；

——增加了《汉语拼音方案》规定的两个加符字母"Ê、Ü"指式的图示和"Ü"指式的使用说明。

本规范由中国残疾人联合会教育就业部提出。

本规范由国家语言文字工作委员会语言文字规范标准审定委员会审定。

本规范起草单位：北京师范大学、国家手语和盲文研究中心。

本规范起草人：顾定倩、魏丹、王晨华、高辉、于缘缘、恒森、仇冰、乌永胜。

汉语手指字母方案

1 范围

本规范规定了代表汉语拼音字母的指式和表示规则。适用于全国范围内的公务活动、各级各类教育、电视和网络媒体、图书出版、公共服务、信息处理中的汉语手指字母的使用以及手语水平等级考试。

2 规范性引用文件

下列注日期的引用文件均适用于本规范。

《汉语拼音方案》（1958年2月11日第一届全国人民代表大会第五次会议批准）

GF0020—2018《国家通用手语常用词表》（2018年3月9日中华人民共和国教育部、国家语言文字工作委员会、中国残疾人联合会发布，2018年7月1日实施）

3 术语和定义

下列术语和定义适用于本规范。

3.1

汉语拼音方案 scheme for the Chinese phonetic alphabet

给汉字注音和拼写普通话语音的方案。1958年2月11日第一届全国人民代表大会第五次会议批准。采用拉丁字母，并用附加符号表示声调，是帮助学习汉字和推广普通话的工具。

3.2

手形 handshape

表达汉语手指字母时手指的屈、伸、开、合的形状。

3.3

位置 location

表达汉语手指字母时手的空间位置。

3.4

朝向 orientation

表达汉语手指字母时手指所指的方向和掌心（手背、虎口）所对的方向。

3.5

动作 movement

表达加符字母 Ê、Ü 时手的晃动动作。

3.6

指式 finger shape

含有位置、朝向和附加动作的代表拼音字母的手形。

3.7
汉语手指字母 Chinese manual alphabet

用指式代表汉语拼音字母,按照《汉语拼音方案》拼成普通话;也可构成手语词或充当手语词的语素,是手语的组成部分。

3.8
远节指 distal phalanx

带有指甲的手指节。

3.9
近节指 proximal phalanx

靠近手掌的手指节。

3.10
中节指 middle phalanx

远节指与近节指之间的手指节。

3.11
书空 tracing the character in the air

用手指在空中比画汉语拼音声调符号或隔音符号。

4 汉语手指字母指式

4.1
单字母指式

《汉语拼音方案》所规定的二十六个字母,用下列指式表示:

Aa	右手伸拇指,指尖朝上,食、中、无名、小指弯曲,指尖抵于掌心,手背向右。
Bb	右手拇指向掌心弯曲,食、中、无名、小指并拢直立,掌心向前偏左。
Cc	右手拇指向上弯曲,食、中、无名、小指并拢向下弯曲,指尖相对成C形,虎口朝内。

D d		右手握拳，拇指搭在中指中节指上，虎口朝后上方。
E e		右手拇、食指搭成圆形，中、无名、小指横伸，稍分开，指尖朝左，手背向外。
F f		右手食、中指横伸，稍分开，指尖朝左，拇、无名、小指弯曲，拇指搭在无名指远节指上，手背向外。
G g		右手食指横伸，指尖朝左，中、无名、小指弯曲，指尖抵于掌心，拇指搭在中指中节指上，手背向外。
H h		右手食、中指并拢直立，拇、无名、小指弯曲，拇指搭在无名指远节指上，掌心向前偏左。
I i		右手食指直立，中、无名、小指弯曲，指尖抵于掌心，拇指搭在中指中节指上，掌心向前偏左。
J j		右手食指弯曲，中节指指背向上，中、无名、小指弯曲，指尖抵于掌心，拇指搭在中指中节指上，虎口朝内。

K k		右手食指直立,中指横伸,拇指搭在中指中节指上,无名、小指弯曲,指尖抵于掌心,虎口朝内。
L l		右手拇、食指张开,食指指尖朝上,中、无名、小指弯曲,指尖抵于掌心,掌心向前偏左。
M m		右手拇、小指弯曲,拇指搭在小指中节指上,食、中、无名指并拢弯曲搭在拇指上,指尖朝前下方,掌心向前偏左。
N n		右手拇、无名、小指弯曲,拇指搭在无名指中节指上,食、中指并拢弯曲搭在拇指上,指尖朝前下方,掌心向前偏左。
O o		右手拇指向上弯曲,食、中、无名、小指并拢向下弯曲,拇、食、中指指尖相抵成 O 形,虎口朝内。
P p		右手拇、食指搭成圆形,中、无名、小指并拢伸直,指尖朝下,虎口朝前偏左。
Q q		右手拇指在下,食、中指并拢在上,拇、食、中指指尖相捏,指尖朝前偏左,无名、小指弯曲,指尖抵于掌心。

R r	右手拇、食指张开,食指指尖朝左,拇指指尖朝上,中、无名、小指弯曲,指尖抵于掌心,手背向外。
S s	右手拇指贴近手掌,食、中、无名、小指并拢微曲与手掌成 90 度角,掌心向前偏左。
T t	右手拇、中、无名指指尖相抵,食、小指直立,掌心向前偏左。
U u	右手拇指贴近手掌,食、中、无名、小指并拢直立,掌心向前偏左。
V v	右手食、中指直立分开成 V 形,拇、无名、小指弯曲,拇指搭在无名指远节指上,掌心向前偏左。
W w	右手食、中、无名指直立分开成 W 形,拇、小指弯曲,拇指搭在小指远节指上,掌心向前偏左。
X x	右手食、中指直立,中指搭在食指上,拇、无名、小指弯曲,拇指搭在无名指远节指上,掌心向前偏左。

Y y	右手伸拇、小指，指尖朝上，食、中、无名指弯曲，掌心向前偏左。
Z z	右手食、小指横伸，指尖朝左，拇、中、无名指弯曲，拇指搭在中、无名指远节指上，手背向外。

4.2

双字母指式

《汉语拼音方案》所规定的四组双字母（ZH，CH，SH，NG），用下列指式表示：

ZH zh	右手食、中、小指横伸，食、中指并拢，指尖朝左，拇、无名指弯曲，拇指搭在无名指远节指上，手背向外。
CH ch	右手拇指在下，食、中、无名、小指并拢在上，指尖朝左成扁"⊐"形，虎口朝内。
SH sh	右手拇指贴近手掌，食、中指并拢微曲与手掌成90度角，无名、小指弯曲，指尖抵于掌心，掌心向前偏左。
NG ng	右手小指横伸，指尖朝左，拇、食、中、无名指弯曲，拇指搭在食、中、无名指上，手背向外。

4.3 加符字母指式

《汉语拼音方案》所规定的两个加符字母（Ê、Ü）用原字母（E、U）指式附加如下动作表示：

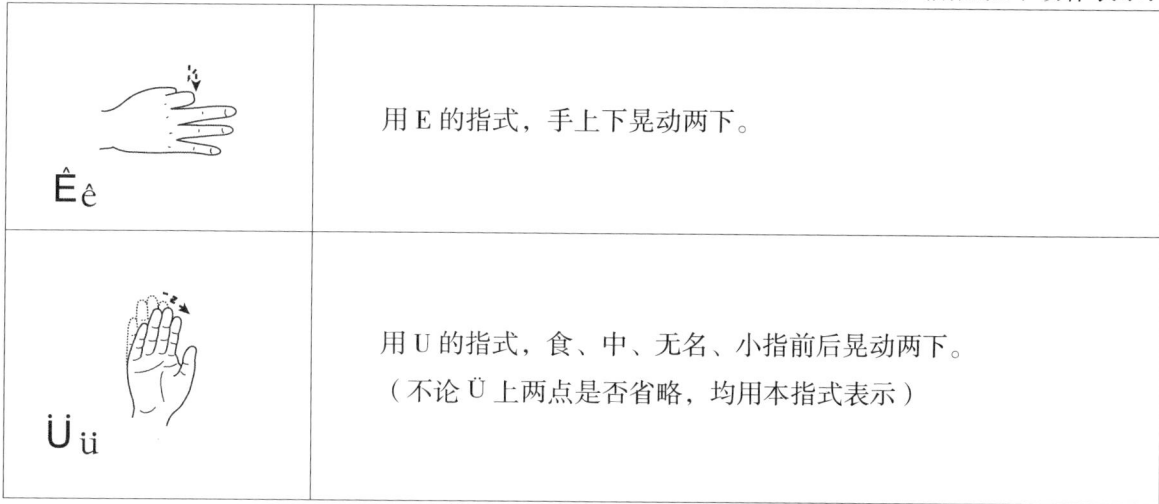

| Ê ê | 用 E 的指式，手上下晃动两下。 |
| Ü ü | 用 U 的指式，食、中、无名、小指前后晃动两下。（不论 Ü 上两点是否省略，均用本指式表示） |

4.4 声调符号和隔音符号表示方式

阴平（—）、阳平（ˊ）、上声（ˇ）、去声（ˋ）四种声调符号，用书空方式表示。隔音符号"'"也用书空方式表示。

5 使用规则

5.1 使用手

汉语手指字母、声调符号和隔音符号一般用右手表示；如用左手表示，方向作相应的改变。

5.2 手的位置

表示汉语手指字母时，手自然抬起，不超过肩宽。

表示手指字母"A、B、C、D、H、I、J、K、L、M、N、O、Q、S、T、U、V、W、X、Y、SH"时，手的位置在同侧胸前；表示手指字母"E、F、G、R、Z、ZH、CH、NG"时，手的位置在胸前正中；表示手指字母"P"时，手的位置在同侧腹部前。

5.3 图示角度

本规范的汉语手指字母图为平视图，以观看者的角度呈现。

手势动作图解符号说明

	表示沿箭头方向做直线、弧线移动，或圆形、螺旋形转动。
	表示沿箭头方向做曲线或折线移动。
	表示向同一方向重复移动。
	表示双手或双指同时向相反方向交替或交错移动。
	表示上下或左右、前后来回移动。
	表示沿箭头方向反复转动。
	表示沿箭头方向一顿，或到此终止。
	表示沿箭头方向一顿一顿移动。
	表示手指交替点动、手掌抖动或手臂颤动。
	表示双手先相碰再分开。
	表示拇指与其他手指互捻。
	表示手指沿箭头方向边移动边捏合。
	表示手指沿箭头方向收拢，但不捏合。
	表示双手沿箭头方向同时向相反方向拧动，并向两侧拉开。
	表示握拳的手按顺序依次伸出手指。

手位和朝向图示说明

	手侧立，手指指尖朝前，掌心向左或向右。
	手横立，手指指尖朝左或朝右，掌心向前或向后。
	手直立，手指指尖朝上，掌心向前或向后、向左、向右。
	手斜立，手指指尖朝左前方或右前方，掌心向左前方或右前方、左后方、右后方。
	手垂立，手指指尖朝下，掌心向前或向后、向左、向右。

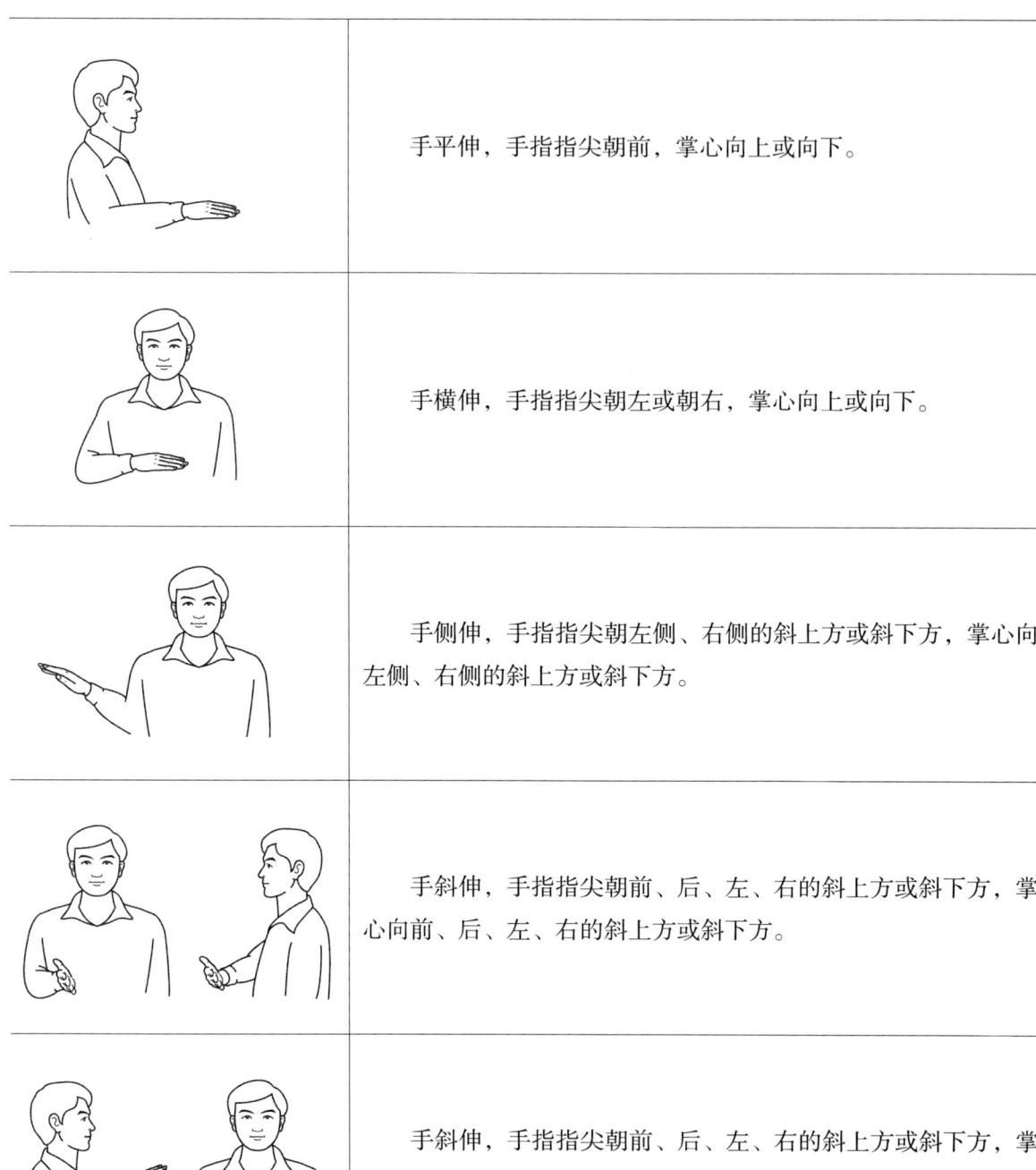

	手平伸，手指指尖朝前，掌心向上或向下。
	手横伸，手指指尖朝左或朝右，掌心向上或向下。
	手侧伸，手指指尖朝左侧、右侧的斜上方或斜下方，掌心向左侧、右侧的斜上方或斜下方。
	手斜伸，手指指尖朝前、后、左、右的斜上方或斜下方，掌心向前、后、左、右的斜上方或斜下方。
	手斜伸，手指指尖朝前、后、左、右的斜上方或斜下方，掌心向前、后、左、右的斜上方或斜下方。

一、一般词汇

1. 教学常规用语

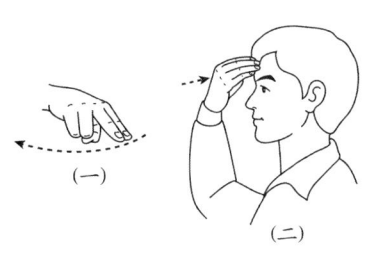

化学 huàxué
（一）一手打手指字母"H"的指式，指尖朝前斜下方，平行划动一下。
（二）一手五指撮合，指尖朝内，按向前额。

课题 kètí
（一）一手打手指字母"K"的指式，中指尖朝前，向前微动一下。
（二）一手拇、食指张开，指尖朝前，向一侧移动一下。

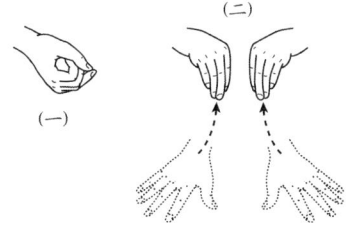

小结 xiǎojié
（一）一手拇、小指相捏，指尖朝上。
（二）双手五指张开，掌心向下，边向上移动边撮合，双手靠近。

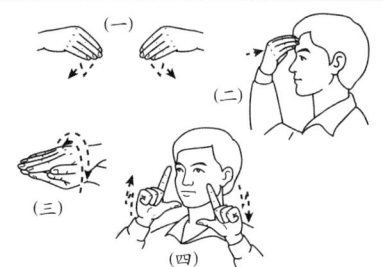

教学模型 jiàoxué móxíng
（一）双手五指撮合，指尖相对，手背向外，在胸前向前晃动两下。
（二）一手五指撮合，指尖朝内，按向前额。
（三）双手平伸，掌心相合，手背拱起，左右翻转两下。
（四）双手拇、食指成"⌐ ⌐"形，置于脸颊两侧，上下交替动两下。

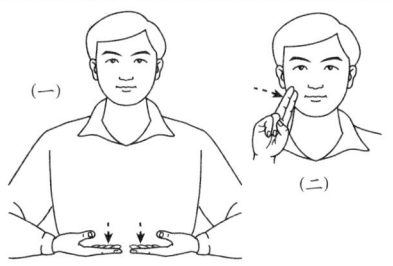

现象① xiànxiàng ①
（一）双手横伸，掌心向上，在腹前向下微动一下。
（二）一手食、中指直立并拢，掌心向斜前方，朝脸颊碰一下。

现象② xiànxiàng ②

（一）双手直立，掌心向内，左手不动，右手向内移动一下。

（二）一手食、中指直立并拢，掌心向斜前方，朝脸颊碰一下。

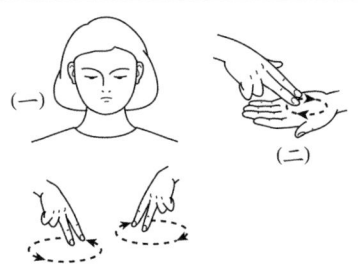

探究 tànjiū

（一）双手食、中指分开，指尖朝下，左右交替转动两下，头微低，眼睛注视手的动作，面露思考的表情。

（二）左手横伸；右手伸拇、食、中指，食、中指并拢，在左手掌心上转动两下。

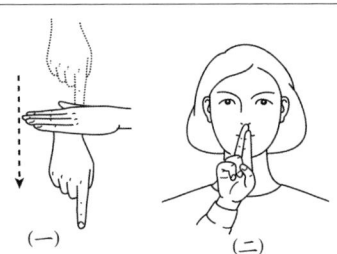

奥秘 àomì

（一）左手横伸，掌心向下；右手伸食指，指尖朝下，从左手内侧向下移动较长距离。

（二）一手食、中指直立相叠，手背向斜后方，贴于嘴部，嘴闭拢。

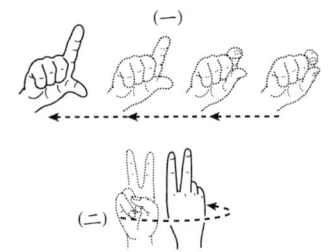

递变❶ dìbiàn ❶

（一）右手拇、食指微张，指尖朝前，边从左向右一顿一顿移动边逐渐张开，表示一次比一次增加。

（二）一手食、中指直立分开，由掌心向外翻转为掌心向内。

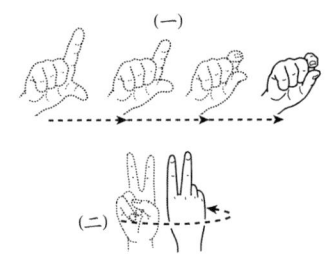

递变❷ dìbiàn ❷

（一）右手伸拇、食指，指尖朝前，边从右向左一顿一顿移动边逐渐缩小，表示一次比一次减少。

（二）一手食、中指直立分开，由掌心向外翻转为掌心向内。

石器 shíqì

（一）左手握拳；右手食、中指弯曲，以指关节在左手背上敲两下。

（二）双手五指弯曲，食、中、无名、小指关节交错相触，向下转动一下。

（可根据实际表示石器的外形）

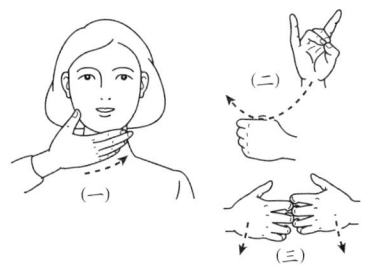

青铜器　qīngtóngqì

（一）一手横立，掌心向内，食、中、无名、小指并拢，在颏部从右向左摸一下。

（二）左手握拳，虎口朝上；右手打手指字母"T"的指式，砸一下左手虎口后向前移动，表示铜的声母。

（三）双手五指弯曲，食、中、无名、小指关节交错相触，向下转动一下。

（可根据实际表示青铜器的外形）

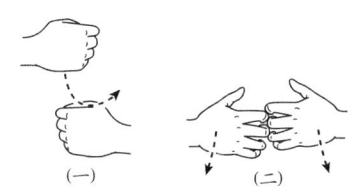

铁器　tiěqì

（一）双手握拳，虎口朝上，一上一下，右拳向下砸一下左拳，再向内移动。

（二）双手五指弯曲，食、中、无名、小指关节交错相触，向下转动一下。

（可根据实际表示铁器的外形）

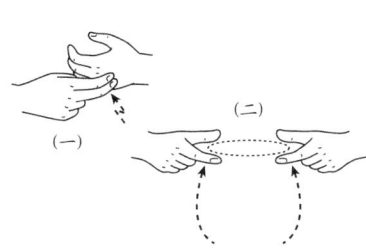

陶器（陶罐、罐）　táoqì（táoguàn、guàn）

（一）左手五指成半圆形，虎口朝上；右手伸食、中指，指尖朝内，敲两下左手背，如用手敲陶器状。

（二）双手拇、食指成大圆形，虎口朝上，从下向上做弧形移动，仿罐子的外形。

（可根据实际表示陶器的外形）

开发　kāifā

双手食、中指分开，掌心向外，交叉搭成"开"字形，置于身前，然后向两侧打开，掌心向斜上方。

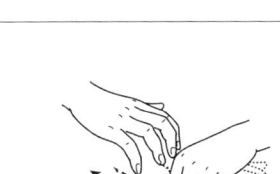

开采（挖掘、发掘、采矿）
　　kāicǎi（wājué、fājué、cǎikuàng）

左手横伸，手背拱起；右手五指微曲，掌心向下，在左手掌心下向后刨动两下，表示采矿。

（可根据实际表示开采的方式）

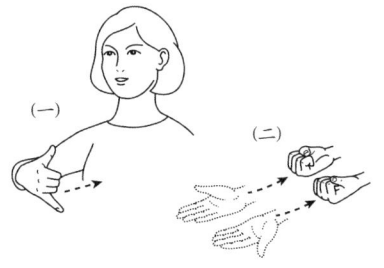

回收　huíshōu

（一）一手伸拇、小指，指尖朝内，从外向内移动。

（二）双手平伸，掌心向上，边向内移动边握拳。

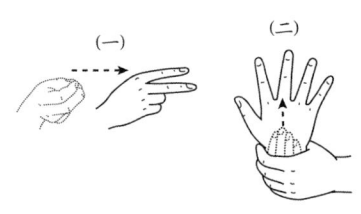

再生 zàishēng

（一）右手拇、食、中指相捏，手背向外，边向左移动边伸出食、中指。

（二）左手五指成半圆形，虎口朝上；右手五指撮合，指尖朝上，手背向外，边从左手虎口内伸出边张开。

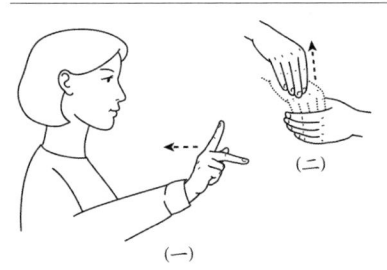

利用（借用） lìyòng (jièyòng)

（一）一手打手指字母"K"的指式，中指尖朝外，向内移动一下，表示利用资源的意思。

（二）左手五指成"匚"形，虎口朝上；右手五指撮合，指尖朝下，从左手虎口内抽出。

（可根据实际决定手的朝向和移动方向）

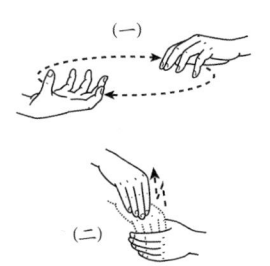

循环利用 xúnhuán lìyòng

（一）双手五指弯曲，指尖朝向一上一下，交替平行转动两下。

（二）左手五指成"匚"形，虎口朝上；右手五指撮合，指尖朝下，从左手虎口内抽出，重复一次。

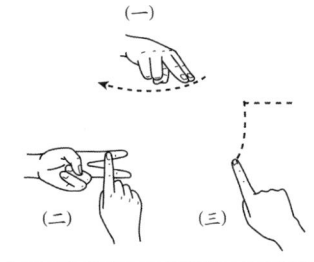

化工厂 huàgōngchǎng

（一）一手打手指字母"H"的指式，指尖朝前斜下方，平行划动一下。

（二）左手食、中指与右手食指搭成"工"字形。

（三）一手伸食指，指尖朝前，书空"厂"字形。

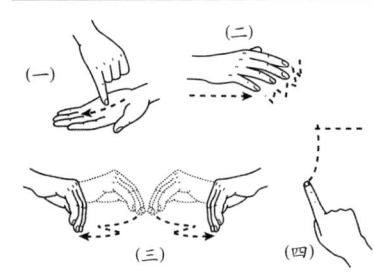

污水处理厂 wūshuǐ chǔlǐchǎng

（一）左手平伸；右手伸小指，指尖朝下，在左手掌心上向前划动一下。

（二）一手横伸，掌心向下，五指张开，边交替点动边向一侧移动。

（三）双手手背拱起，指背相对，分别向两侧扒动两下。

（四）一手伸食指，指尖朝前，书空"厂"字形。

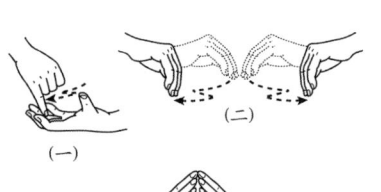

垃圾处理站 lājī chǔlǐzhàn

（一）左手五指微曲，指尖朝上；右手伸小指，指尖朝下，在左手掌心上划动两下。

（二）双手手背拱起，指背相对，分别向两侧扒动两下。

（三）双手搭成"∧"形。

2. 物质的结构与性质

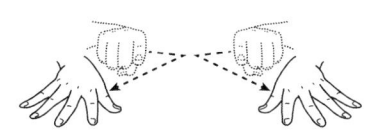
物质（东西、材料、物资）
　　wùzhì（dōng·xi、cáiliào、wùzī）
　　双手食指指尖朝前，手背向上，先互碰一下，再分开并张开五指。

化学变化　　huàxué biànhuà
　　（一）一手打手指字母"H"的指式，指尖朝前斜下方，平行划动一下。
　　（二）一手五指撮合，指尖朝内，按向前额。
　　（三）一手食、中指直立分开，由掌心向外翻转为掌心向内。

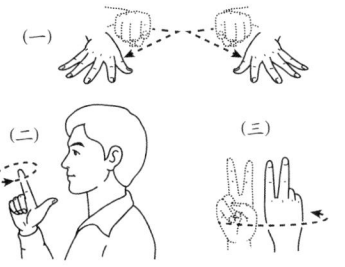
物理变化　　wùlǐ biànhuà
　　（一）双手食指指尖朝前，手背向上，先互碰一下，再分开并张开五指。
　　（二）一手打手指字母"L"的指式，逆时针平行转动一下。
　　（三）一手食、中指直立分开，由掌心向外翻转为掌心向内。

化学性质　　huàxué xìngzhì
　　（一）一手打手指字母"H"的指式，指尖朝前斜下方，平行划动一下。
　　（二）一手五指撮合，指尖朝内，按向前额。
　　（三）左手食指直立；右手食、中指横伸，指背交替弹左手食指背。

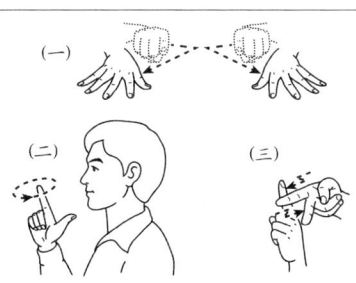
物理性质　　wùlǐ xìngzhì
　　（一）双手食指指尖朝前，手背向上，先互碰一下，再分开并张开五指。
　　（二）一手打手指字母"L"的指式，逆时针平行转动一下。
　　（三）左手食指直立；右手食、中指横伸，指背交替弹左手食指背。

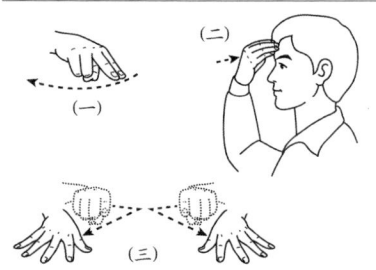

化学物质 huàxué wùzhì
（一）一手打手指字母"H"的指式，指尖朝前斜下方，平行划动一下。
（二）一手五指撮合，指尖朝内，按向前额。
（三）双手食指指尖朝前，手背向上，先互碰一下，再分开并张开五指。

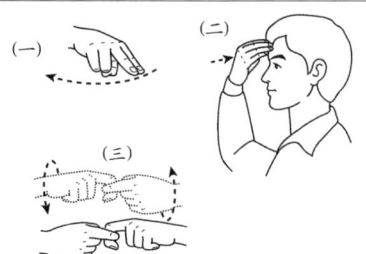

化学结构 huàxué jiégòu
（一）一手打手指字母"H"的指式，指尖朝前斜下方，平行划动一下。
（二）一手五指撮合，指尖朝内，按向前额。
（三）双手食指弯曲，互勾两下。

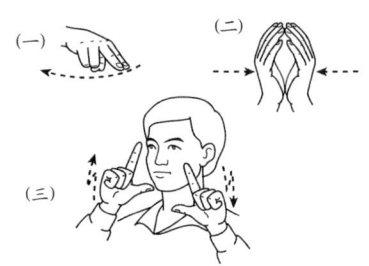

化合态 huàhétài
（一）一手打手指字母"H"的指式，指尖朝前斜下方，平行划动一下。
（二）双手直立，掌心左右相对，五指微曲，从两侧向中间移动。
（三）双手拇、食指成"⌊⌋"形，置于脸颊两侧，上下交替动两下。

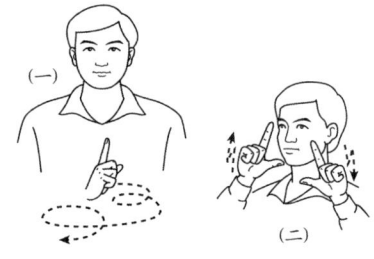

游离态 yóulítài
（一）一手食指直立，在胸前随意平行转动两圈。
（二）双手拇、食指成"⌊⌋"形，置于脸颊两侧，上下交替动两下。

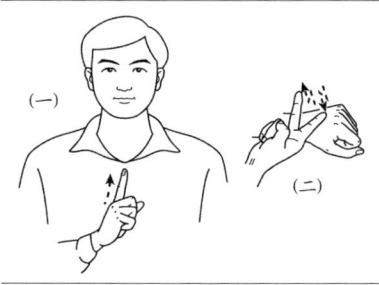

单质 dānzhì
（一）一手食指直立，虎口贴于胸部，向上移动少许。
（二）左手握拳；右手食、中指横伸，指背交替弹左手背。

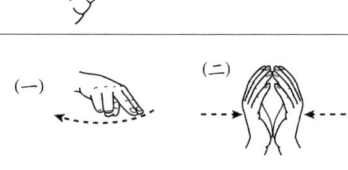
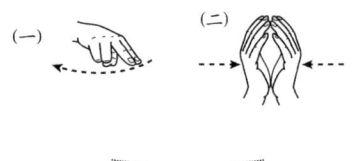
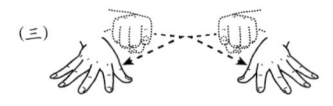

化合物 huàhéwù
（一）一手打手指字母"H"的指式，指尖朝前斜下方，平行划动一下。
（二）双手直立，掌心左右相对，五指微曲，从两侧向中间移动。
（三）双手食指指尖朝前，手背向上，先互碰一下，再分开并张开五指。

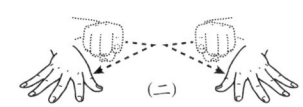
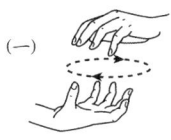

纯净物 chúnjìngwù

（一）左手横伸；右手平伸，掌心向下，贴于左手掌心，边向左手指尖方向移动边弯曲食、中、无名、小指，指尖抵于掌心。
（二）双手食指指尖朝前，手背向上，先互碰一下，再分开并张开五指。

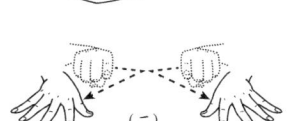

混合物 hùnhéwù

（一）双手五指弯曲，指尖上下相对，交替平行转动两下。
（二）双手食指指尖朝前，手背向上，先互碰一下，再分开并张开五指。

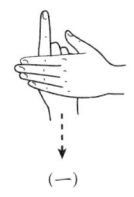
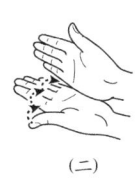

成分 chéngfèn

（一）左手横立；右手食指直立，在左手掌心内从上向下移动。
（二）左手平伸；右手斜立于左手掌心上，然后向右一顿一顿做弧形移动。

气味 qìwèi

一手打手指字母"Q"的指式，指尖朝内，移向鼻部，同时做耸鼻的动作。

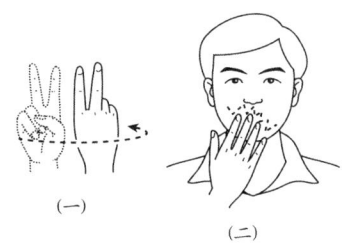

变色 biànsè

（一）一手食、中指直立分开，由掌心向外翻转为掌心向内。
（二）一手直立，掌心向内，五指张开，在嘴唇部交替点动。

无色 wúsè

（一）一手五指捏成圆形，虎口朝内，左右晃动几下。
（二）一手直立，掌心向内，五指张开，在嘴唇部交替点动。

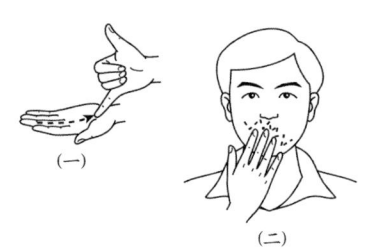

褪色①　tuìsè ①

（一）左手平伸，掌心向上；右手伸拇、小指，小指尖抵于左手指尖，再向后移动。

（二）一手直立，掌心向内，五指张开，在嘴唇部交替点动。

褪色②　tuìsè ②

（一）一手（或双手）食指横伸，手背向下，拇指尖按于食指根部，然后向指尖方向移动至拇、食指相捏，表示程度越来越轻。

（二）一手直立，掌心向内，五指张开，在嘴唇部交替点动。

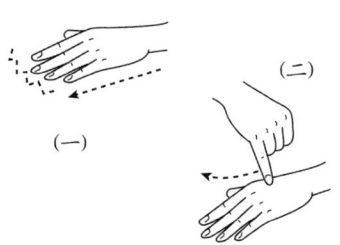

浑浊①　húnzhuó ①

（一）左手横伸，掌心向下，五指张开，边交替点动边向右移动。

（二）左手横伸；右手伸小指，指尖朝下，在左手背上向右划动一下。

（可根据实际表示浑浊的状态）

浑浊②　húnzhuó ②

左手横伸，五指张开，交替点动几下；右手伸小指，指尖朝下，在左手背上转动几下。

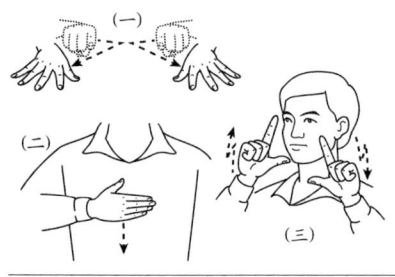

物体状态　wùtǐ zhuàngtài

（一）双手食指指尖朝前，手背向上，先互碰一下，再分开并张开五指。

（二）一手掌心贴于胸部，向下移动一下。

（三）双手拇、食指成"⌐ ⌐"形，置于脸颊两侧，上下交替动两下。

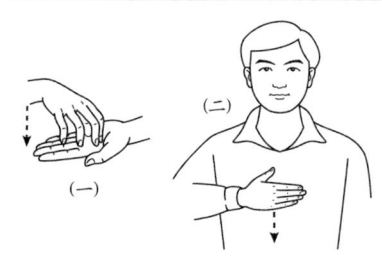

固体　gùtǐ

（一）左手横伸；右手五指弯曲，指尖朝下，抵于左手掌心，向下一按。

（二）一手掌心贴于胸部，向下移动一下。

液体 yètǐ

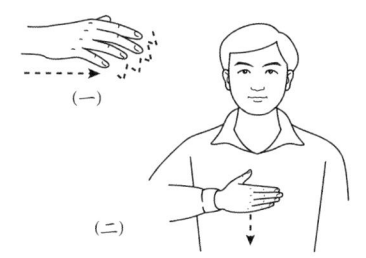

（一）一手横伸，掌心向下，五指张开，边交替点动边向一侧移动。
（二）一手掌心贴于胸部，向下移动一下。

气体 qìtǐ

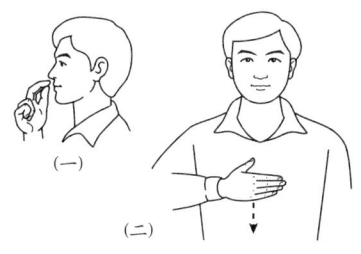

（一）一手打手指字母"Q"的指式，指尖朝内，置于鼻孔处。
（二）一手掌心贴于胸部，向下移动一下。

粉尘 fěnchén

一手五指撮合，指尖朝下，在面前边微转边互捻几下。

物理量 wùlǐliàng

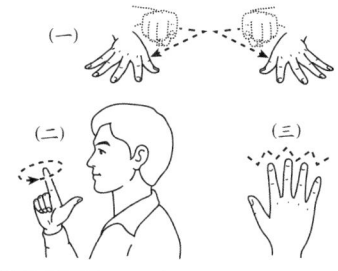

（一）双手食指指尖朝前，手背向上，先互碰一下，再分开并张开五指。
（二）一手打手指字母"L"的指式，逆时针平行转动一下。
（三）一手直立，掌心向内，五指张开，交替点动几下。

质量 zhìliàng

左手握拳；右手食、中指横伸，指背交替弹左手背。

硬度 yìngdù

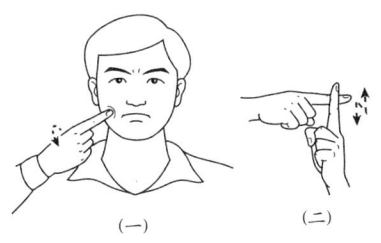

（一）一手食指抵于脸颊，向前微转一下，同时牙关紧咬。
（二）左手食指直立；右手食指横贴在左手食指上，然后上下微动几下。

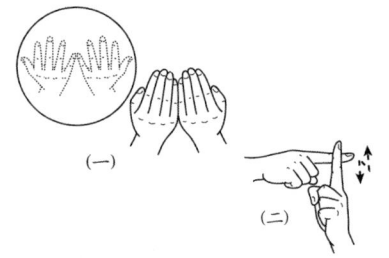

密度 mìdù
（一）双手直立，掌心向内，五指张开，然后并拢，靠在一起。
（二）左手食指直立；右手食指横贴在左手食指上，然后上下微动几下。

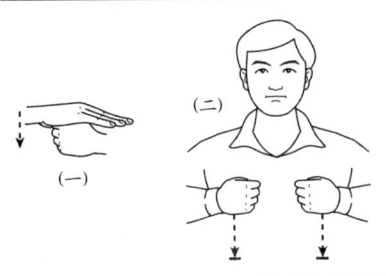

压强 yāqiáng
（一）左手握拳，手背向外，虎口朝上；右手横伸，掌心向下，置于左手虎口上，并向下一压。
（二）双手握拳屈肘，同时用力向下一顿。

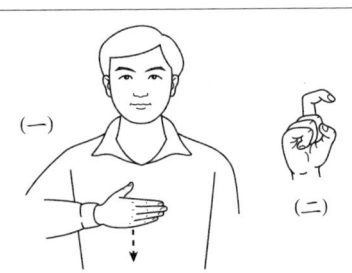

体积 tǐjī
（一）一手掌心贴于胸部，向下移动一下。
（二）一手打手指字母"J"的指式。

容积 róngjī
（一）左手五指成半圆形，虎口朝上；右手伸食指，指尖朝下，在左手虎口内转动一下。
（二）一手打手指字母"J"的指式。
（可根据实际表示容积）

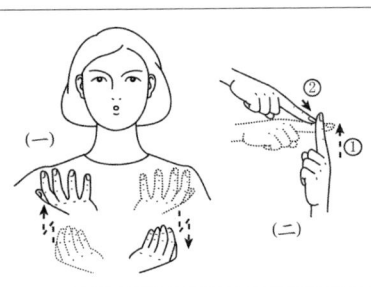

沸点 fèidiǎn
（一）双手五指撮合，指尖朝上，边上下微移边交替做开合的动作，嘴同时鼓起吹气，表示沸腾的水在冒泡。
（二）左手食指直立；右手食指横伸，从左手食指根部上移至某处时，食指尖再点一下该处。

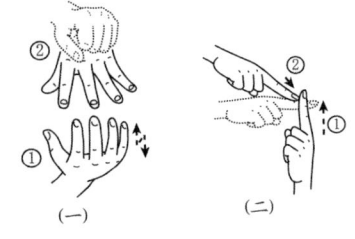

熔点 róngdiǎn
（一）左手虚握，手背向上；右手五指微曲，指尖朝上，在左手下方上下微动几下，左手五指缓慢张开，表示固体物质经加温后被熔化。
（二）左手食指直立；右手食指横伸，从左手食指根部上移至某处时，食指尖再点一下该处。

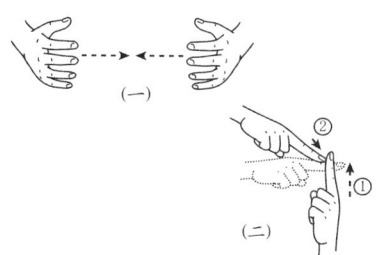

凝固点　nínggùdiǎn

（一）双手五指弯曲，指尖左右相对，虎口朝上，从两侧向中间移动。

（二）左手食指直立；右手食指横伸，从左手食指根部上移至某处时，食指尖再点一下该处。

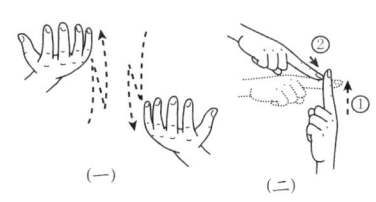

燃点①（着火点①）　rándiǎn ①（zháohuǒdiǎn ①）

（一）双手五指微曲，指尖朝上，上下交替动几下，如火苗跳动状。

（二）左手食指直立；右手食指横伸，从左手食指根部上移至某处时，食指尖再点一下该处。

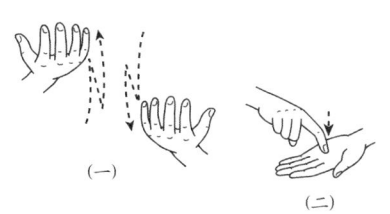

燃点②（着火点②）　rándiǎn ②（zháohuǒdiǎn ②）

（一）双手五指微曲，指尖朝上，上下交替动几下，如火苗跳动状。

（二）左手横伸；右手伸食指，指尖朝下，在左手掌心上点一下。

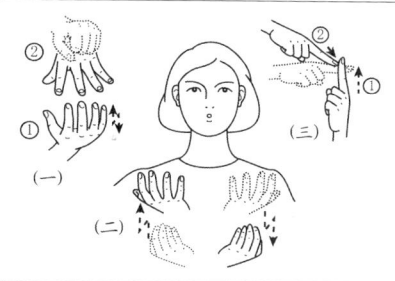

熔沸点　róngfèidiǎn

（一）左手虚握，手背向上；右手五指微曲，指尖朝上，在左手下方上下微动几下，左手五指缓慢张开，表示固体物质经加温后被熔化。

（二）双手五指撮合，指尖朝上，边上下微移边交替做开合的动作，嘴同时鼓起吹气，表示沸腾的水在冒泡。

（三）左手食指直立；右手食指横伸，从左手食指根部上移至某处时，食指尖再点一下该处。

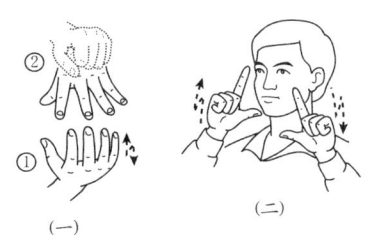

熔融状态　róngróng zhuàngtài

（一）左手虚握，手背向上；右手五指微曲，指尖朝上，在左手下方上下微动几下，左手五指缓慢张开，表示固体物质经加温后被熔化。

（二）双手拇、食指成"⌊⌋"形，置于脸颊两侧，上下交替动两下。

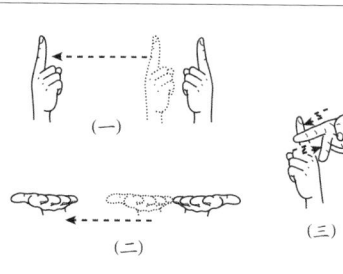

延展性　yánzhǎnxìng

（一）双手食指直立，指面左右相对，左手不动，右手向右移动一下。

（二）双手平伸相挨，掌心向上，左手不动，右手向右移动一下。

（三）左手食指直立；右手食、中指横伸，指背交替弹左手食指背。

溶解性 róngjiěxìng

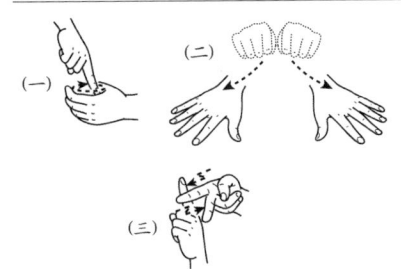

（一）左手五指成半圆形，虎口朝上；右手伸食指，指尖朝下，在左手虎口内转动一下。
（二）双手虚握，虎口左右相抵，边向两侧斜下方移动边张开五指。
（三）左手食指直立；右手食、中指横伸，指背交替弹左手食指背。

挥发性 huīfāxìng

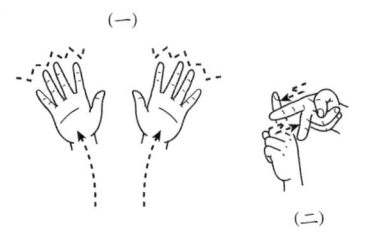

（一）双手直立，掌心向外，五指张开，边交替点动边向上移动，表示液体挥发。
（二）左手食指直立；右手食、中指横伸，指背交替弹左手食指背。

腐蚀性 fǔshíxìng

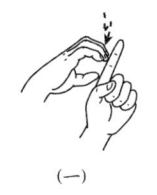 

（一）左手伸食指；右手五指弯曲，指尖在左手食指上做抓挠的动作，表示在腐蚀物体。
（二）左手食指直立；右手食、中指横伸，指背交替弹左手食指背。

气密性 qìmìxìng

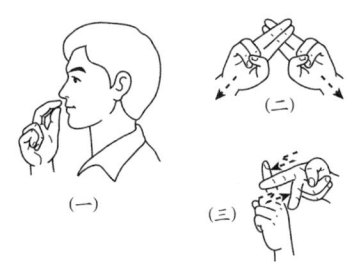

（一）一手打手指字母"Q"的指式，指尖朝内，置于鼻孔处。
（二）双手食、中指并拢，掌心向外，搭成"×"形，然后向两侧斜下方移动。
（三）左手食指直立；右手食、中指横伸，指背交替弹左手食指背。

导电性 dǎodiànxìng

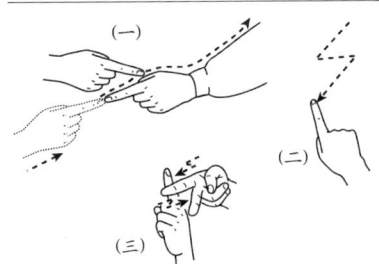

（一）双手伸食指，指尖左右相对，左手不动，右手食指移动并触到左手食指，然后向左手臂方向移动。
（二）一手食指书空"ㄣ"形。
（三）左手食指直立；右手食、中指横伸，指背交替弹左手食指背。

导热性 dǎorèxìng

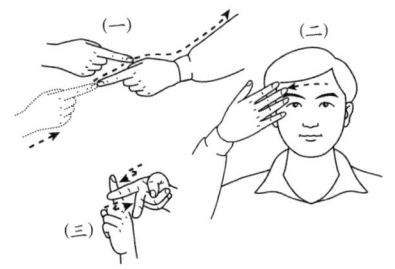

（一）双手伸食指，指尖左右相对，左手不动，右手食指移动并触到左手食指，然后向左手臂方向移动。
（二）一手五指张开，手背向外，在额头上一抹，如流汗状。
（三）左手食指直立；右手食、中指横伸，指背交替弹左手食指背。

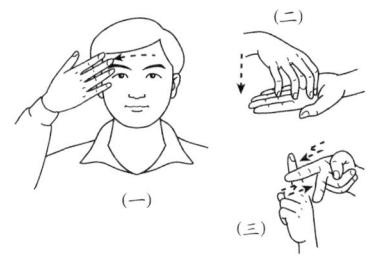

热稳定性 rèwěndìngxìng

（一）一手五指张开，手背向外，在额头上一抹，如流汗状。

（二）左手横伸；右手五指弯曲，指尖朝下，抵于左手掌心，向下一按。

（三）左手食指直立；右手食、中指横伸，指背交替弹左手食指背。

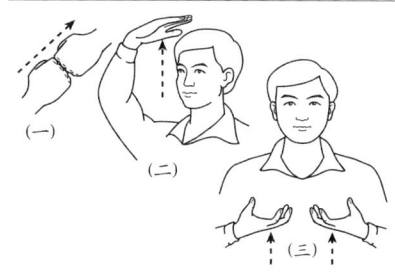

耐高温 nàigāowēn

（一）双手握拳屈肘，两拳斜向相抵，右拳将左拳向左上方顶出。

（二）一手横伸，掌心向下，向上移过头顶。

（三）双手横伸，掌心向上，五指微曲，从腹部缓慢上移。

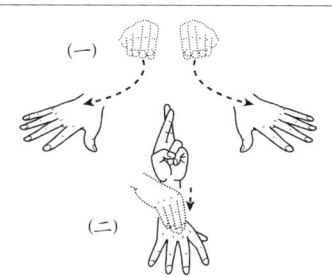

分散系 fēnsànxì

（一）双手五指撮合，指尖朝前，手背向上，边向两侧做弧形移动边张开。

（二）左手打手指字母"X"的指式，在上不动；右手五指撮合，指尖朝下，边从左手腕向下移动边张开，表示系统。

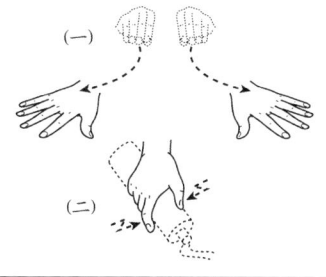

分散剂 fēnsànjì

（一）双手五指撮合，指尖朝前，手背向上，边向两侧做弧形移动边张开。

（二）右手五指弯曲，虎口朝左下方，做从瓶子中挤液体的动作。

（可根据实际表示不同形态的分散剂）

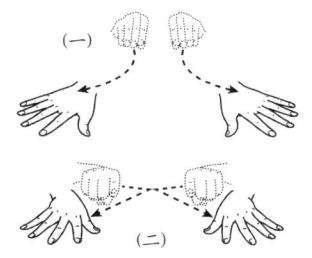

分散质 fēnsànzhì

（一）双手五指撮合，指尖朝前，手背向上，边向两侧做弧形移动边张开。

（二）双手食指指尖朝前，手背向上，先互碰一下，再分开并张开五指。

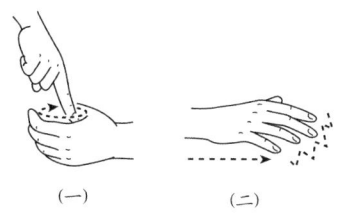

溶液 róngyè

（一）左手五指成半圆形，虎口朝上；右手伸食指，指尖朝下，在左手虎口内转动一下。

（二）一手横伸，掌心向下，五指张开，边交替点动边向一侧移动。

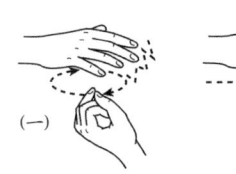

悬浊液　xuánzhuóyè

（一）右手横伸，五指张开，交替点动几下；左手拇、小指相捏，指尖朝上，在右手掌心下转动几下。

（二）右手横伸，掌心向下，五指张开，边交替点动边向一侧移动。

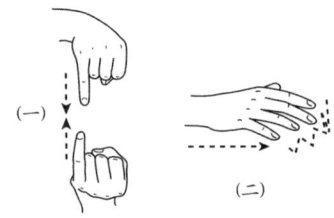

乳浊液　rǔzhuóyè

（一）双手伸小指，指尖上下相对，然后对戳一下。

（二）一手横伸，掌心向下，五指张开，边交替点动边向一侧移动。

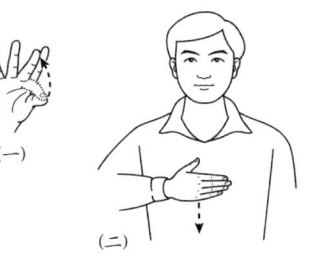

胶体　jiāotǐ

（一）一手拇、中指相捏，指尖朝前，然后缓慢张开。

（二）一手掌心贴于胸部，向下移动一下。

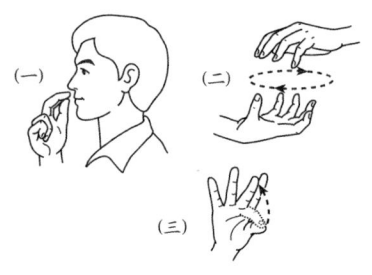

气溶胶　qìróngjiāo

（一）一手打手指字母"Q"的指式，指尖朝内，置于鼻孔处。

（二）双手五指弯曲，指尖上下相对，交替平行转动两下。

（三）一手拇、中指相捏，指尖朝前，然后缓慢张开。

（可根据实际表示气溶胶的样式）

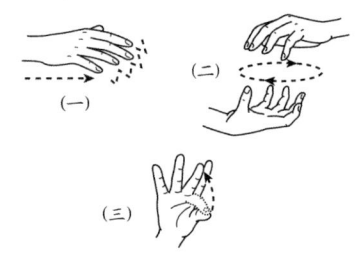

液溶胶　yèróngjiāo

（一）一手横伸，掌心向下，五指张开，边交替点动边向一侧移动。

（二）双手五指弯曲，指尖上下相对，交替平行转动两下。

（三）一手拇、中指相捏，指尖朝前，然后缓慢张开。

（可根据实际表示液溶胶的样式）

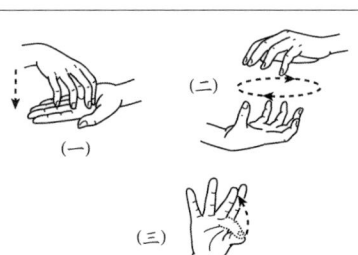

固溶胶　gùróngjiāo

（一）左手横伸；右手五指弯曲，指尖朝下，抵于左手掌心，向下一按。

（二）双手五指弯曲，指尖上下相对，交替平行转动两下。

（三）一手拇、中指相捏，指尖朝前，然后缓慢张开。

（可根据实际表示固溶胶的样式）

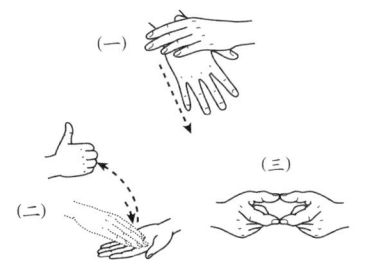

丁达尔效应 dīngdá'ěr xiàoyìng

（一）左手横伸，五指张开；右手五指张开，指尖朝左下方，手背向外，在左手掌心下向左下方移动。

（二）左手横伸，掌心向上；右手先拍一下左手掌，再伸出拇指。

（三）双手拇、食指搭成圆形，虎口朝上。

（可根据实际表示丁达尔效应）

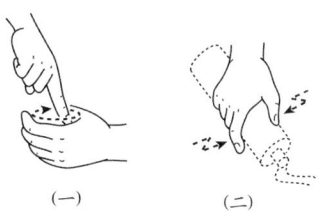

溶剂 róngjì

（一）左手五指成半圆形，虎口朝上；右手伸食指，指尖朝下，在左手虎口内转动一下。

（二）右手五指弯曲，虎口朝左下方，做从瓶子中挤液体的动作。

（可根据实际表示溶剂的样式）

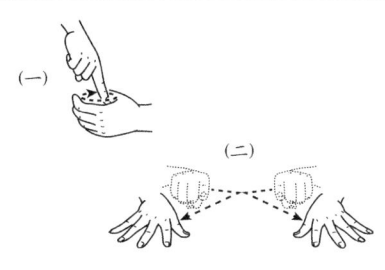

溶质 róngzhì

（一）左手五指成半圆形，虎口朝上；右手伸食指，指尖朝下，在左手虎口内转动一下。

（二）双手食指指尖朝前，手背向上，先互碰一下，再分开并张开五指。

（可根据实际表示溶质）

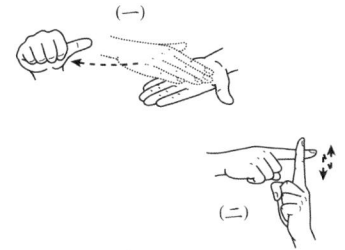

纯度 chúndù

（一）左手横伸；右手平伸，掌心向下，贴于左手掌心，边向左手指尖方向移动边弯曲食、中、无名、小指，指尖抵于掌心。

（二）左手食指直立；右手食指横贴在左手食指上，然后上下微动几下。

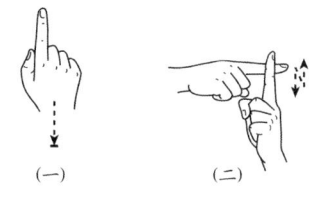

浓度 nóngdù

（一）一手食指直立，拇指尖按于食指根部，向下一顿。

（二）左手食指直立；右手食指横贴在左手食指上，然后上下微动几下。

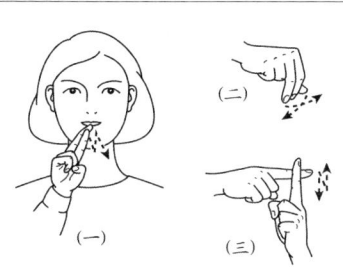

盐度 yándù

（一）一手打手指字母"X"的指式，置于嘴前，向下微动两下。

（二）一手拇、食、中指相捏，指尖朝下，互捻几下。

（三）左手食指直立；右手食指横贴在左手食指上，然后上下微动几下。

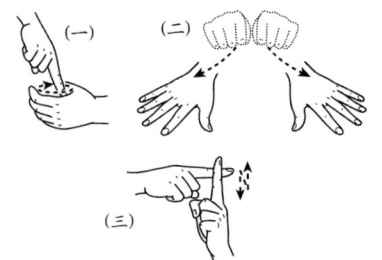

溶解度　róngjiědù

（一）左手五指成半圆形，虎口朝上；右手伸食指，指尖朝下，在左手虎口内转动一下。

（二）双手虚握，虎口左右相抵，边向两侧斜下方移动边张开五指。

（三）左手食指直立；右手食指横贴在左手食指上，然后上下微动几下。

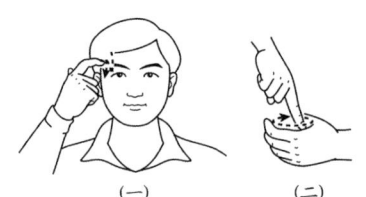

易溶　yìróng

（一）一手伸拇、食指，食指尖在太阳穴向下弯动两下。

（二）左手五指成半圆形，虎口朝上；右手伸食指，指尖朝下，在左手虎口内转动一下。

可溶　kěróng

（一）一手直立，掌心向外，然后食、中、无名、小指弯动一下。

（二）左手五指成半圆形，虎口朝上；右手伸食指，指尖朝下，在左手虎口内转动一下。

微溶　wēiróng

（一）一手拇、食指相捏，指尖朝上，向下微晃几下。

（二）左手五指成半圆形，虎口朝上；右手伸食指，指尖朝下，在左手虎口内转动一下。

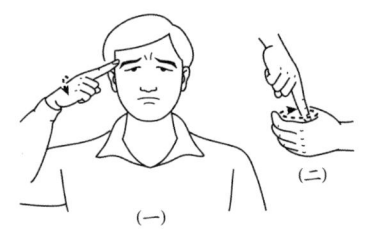

难溶①　nánróng ①

（一）一手食指抵于太阳穴，并钻动一（或两）下，面露苦恼的表情。

（二）左手五指成半圆形，虎口朝上；右手伸食指，指尖朝下，在左手虎口内转动一下。

（"难"的手语存在地域差异，可根据实际选择使用）

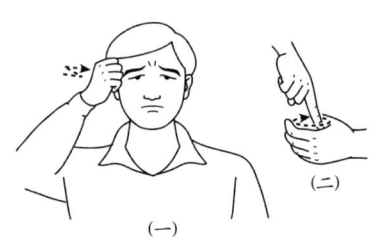

难溶②　nánróng ②

（一）一手握拳，拳心朝太阳穴敲两下，面露苦恼的表情。

（二）左手五指成半圆形，虎口朝上；右手伸食指，指尖朝下，在左手虎口内转动一下。

（"难"的手语存在地域差异，可根据实际选择使用）

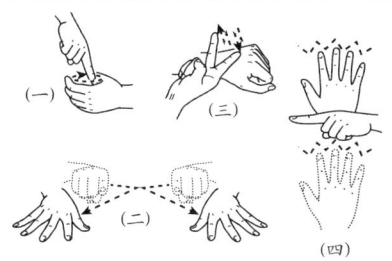

溶质质量分数　róngzhì zhìliàng fēnshù

（一）左手五指成半圆形，虎口朝上；右手伸食指，指尖朝下，在左手虎口内转动一下。

（二）双手食指指尖朝前，手背向上，先互碰一下，再分开并张开五指。

（三）左手握拳；右手食、中指横伸，指背交替弹左手背。

（四）左手食指横伸，手背向上，表示分式线；右手直立，掌心向内，五指张开，先在左手食指下交替点动几下，再在左手食指上交替点动几下。

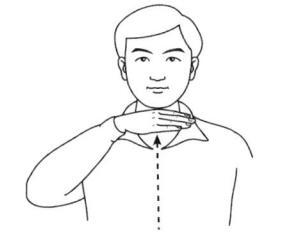

饱和（满）　bǎohé (mǎn)

一手横伸，掌心向下，从腹部向颏部移动。

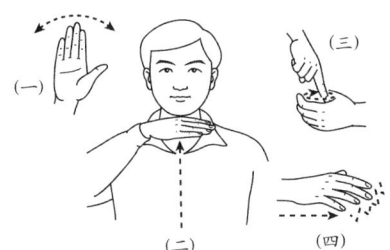

饱和溶液　bǎohé róngyè

（一）一手横伸，掌心向下，从腹部向颏部移动。

（二）左手五指成半圆形，虎口朝上；右手伸食指，指尖朝下，在左手虎口内转动一下。

（三）一手横伸，掌心向下，五指张开，边交替点动边向一侧移动。

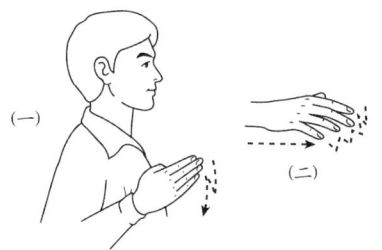

不饱和溶液　bùbǎohé róngyè

（一）一手直立，掌心向外，左右摆动几下。

（二）一手横伸，掌心向下，从腹部向颏部移动。

（三）左手五指成半圆形，虎口朝上；右手伸食指，指尖朝下，在左手虎口内转动一下。

（四）一手横伸，掌心向下，五指张开，边交替点动边向一侧移动。

波尔多液　bō'ěrduōyè

（一）右手打手指字母"B"的手势，掌心向左，向下挥动两下（此为国外表示波尔多的手语）。

（二）一手横伸，掌心向下，五指张开，边交替点动边向一侧移动。

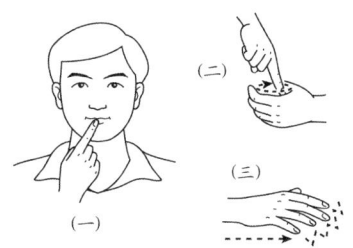

水溶液　shuǐróngyè

（一）一手伸食指，指尖贴于下嘴唇。

（二）左手五指成半圆形，虎口朝上；右手伸食指，指尖朝下，在左手虎口内转动一下。

（三）一手横伸，掌心向下，五指张开，边交替点动边向一侧移动。

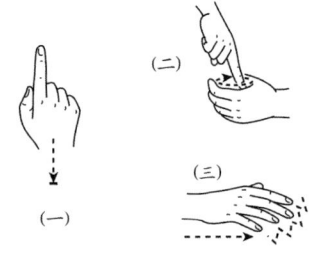

浓溶液 nóngróngyè

（一）一手食指直立,拇指尖按于食指根部,向下一顿。
（二）左手五指成半圆形,虎口朝上；右手伸食指,指尖朝下,在左手虎口内转动一下。
（三）一手横伸,掌心向下,五指张开,边交替点动边向一侧移动。

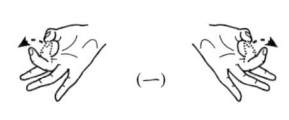

稀溶液 xīróngyè

（一）双手平伸,手背向下,拇、中指先相捏,再弹开。
（二）左手五指成半圆形,虎口朝上；右手伸食指,指尖朝下,在左手虎口内转动一下。
（三）一手横伸,掌心向下,五指张开,边交替点动边向一侧移动。

粒子 lìzǐ

（一）左手横伸；右手拇、小指相捏,指尖朝下,在左手掌心上点动两下。
（二）一手打手指字母"Z"的指式。

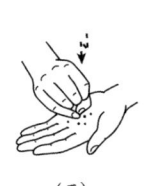

微粒 wēilì

（一）一手拇、小指相捏,指尖朝上。
（二）左手横伸；右手拇、小指相捏,指尖朝下,在左手掌心上点动两下。

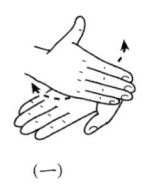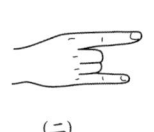

分子 fēnzǐ

（一）左手横伸；右手侧立,置于左手掌心上,并左右拨动一下。
（二）一手打手指字母"Z"的指式。

原子 yuánzǐ

（一）一手拇、食指捏成圆形,虎口朝上。
（二）一手打手指字母"Z"的指式。

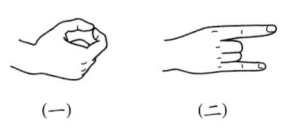

质子 zhìzǐ

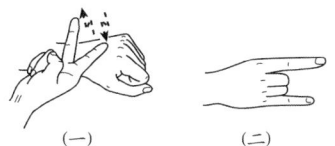

（一）左手握拳；右手食、中指横伸，指背交替弹左手背。
（二）一手打手指字母"Z"的指式。

中子 zhōngzǐ

 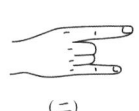

（一）左手拇、食指与右手食指搭成"中"字形。
（二）一手打手指字母"Z"的指式。

离子 lízǐ

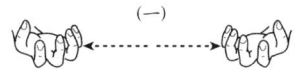

（一）双手五指弯曲，指尖朝上，从中间向两侧移动。
（二）一手打手指字母"Z"的指式。

原子核 yuánzǐhé

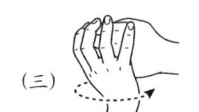

（一）一手拇、食指捏成圆形，虎口朝上。
（二）一手打手指字母"Z"的指式。
（三）左手握拳；右手五指微曲，手背向外，从右向左绕左拳转动半圈。

原子轨道 yuánzǐ guǐdào

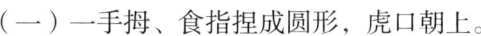
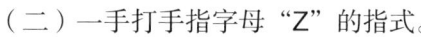

（一）一手拇、食指捏成圆形，虎口朝上。
（二）一手打手指字母"Z"的指式。
（三）一手拇、食指捏成圆形，虎口朝上，逆时针平行转动一圈。
（四）双手侧立，掌心相对，边向前移动边转弯。

分子轨道 fēnzǐ guǐdào

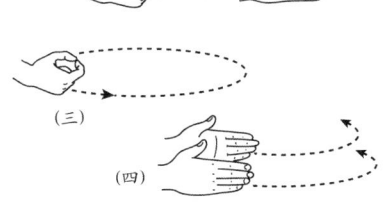
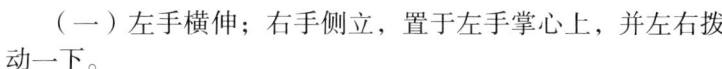
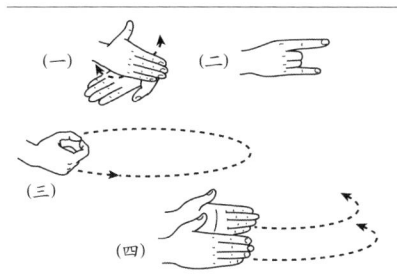

（一）左手横伸；右手侧立，置于左手掌心上，并左右拨动一下。
（二）一手打手指字母"Z"的指式。
（三）一手拇、食指捏成圆形，虎口朝上，逆时针平行转动一圈。
（四）双手侧立，掌心相对，边向前移动边转弯。

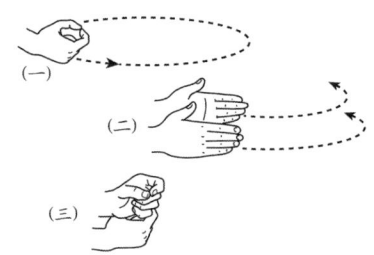

轨道重叠　guǐdào chóngdié

（一）一手拇、食指捏成圆形，虎口朝上，逆时针平行转动一圈。

（二）双手侧立，掌心相对，边向前移动边转弯。

（三）双手拇、食指捏成圆形，虎口朝上，上下相叠。

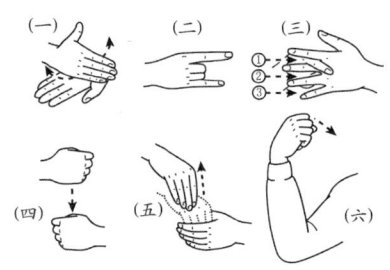

分子间作用力（范德华力）　fēnzǐjiān-zuòyònglì (fàndéhuálì)

（一）左手横伸；右手侧立，置于左手掌心上，并左右拨动一下。

（二）一手打手指字母"Z"的指式。

（三）左手横立，手背向外，五指张开；右手伸食指，指尖朝前，在左手食、中、无名、小指指缝间各插一下。

（四）双手握拳，一上一下，右拳向下砸一下左拳。

（五）左手五指成"⊂"形，虎口朝上；右手五指撮合，指尖朝下，从左手虎口内抽出。

（六）一手握拳屈肘，用力向内弯动一下。

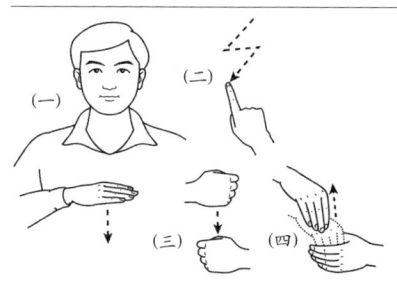

静电作用　jìngdiàn zuòyòng

（一）一手横伸，掌心向下，从胸部缓慢向下移动。

（二）一手食指书空"彡"形。

（三）双手握拳，一上一下，右拳向下砸一下左拳。

（四）左手五指成"⊂"形，虎口朝上；右手五指撮合，指尖朝下，从左手虎口内抽出。

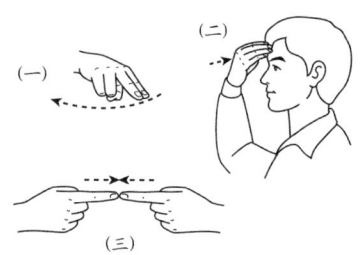

化学键　huàxuéjiàn

（一）一手打手指字母"H"的指式，指尖朝前斜下方，平行划动一下。

（二）一手五指撮合，指尖朝内，按向前额。

（三）双手食指横伸，手背向外，从两侧向中间移动，指尖相抵。

（可根据实际表示具体的化学键）

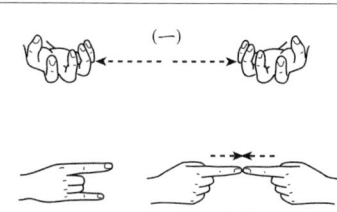

离子键　lízǐjiàn

（一）双手五指弯曲，指尖朝上，从中间向两侧移动。

（二）一手打手指字母"Z"的指式。

（三）双手食指横伸，手背向外，从两侧向中间移动，指尖相抵。

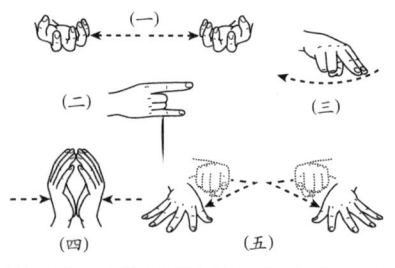

离子化合物　lízǐ huàhéwù

（一）双手五指弯曲，指尖朝上，从中间向两侧移动。

（二）一手打手指字母"Z"的指式。

（三）一手打手指字母"H"的指式，指尖朝前斜下方，平行划动一下。

（四）双手直立，掌心左右相对，五指微曲，从两侧向中间移动。

（五）双手食指指尖朝前，手背向上，先互碰一下，再分开并张开五指。

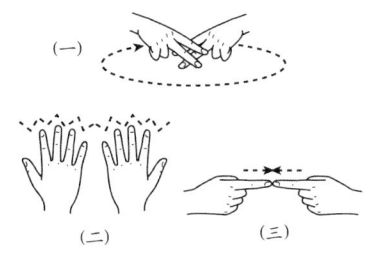

共价键　gòngjiàjiàn
（一）双手食、中指搭成"共"字形，手背向上，平行转动一圈。
（二）双手直立，掌心向内，五指张开，交替点动几下。
（三）双手食指横伸，手背向外，从两侧向中间移动，指尖相抵。

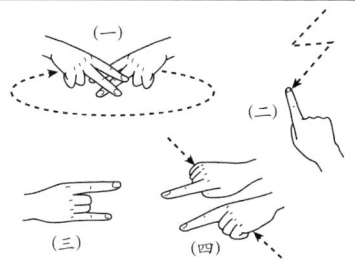

共用电子对　gòngyòng-diànzǐduì
（一）双手食、中指搭成"共"字形，手背向上，平行转动一圈。
（二）一手食指书空"ゟ"形。
（三）一手打手指字母"Z"的指式。
（四）双手伸食指，指尖朝前，手背向上，从两侧向中间移动。
（可根据实际表示共用电子对）

偏移　piānyí
一手食指直立，置于嘴中间，然后向一侧移动。

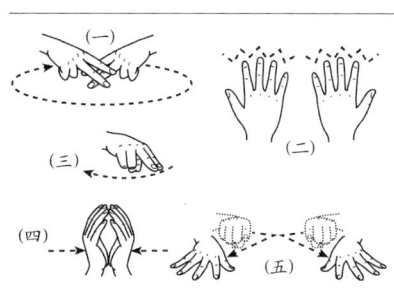

共价化合物　gòngjià-huàhéwù
（一）双手食、中指搭成"共"字形，手背向上，平行转动一圈。
（二）双手直立，掌心向内，五指张开，交替点动几下。
（三）一手打手指字母"H"的指式，指尖朝前斜下方，平行划动一下。
（四）双手直立，掌心左右相对，五指微曲，从两侧向中间移动。
（五）双手食指指尖朝前，手背向上，先互碰一下，再分开并张开五指。

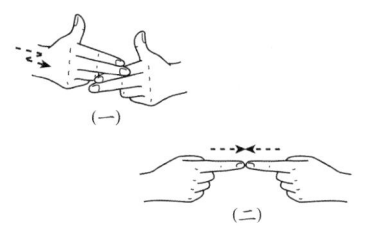

金属键　jīnshǔjiàn
（一）双手伸拇、食、中指，食、中指并拢，交叉相搭，右手中指蹭两下左手食指，表示金属。
（二）双手食指横伸，手背向外，从两侧向中间移动，指尖相抵。

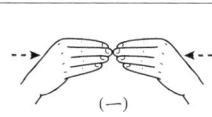

配位键　pèiwèijiàn
（一）双手五指撮合，手背向外，指尖互碰一下。
（二）双手食指横伸，手背向外，从两侧向中间移动，指尖相抵。

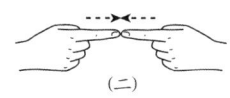

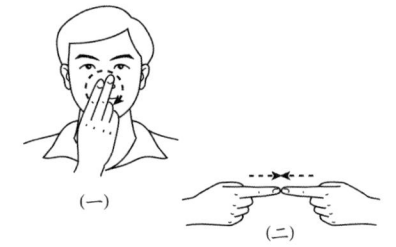

氢键 qīngjiàn

（一）一手打手指字母"H"的指式，掌心向内，置于鼻前，转动一小圈，表示氢的元素符号"H"。
（二）双手食指横伸，手背向外，从两侧向中间移动，指尖相抵。

单键 dānjiàn

双手食指横伸，手背向外，从两侧向中间移动，指尖相抵。

双键 shuāngjiàn

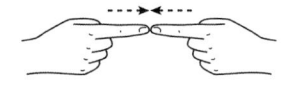

双手食、中指横伸并拢，手背向外，从两侧向中间移动，指尖相抵。

三键 sānjiàn

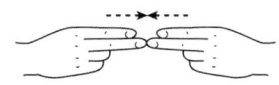

双手中、无名、小指横伸并拢，手背向外，从两侧向中间移动，指尖相抵。

空间构型 kōngjiān gòuxíng

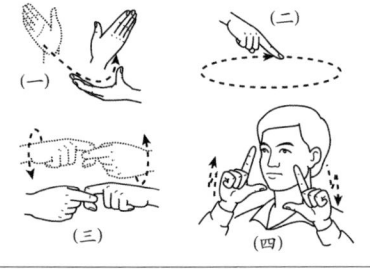

（一）左手斜伸，掌心向斜后方；右手食、中、无名、小指并拢，指尖朝前，小指外侧从右向左在左手虎口处刮一下。
（二）一手伸食指，指尖朝下划一大圈。
（三）双手食指弯曲，互勾两下。
（四）双手拇、食指成"⌴"形，置于脸颊两侧，上下交替动两下。

键角 jiànjiǎo

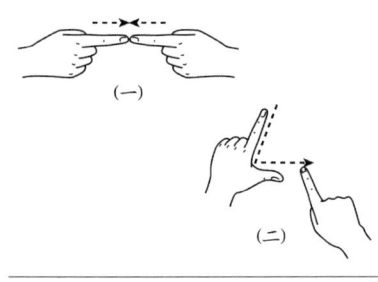

（一）双手食指横伸，手背向外，从两侧向中间移动，指尖相抵。
（二）左手拇、食指成"∠"形，手背向内；右手食指沿左手虎口划一下。

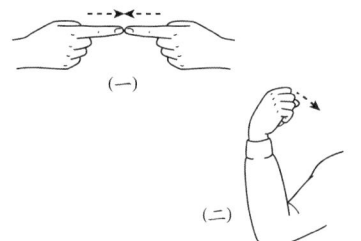

键能 jiànnéng

（一）双手食指横伸，手背向外，从两侧向中间移动，指尖相抵。

（二）一手握拳屈肘，用力向内弯动一下。

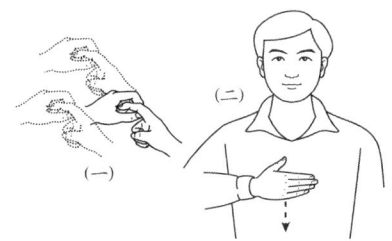

晶体① jīngtǐ ①

（一）左手拇、食指与右手食指搭成"日"字形，虎口朝内，然后在下连打两下，仿"晶"字形。

（二）一手掌心贴于胸部，向下移动一下。

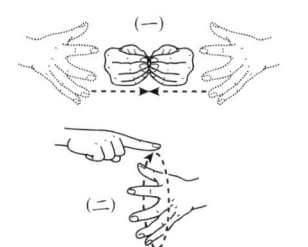

晶体② jīngtǐ ②

（一）双手五指弯曲，掌心左右相对，虎口朝上，边向中间靠拢边虚握，仿晶体的形状。

（二）左手五指弯曲，掌心向右，虎口朝上；右手食指横伸，手背向上，绕左手转动一圈。

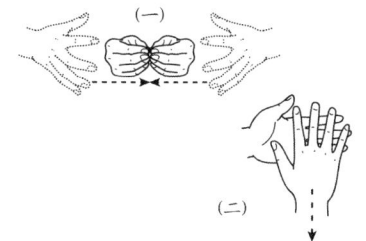

晶格 jīnggé

（一）双手五指弯曲，掌心左右相对，虎口朝上，边向中间靠拢边虚握，仿晶体的形状。

（二）双手五指张开，一横一竖搭成方格形，然后左手不动，右手向下移动。

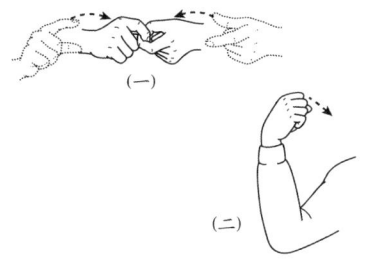

结合力 jiéhélì

（一）双手拇、食指张开，然后边向中间移动边套环。

（二）一手握拳屈肘，用力向内弯动一下。

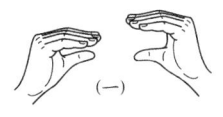

极化 jíhuà

（一）双手五指成"⊏⊐"形，虎口朝内，左手厚，右手薄，表示化学中一根共价键或一个共价分子中电荷分布的不均匀性。

（二）一手打手指字母"H"的指式，指尖朝前斜下方，平行划动一下。

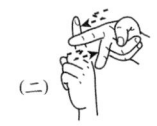

极性　jíxìng

（一）双手五指成"匚コ"形，虎口朝内，左手厚，右手薄，表示化学中一根共价键或一个共价分子中电荷分布的不均匀性。

（二）左手食指直立；右手食、中指横伸，指背交替弹左手食指背。

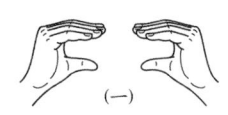

非极性　fēijíxìng

（一）双手五指成"匚コ"形，虎口朝内，表示化学中一根共价键或一个共价分子中电荷分布的均匀性。

（二）左手食指直立；右手食、中指横伸，指背交替弹左手食指背。

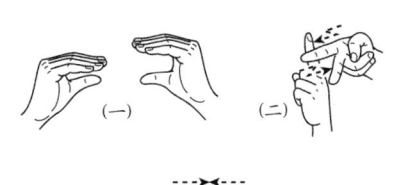

极性键　jíxìngjiàn

（一）双手五指成"匚コ"形，虎口朝内，左手厚，右手薄，表示化学中一根共价键或一个共价分子中电荷分布的不均匀性。

（二）左手食指直立；右手食、中指横伸，指背交替弹左手食指背。

（三）双手食指横伸，手背向外，从两侧向中间移动，指尖相抵。

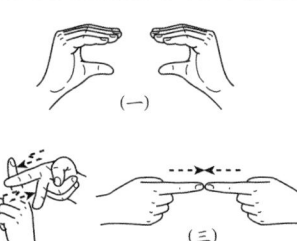

非极性键　fēijíxìngjiàn

（一）双手五指成"匚コ"形，虎口朝内，表示化学中一根共价键或一个共价分子中电荷分布的均匀性。

（二）左手食指直立；右手食、中指横伸，指背交替弹左手食指背。

（三）双手食指横伸，手背向外，从两侧向中间移动，指尖相抵。

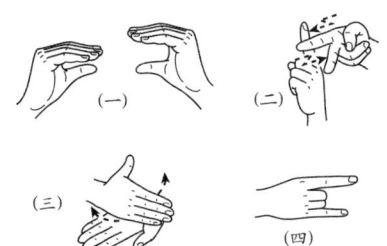

极性分子　jíxìng fēnzǐ

（一）双手五指成"匚コ"形，虎口朝内，左手厚，右手薄，表示整个分子电荷分布的不均匀、不对称性。

（二）左手食指直立；右手食、中指横伸，指背交替弹左手食指背。

（三）左手横伸；右手侧立，置于左手掌心上，并左右拨动一下。

（四）一手打手指字母"Z"的指式。

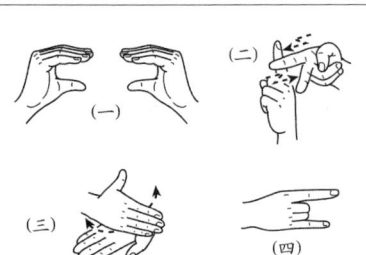

非极性分子　fēijíxìng fēnzǐ

（一）双手五指成"匚コ"形，虎口朝内，表示整个分子电荷分布的均匀、对称性。

（二）左手食指直立；右手食、中指横伸，指背交替弹左手食指背。

（三）左手横伸；右手侧立，置于左手掌心上，并左右拨动一下。

（四）一手打手指字母"Z"的指式。

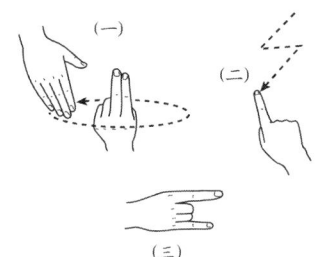

孤对电子　gūduì-diànzǐ
　　（一）左手食、中指直立并拢，手背向外；右手食、中、无名、小指并拢，指尖朝下，绕左手转动一圈。
　　（二）一手食指书空"ϟ"形。
　　（三）一手打手指字母"Z"的指式。

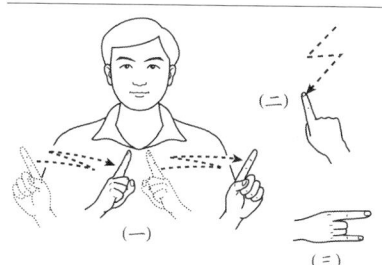

离域电子（自由电子）　líyù-diànzǐ（zìyóu diànzǐ）
　　（一）双手食指直立，在胸前随意交替摆动几下。
　　（二）一手食指书空"ϟ"形。
　　（三）一手打手指字母"Z"的指式。

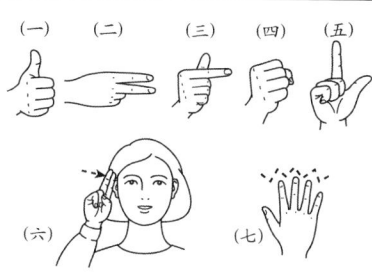

阿伏加德罗常数　Āfújiādéluó chángshù
　　（一）一手打手指字母"A"的指式。
　　（二）一手打手指字母"F"的指式。
　　（三）一手拇、食指搭成"+"形，仿加号形状。
　　（四）一手打手指字母"D"的指式。
　　（五）一手打手指字母"L"的指式。
　　（六）一手食、中指直立并拢，掌心向外，向太阳穴碰一下。
　　（七）一手直立，掌心向内，五指张开，交替点动几下。

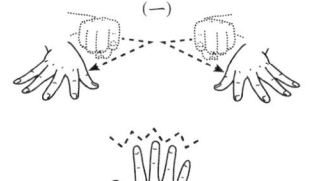

物质的量　wùzhì·de liàng
　　（一）双手食指指尖朝前，手背向上，先互碰一下，再分开并张开五指。
　　（二）一手直立，掌心向内，五指张开，交替点动几下。

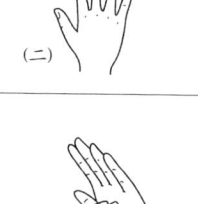

单位　dānwèi
　　双手斜伸，右手指尖抵于左手掌心，并转动两下。

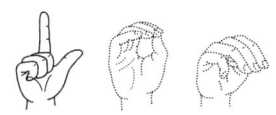

摩尔（mol）　mó'ěr
　　一手连续打手指字母"M""O""L"的指式。

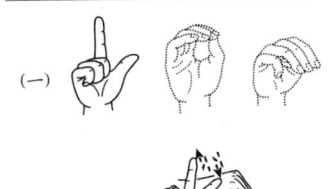

摩尔质量 mó'ěr zhìliàng

（一）一手连续打手指字母"M""O""L"的指式。
（二）左手握拳；右手食、中指横伸，指背交替弹左手背。

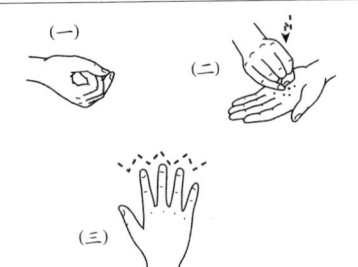

微粒数 wēilìshù

（一）一手拇、小指相捏，指尖朝上。
（二）左手横伸；右手拇、小指相捏，指尖朝下，在左手掌心上点动两下。
（三）一手直立，掌心向内，五指张开，交替点动几下。

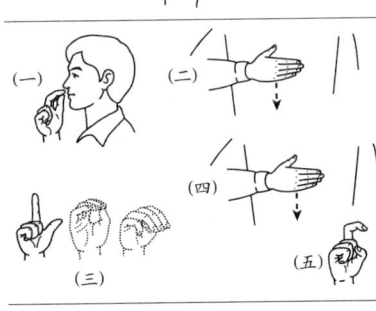

气体摩尔体积 qìtǐ mó'ěr tǐjī

（一）一手打手指字母"Q"的指式，指尖朝内，置于鼻孔处。
（二）一手掌心贴于胸部，向下移动一下。
（三）一手连续打手指字母"M""O""L"的指式。
（四）一手掌心贴于胸部，向下移动一下。
（五）一手打手指字母"J"的指式。

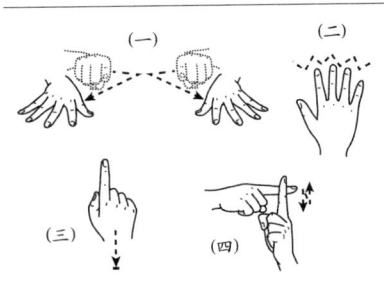

物质的量浓度 wùzhì·de liàng nóngdù

（一）双手食指指尖朝前，手背向上，先互碰一下，再分开并张开五指。
（二）一手直立，掌心向内，五指张开，交替点动几下。
（三）一手食指直立，拇指尖按于食指根部，向下一顿。
（四）左手食指直立；右手食指横贴在左手食指上，然后上下微动几下。

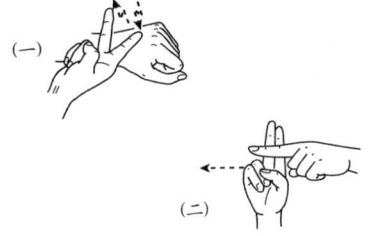

质量守恒 zhìliàng shǒuhéng

（一）左手握拳；右手食、中指横伸，指背交替弹左手背。
（二）左手食指横伸，手背向上；右手打手指字母"H"的指式，贴于左手食指并向右移动。

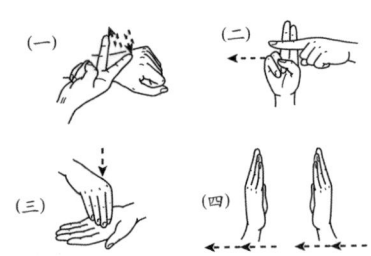

质量守恒定律 zhìliàng shǒuhéng dìnglǜ

（一）左手握拳；右手食、中指横伸，指背交替弹左手背。
（二）左手食指横伸，手背向上；右手打手指字母"H"的指式，贴于左手食指并向右移动。
（三）左手横伸；右手五指撮合，指尖朝下，按向左手掌心。
（四）双手直立，掌心左右相对，向一侧一顿一顿移动几下。

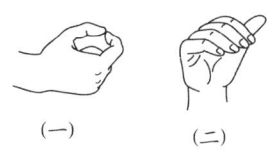

元素 yuánsù
（一）一手拇、食指捏成圆形，虎口朝上。
（二）一手打手指字母"S"的指式。

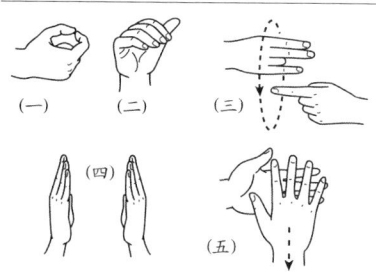

元素周期表 yuánsù zhōuqībiǎo
（一）一手拇、食指捏成圆形，虎口朝上。
（二）一手打手指字母"S"的指式。
（三）左手食指横伸，手背向外；右手打手指字母"ZH"的指式，绕左手食指前后转动一圈，再回到初始位置，表示循环一周。
（四）双手直立，掌心左右相对。
（五）双手五指张开，一横一竖搭成方格形，然后左手不动，右手向下移动。

元素周期律 yuánsù zhōuqīlǜ
（一）一手拇、食指捏成圆形，虎口朝上。
（二）一手打手指字母"S"的指式。
（三）左手食指横伸，手背向外；右手打手指字母"ZH"的指式，绕左手食指前后转动一圈，再回到初始位置，表示循环一周。
（四）双手直立，掌心左右相对。
（五）双手直立，掌心左右相对，向一侧一顿一顿移动几下。

族 zú
一手五指张开，指尖朝上，然后撮合。

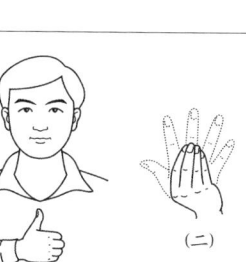

主族 zhǔzú
（一）一手伸拇指，贴于胸部。
（二）一手五指张开，指尖朝上，然后撮合。

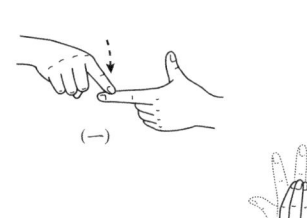

副族 fùzú
（一）左手伸拇、食指，食指尖朝右，手背向外；右手伸食指，敲一下左手食指尖。
（二）一手五指张开，指尖朝上，然后撮合。

零族 língzú

（一）一手五指捏成圆形，虎口朝内。
（二）一手五指张开，指尖朝上，然后撮合。

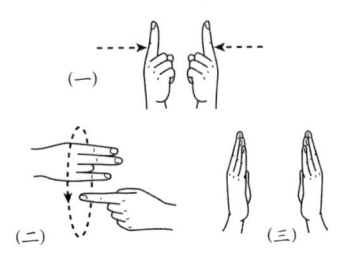

短周期 duǎnzhōuqī

（一）双手食指直立，指面左右相对，从两侧向中间移动。
（二）左手食指横伸，手背向外；右手打手指字母"ZH"的指式，绕左手食指前后转动一圈，再回到初始位置，表示循环一周。
（三）双手直立，掌心左右相对。

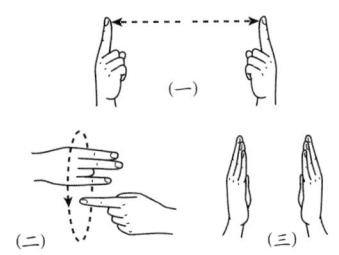

长周期 chángzhōuqī

（一）双手食指直立，指面左右相对，从中间向两侧拉开。
（二）左手食指横伸，手背向外；右手打手指字母"ZH"的指式，绕左手食指前后转动一圈，再回到初始位置，表示循环一周。
（三）双手直立，掌心左右相对。

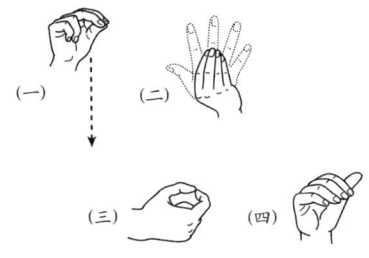

卤族元素（卤素） lǔzú-yuánsù (lǔsù)

（一）一手拇、食、中指相捏，指尖朝斜前方，虎口朝斜后方，表示数字"七"的手势，然后向下移动。
（二）一手五指张开，指尖朝上，然后撮合。
（三）一手拇、食指捏成圆形，虎口朝上。
（四）一手打手指字母"S"的指式。

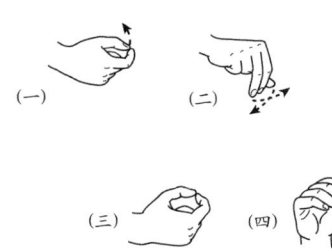

稀土元素 xītǔ-yuánsù

（一）一手拇、食指相捏，拇指尖微弹一下。
（二）一手拇、食、中指相捏，指尖朝下，互捻几下。
（三）一手拇、食指捏成圆形，虎口朝上。
（四）一手打手指字母"S"的指式。

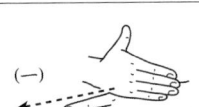

过渡元素 guòdù yuánsù

（一）左手伸食指，指尖朝前；右手横立，掌心向内，置于左手食指根部，然后向指尖方向移动。
（二）一手拇、食指捏成圆形，虎口朝上。
（三）一手打手指字母"S"的指式。

微量元素 wēiliàng yuánsù

（一）一手拇、小指相捏，指尖朝上。
（二）一手直立，掌心向内，五指张开，交替点动几下。
（三）一手拇、食指捏成圆形，虎口朝上。
（四）一手打手指字母"S"的指式。

碱金属 jiǎnjīnshǔ

（一）左手握拳，手背向上；右手打手指字母"J"的指式，手腕碰一下左手背，表示碱的声母。
（二）双手伸拇、食、中指，食、中指并拢，交叉相搭，右手中指蹭两下左手食指，表示金属。

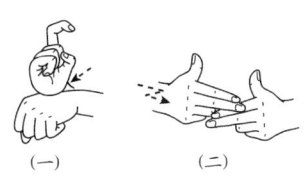

质子数 zhìzǐshù

（一）左手握拳；右手食、中指横伸，指背交替弹左手背。
（二）一手打手指字母"Z"的指式。
（三）一手直立，掌心向内，五指张开，交替点动几下。

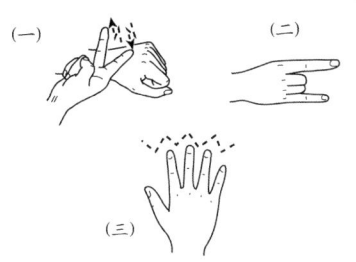

中子数 zhōngzǐshù

（一）左手拇、食指与右手食指搭成"中"字形。
（二）一手打手指字母"Z"的指式。
（三）一手直立，掌心向内，五指张开，交替点动几下。

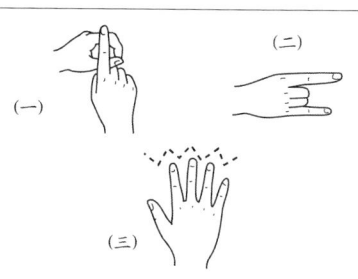

质量数 zhìliàngshù

（一）左手握拳；右手食、中指横伸，指背交替弹左手背。
（二）一手直立，掌心向内，五指张开，交替点动几下。

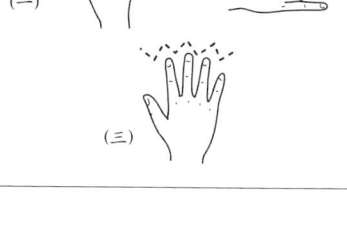

核外电子数 héwài-diànzǐshù

（一）左手握拳；右手五指微曲，手背向外，从右向左绕左拳转动半圈。
（二）左手横立；右手伸食指，指尖朝下，在左手背外向下指。
（三）一手食指书空"㇇"形。
（四）一手打手指字母"Z"的指式。
（五）一手直立，掌心向内，五指张开，交替点动几下。

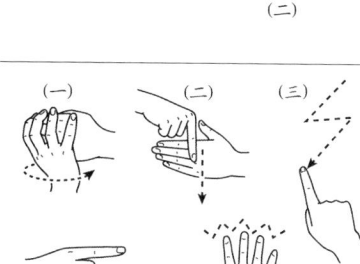

核素 hésù
（一）左手握拳；右手五指微曲，手背向外，从右向左绕左拳转动半圈。
（二）一手打手指字母"S"的指式。

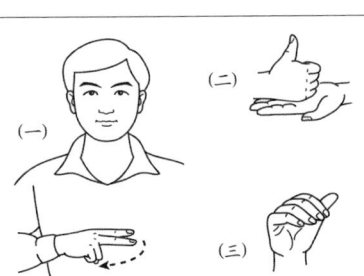

同位素 tóngwèisù
（一）一手食、中指横伸分开，手背向上，向前移动一下。
（二）左手横伸；右手伸拇指，置于左手掌心上。
（三）一手打手指字母"S"的指式。

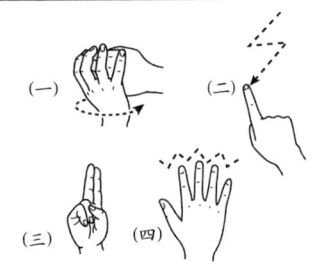

核电荷数 hé diànhèshù
（一）左手握拳；右手五指微曲，手背向外，从右向左绕左拳转动半圈。
（二）一手食指书空"ㄣ"形。
（三）一手打手指字母"H"的指式。
（四）一手直立，掌心向内，五指张开，交替点动几下。

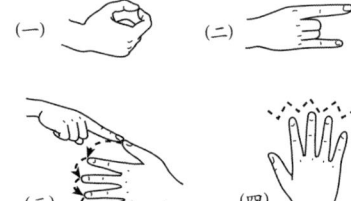

原子序数 yuánzǐ xùshù
（一）一手拇、食指捏成圆形，虎口朝上。
（二）一手打手指字母"Z"的指式。
（三）左手横立，掌心向内，五指张开；右手伸食指，从左手拇指依次向下点至小指。
（四）一手直立，掌心向内，五指张开，交替点动几下。

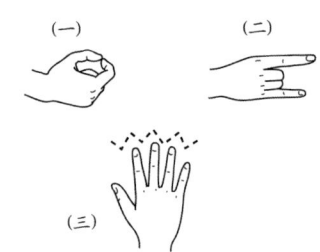

原子量 yuánzǐliàng
（一）一手拇、食指捏成圆形，虎口朝上。
（二）一手打手指字母"Z"的指式。
（三）一手直立，掌心向内，五指张开，交替点动几下。

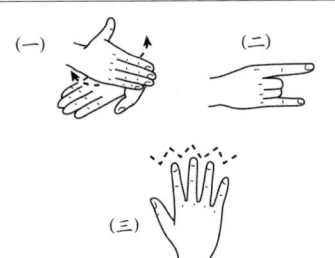

分子量 fēnzǐliàng
（一）左手横伸；右手侧立，置于左手掌心上，并左右拨动一下。
（二）一手打手指字母"Z"的指式。
（三）一手直立，掌心向内，五指张开，交替点动几下。

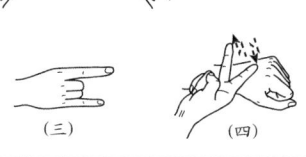

相对原子质量 xiāngduì yuánzǐ zhìliàng

（一）双手打手指字母"X"的指式，掌心左右相对，从两侧向中间移动少许。
（二）一手拇、食指捏成圆形，虎口朝上。
（三）一手打手指字母"Z"的指式。
（四）左手握拳；右手食、中指横伸，指背交替弹左手背。

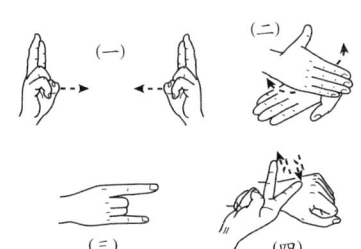

相对分子质量 xiāngduì fēnzǐ zhìliàng

（一）双手打手指字母"X"的指式，掌心左右相对，从两侧向中间移动少许。
（二）左手横伸；右手侧立，置于左手掌心上，并左右拨动一下。
（三）一手打手指字母"Z"的指式。
（四）左手握拳；右手食、中指横伸，指背交替弹左手背。

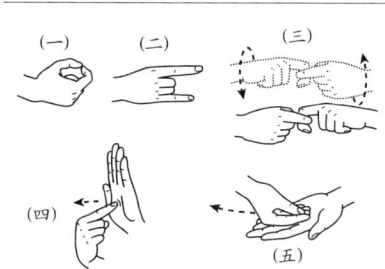

原子结构示意图 yuánzǐ jiégòu shìyìtú

（一）一手拇、食指捏成圆形，虎口朝上。
（二）一手打手指字母"Z"的指式。
（三）双手食指弯曲，互勾两下。
（四）左手直立，掌心向前；右手伸食指，抵于左手掌心，双手同时向前移动一下。
（五）左手横伸；右手五指撮合，指背在左手掌心上抹一下。

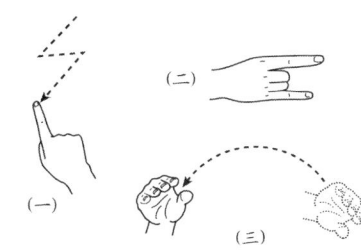

电子层 diànzǐcéng

（一）一手食指书空"⌂"形。
（二）一手打手指字母"Z"的指式。
（三）一手五指成"冂"形，指尖朝前，从左向右做弧形移动。
（可根据实际表示电子层）

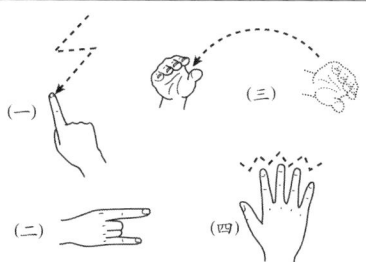

电子层数 diànzǐcéngshù

（一）一手食指书空"⌂"形。
（二）一手打手指字母"Z"的指式。
（三）一手五指成"冂"形，指尖朝前，从左向右做弧形移动。
（四）一手直立，掌心向内，五指张开，交替点动几下。

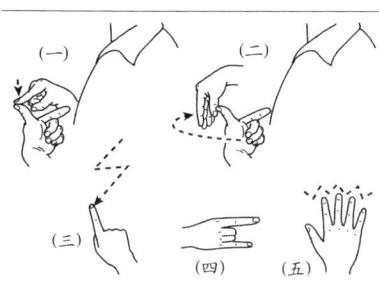

最外层电子数 zuìwàicéng diànzǐshù

（一）左手伸拇、食指，拇指尖朝外，食指尖朝内；右手伸食指，碰一下左手拇指尖。
（二）左手伸拇、食指，拇指尖朝外，食指尖朝内；右手五指成"冂"形，指尖朝下，从左向右做弧形移动，移过左手拇指。
（三）一手食指书空"⌂"形。
（四）一手打手指字母"Z"的指式。
（五）一手直立，掌心向内，五指张开，交替点动几下。

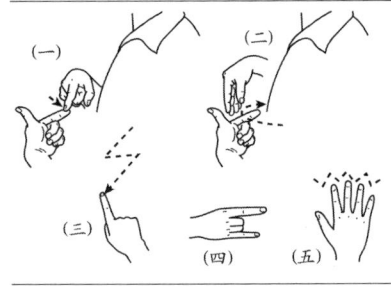

次外层电子数　cìwàicéng diànzǐshù

（一）左手伸拇、食指，拇指尖朝外，食指尖朝内；右手伸食指，碰一下左手食指尖。
（二）左手伸拇、食指，拇指尖朝外，食指尖朝内；右手五指成"⊐"形，指尖朝下，从左向右做弧形移动，移过左手食指。
（三）一手食指书空"ㄣ"形。
（四）一手打手指字母"Z"的指式。
（五）一手直立，掌心向内，五指张开，交替点动几下。

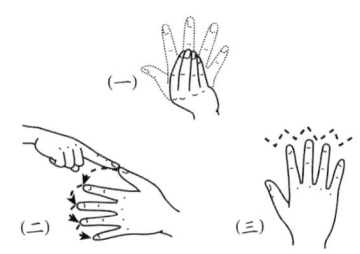

族序数　zúxùshù

（一）一手五指张开，指尖朝上，然后撮合。
（二）左手横立，掌心向内，五指张开；右手伸食指，从左手拇指依次向下点至小指。
（三）一手直立，掌心向内，五指张开，交替点动几下。

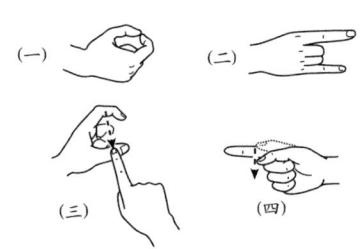

原子半径　yuánzǐ bànjìng

（一）一手拇、食指捏成圆形，虎口朝上。
（二）一手打手指字母"Z"的指式。
（三）左手拇、食指成半圆形，虎口朝内；右手伸食指，指尖朝前，从左手食指中部划向拇指中部。
（四）一手食指横伸，手背向外，拇指在食指中部划一下。

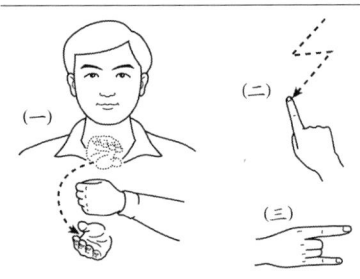

价电子　jiàdiànzǐ

（一）左手握拳，手背向外，虎口朝上；右手五指成"⊐"形，指尖朝前，从上向下做弧形移动，移过左手。
（二）一手食指书空"ㄣ"形。
（三）一手打手指字母"Z"的指式。

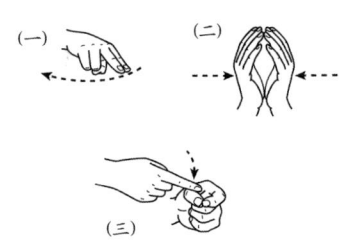

化合价（价态、原子价）　huàhéjià (jiàtài、yuánzǐjià)

（一）一手打手指字母"H"的指式，指尖朝前斜下方，平行划动一下。
（二）双手直立，掌心左右相对，五指微曲，从两侧向中间移动。
（三）左手拇、食指捏成圆形，虎口朝上；右手伸食指，敲一下左手拇指。

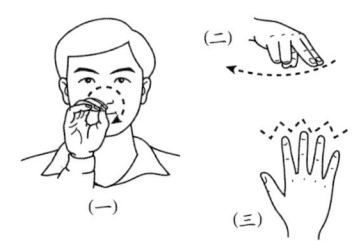

氧化数　yǎnghuàshù

（一）一手打手指字母"O"的指式，置于鼻前，转动一小圈，表示氧的元素符号"O"。
（二）一手打手指字母"H"的指式，指尖朝前斜下方，平行划动一下。
（三）一手直立，掌心向内，五指张开，交替点动几下。

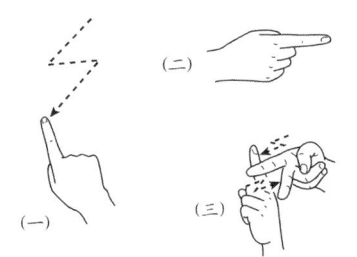

电负性 diànfùxìng
（一）一手食指书空"δ"形。
（二）一手食指横伸，手背向外。
（三）左手食指直立；右手食、中指横伸，指背交替弹左手食指背。

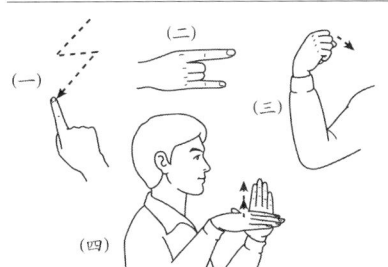

电子能级 diànzǐ néngjí
（一）一手食指书空"δ"形。
（二）一手打手指字母"Z"的指式。
（三）一手握拳屈肘，用力向内弯动一下。
（四）左手直立，掌心向右；右手平伸，掌心向下，在左手掌心上向上一顿一顿移动几下。

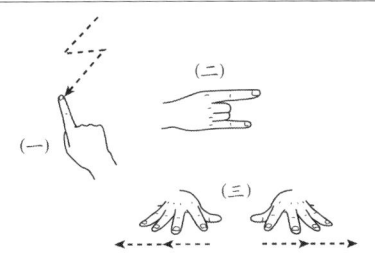

电子排布 diànzǐ-páibù
（一）一手食指书空"δ"形。
（二）一手打手指字母"Z"的指式。
（三）双手平伸，掌心向下，五指张开，从中间向两侧一顿一顿按动几下。

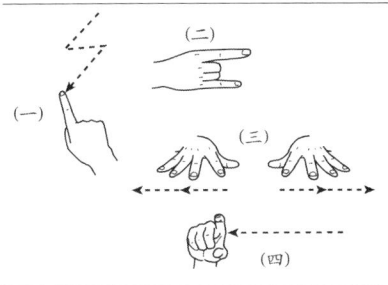

电子排布式 diànzǐ-páibùshì
（一）一手食指书空"δ"形。
（二）一手打手指字母"Z"的指式。
（三）双手平伸，掌心向下，五指张开，从中间向两侧一顿一顿按动几下。
（四）一手拇、食指张开，指尖朝前，向一侧移动一下。

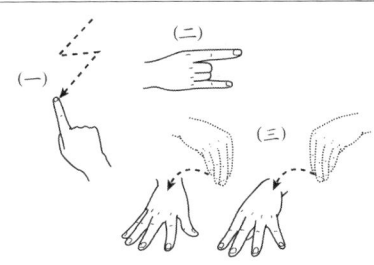

电子转移 diànzǐ zhuǎnyí
（一）一手食指书空"δ"形。
（二）一手打手指字母"Z"的指式。
（三）双手五指撮合，指尖朝下，边向一侧移动边张开。
（可根据实际表示电子转移的状态）

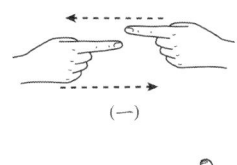
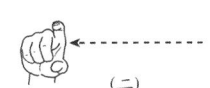

通式 tōngshì
（一）双手食指横伸，指尖相对，手背向外，从两侧向中间交错移动。
（二）一手拇、食指张开，指尖朝前，向一侧移动一下。

化学式　huàxuéshì

（一）一手打手指字母"H"的指式，指尖朝前斜下方，平行划动一下。

（二）一手五指撮合，指尖朝内，按向前额。

（三）一手拇、食指张开，指尖朝前，向一侧移动一下。

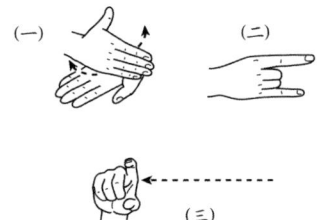

分子式　fēnzǐshì

（一）左手横伸；右手侧立，置于左手掌心上，并左右拨动一下。

（二）一手打手指字母"Z"的指式。

（三）一手拇、食指张开，指尖朝前，向一侧移动一下。

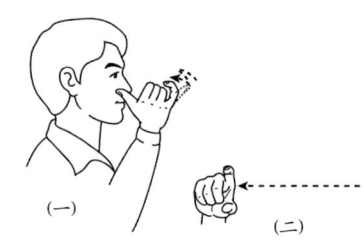

实验式　shíyànshì

（一）一手伸拇、小指，指尖朝上，拇指置于鼻翼一侧，小指弯动两下。

（二）一手拇、食指张开，指尖朝前，向一侧移动一下。

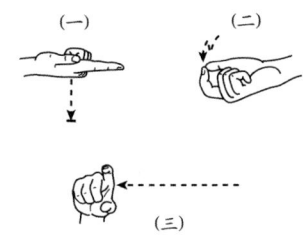

最简式　zuìjiǎnshì

（一）一手食指横伸，拇指尖按于食指根部，手背向下，向下一顿。

（二）一手拇、食指相捏，指尖朝上，向下晃动两下。

（三）一手拇、食指张开，指尖朝前，向一侧移动一下。

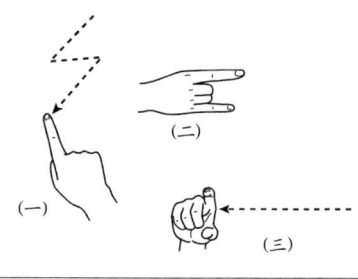

电子式　diànzǐshì

（一）一手食指书空"𠃍"形。

（二）一手打手指字母"Z"的指式。

（三）一手拇、食指张开，指尖朝前，向一侧移动一下。

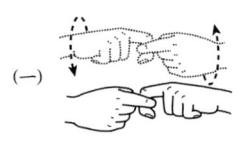

结构式　jiégòushì

（一）双手食指弯曲，互勾两下。

（二）一手拇、食指张开，指尖朝前，向一侧移动一下。

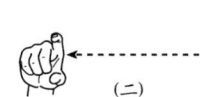

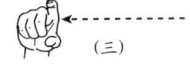

结构简式 jiégòu jiǎnshì

（一）双手食指弯曲，互勾两下。
（二）一手拇、食指相捏，指尖朝上，向下晃动两下。
（三）一手拇、食指张开，指尖朝前，向一侧移动一下。

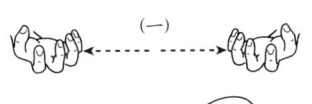

离子酸 lízǐsuān

（一）双手五指弯曲，指尖朝上，从中间向两侧移动。
（二）一手打手指字母"Z"的指式。
（三）一手食指直立，在鼻翼一侧向上移动一下，同时耸鼻。

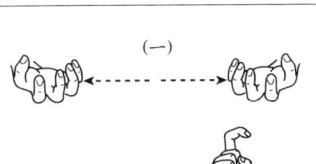

离子碱 lízǐjiǎn

（一）双手五指弯曲，指尖朝上，从中间向两侧移动。
（二）一手打手指字母"Z"的指式。
（三）左手握拳，手背向上；右手打手指字母"J"的指式，手腕碰一下左手背，表示碱的声母。

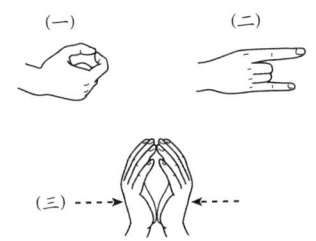

原子团 yuánzǐtuán

（一）一手拇、食指捏成圆形，虎口朝上。
（二）一手打手指字母"Z"的指式。
（三）双手直立，掌心左右相对，五指微曲，从两侧向中间移动。

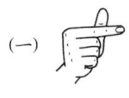

阳离子 yánglízǐ

（一）一手拇、食指搭成"+"形。
（二）双手五指弯曲，指尖朝上，从中间向两侧移动。
（三）一手打手指字母"Z"的指式。

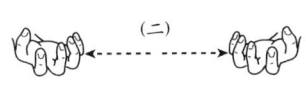

阴离子 yīnlízǐ

（一）一手食指横伸，手背向外。
（二）双手五指弯曲，指尖朝上，从中间向两侧移动。
（三）一手打手指字母"Z"的指式。

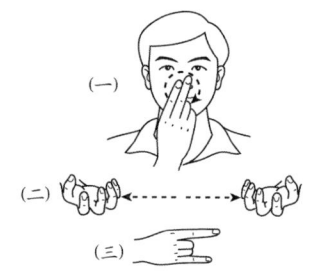

氢离子① qīnglízǐ ①

（一）一手打手指字母"H"的指式，掌心向内，置于鼻前，转动一小圈，表示氢的元素符号"H"。
（二）双手五指弯曲，指尖朝上，从中间向两侧移动。
（三）一手打手指字母"Z"的指式。

氢离子② qīnglízǐ ②

左手打手指字母"H"的指式；右手拇、食指搭成"+"形，置于左手右上角，表示氢离子的符号"H⁺"。

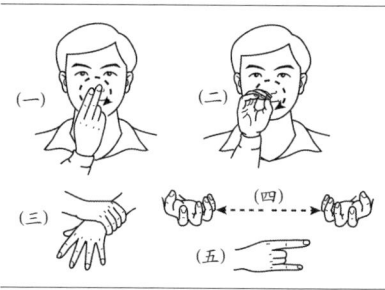

氢氧根离子 qīngyǎnggēn lízǐ

（一）一手打手指字母"H"的指式，掌心向内，置于鼻前，转动一小圈，表示氢的元素符号"H"。
（二）一手打手指字母"O"的指式，置于鼻前，转动一小圈，表示氧的元素符号"O"。
（三）左手五指张开，手背向上；右手握住左手腕。
（四）双手五指弯曲，指尖朝上，从中间向两侧移动。
（五）一手打手指字母"Z"的指式。

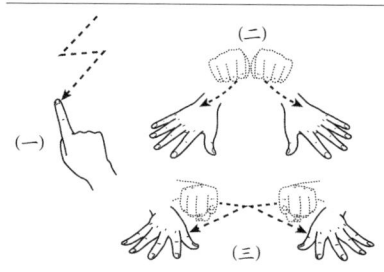

电解质 diànjiězhì

（一）一手食指书空"ㄣ"形。
（二）双手虚握，虎口左右相抵，边向两侧斜下方移动边张开五指。
（三）双手食指指尖朝前，手背向上，先互碰一下，再分开并张开五指。

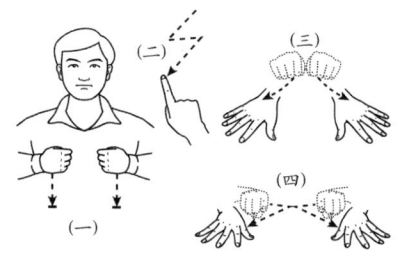

强电解质 qiángdiànjiězhì

（一）双手握拳屈肘，同时用力向下一顿。
（二）一手食指书空"ㄣ"形。
（三）双手虚握，虎口左右相抵，边向两侧斜下方移动边张开五指。
（四）双手食指指尖朝前，手背向上，先互碰一下，再分开并张开五指。

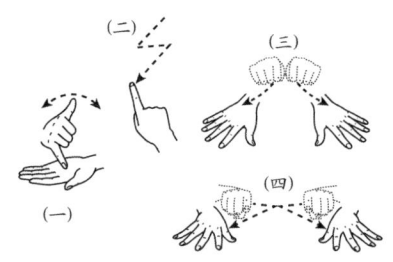

弱电解质 ruòdiànjiězhì

（一）左手横伸；右手伸拇、小指，小指尖抵于左手掌心，左右晃动。
（二）一手食指书空"ㄣ"形。
（三）双手虚握，虎口左右相抵，边向两侧斜下方移动边张开五指。
（四）双手食指指尖朝前，手背向上，先互碰一下，再分开并张开五指。

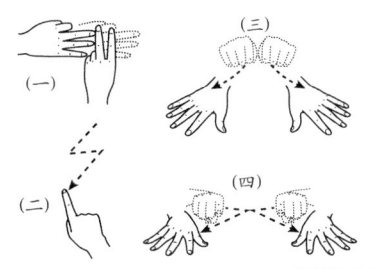

非电解质 fēidiànjiězhì

（一）左手食、中指直立分开，手背向外；右手中、无名、小指横伸分开，手背向外，从左向右划过左手食、中指，仿"非"字形。
（二）一手食指书空"夕"形。
（三）双手虚握，虎口左右相抵，边向两侧斜下方移动边张开五指。
（四）双手食指指尖朝前，手背向上，先互碰一下，再分开并张开五指。

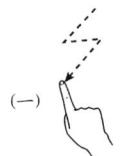

电离 diànlí

（一）一手食指书空"夕"形。
（二）双手五指弯曲，指尖朝上，从中间向两侧移动。

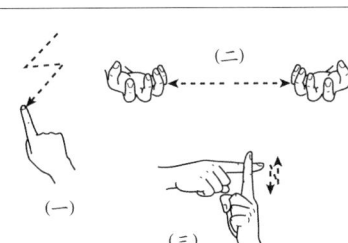

电离度 diànlídù

（一）一手食指书空"夕"形。
（二）双手五指弯曲，指尖朝上，从中间向两侧移动。
（三）左手食指直立；右手食指横贴在左手食指上，然后上下微动几下。

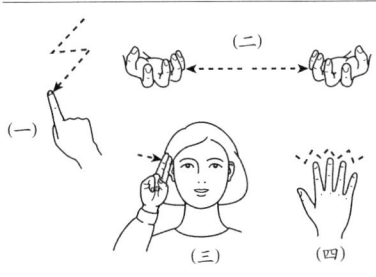

电离常数 diànlí chángshù

（一）一手食指书空"夕"形。
（二）双手五指弯曲，指尖朝上，从中间向两侧移动。
（三）一手食、中指直立并拢，掌心向外，向太阳穴碰一下。
（四）一手直立，掌心向内，五指张开，交替点动几下。

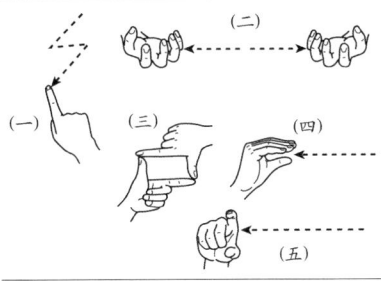

电离方程式 diànlí fāngchéngshì

（一）一手食指书空"夕"形。
（二）双手五指弯曲，指尖朝上，从中间向两侧移动。
（三）双手拇、食指搭成"□"形。
（四）一手打手指字母"CH"的指式，向一侧移动一下。
（五）一手拇、食指张开，指尖朝前，向一侧移动一下。

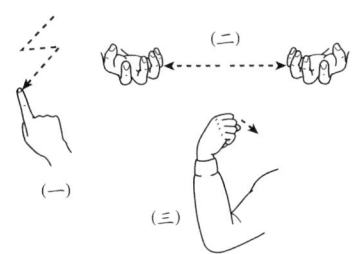

电离能 diànlínéng

（一）一手食指书空"夕"形。
（二）双手五指弯曲，指尖朝上，从中间向两侧移动。
（三）一手握拳屈肘，用力向内弯动一下。

电荷 diànhè

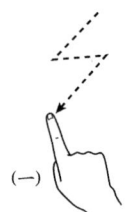 

（一）一手食指书空"ㄢ"形。
（二）一手打手指字母"H"的指式。

正电荷 zhèngdiànhè

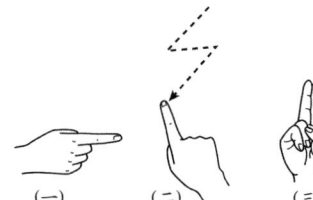

（一）一手拇、食指搭成"+"形。
（二）一手食指书空"ㄢ"形。
（三）一手打手指字母"H"的指式。

负电荷 fùdiànhè

（一）一手食指横伸，手背向外。
（二）一手食指书空"ㄢ"形。
（三）一手打手指字母"H"的指式。

酸 suān

一手食指直立，在鼻翼一侧向上移动一下，同时耸鼻。

碱 jiǎn

左手握拳，手背向上；右手打手指字母"J"的指式，手腕碰一下左手背，表示碱的声母。

盐 yán

（一）一手打手指字母"X"的指式，置于嘴前，向下微动两下。
（二）一手拇、食、中指相捏，指尖朝下，互捻几下。

酸酐　suāngān

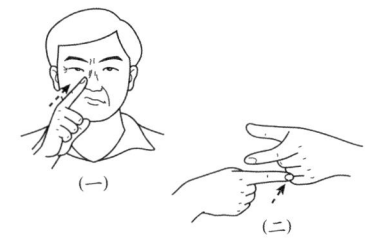

（一）一手食指直立，在鼻翼一侧向上移动一下，同时耸鼻。

（二）左手拇、食指成半圆形，虎口朝上；右手打手指字母"G"的指式，碰一下左手无名、小指指背。

酸碱度（pH 值）　suānjiǎndù（pH zhí）

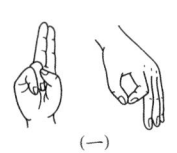 

（一）左手打手指字母"P"的指式；右手打手指字母"H"的指式。

（二）左手食指横伸，手背向上；右手食指直立，贴于左手食指，然后左右微动几下。

酸性　suānxìng

（一）一手食指直立，在鼻翼一侧向上移动一下，同时耸鼻。

（二）左手食指直立；右手食、中指横伸，指背交替弹左手食指背。

碱性　jiǎnxìng

（一）左手握拳，手背向上；右手打手指字母"J"的指式，手腕碰一下左手背，表示碱的声母。

（二）左手食指直立；右手食、中指横伸，指背交替弹左手食指背。

中性　zhōngxìng

（一）左手拇、食指与右手食指搭成"中"字形。

（二）左手食指直立；右手食、中指横伸，指背交替弹左手食指背。

酸碱性　suānjiǎnxìng

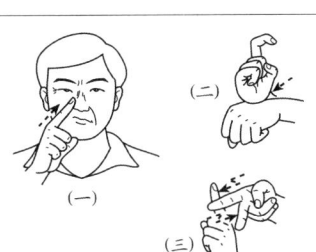

（一）一手食指直立，在鼻翼一侧向上移动一下，同时耸鼻。

（二）左手握拳，手背向上；右手打手指字母"J"的指式，手腕碰一下左手背，表示碱的声母。

（三）左手食指直立；右手食、中指横伸，指背交替弹左手食指背。

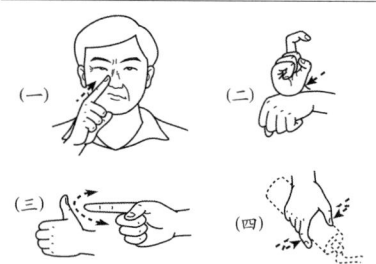

酸碱指示剂　suānjiǎn zhǐshìjì

（一）一手食指直立，在鼻翼一侧向上移动一下，同时耸鼻。
（二）左手握拳，手背向上；右手打手指字母"J"的指式，手腕碰一下左手背，表示碱的声母。
（三）左手伸拇指；右手伸食指，指尖朝前，在左手拇指后左右移动。
（四）右手五指弯曲，虎口朝左下方，做从瓶子中挤液体的动作。

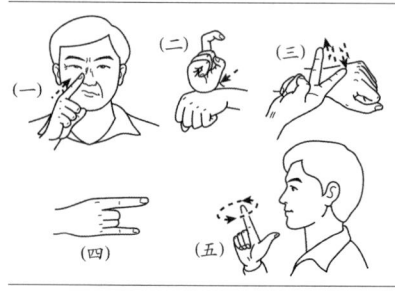

酸碱质子理论　suānjiǎn zhìzǐ lǐlùn

（一）一手食指直立，在鼻翼一侧向上移动一下，同时耸鼻。
（二）左手握拳，手背向上；右手打手指字母"J"的指式，手腕碰一下左手背，表示碱的声母。
（三）左手握拳；右手食、中指横伸，指背交替弹左手背。
（四）一手打手指字母"Z"的指式。
（五）一手打手指字母"L"的指式，逆时针平行转动两下。

氧化性　yǎnghuàxìng

（一）一手打手指字母"O"的指式，置于鼻前，转动一小圈，表示氧的元素符号"O"。
（二）一手打手指字母"H"的指式，指尖朝前斜下方，平行划动一下。
（三）左手食指直立；右手食、中指横伸，指背交替弹左手食指背。

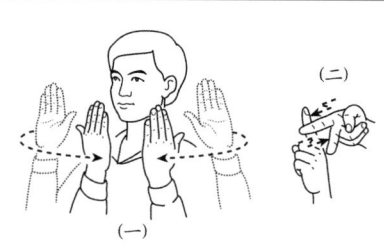

还原性　huányuánxìng

（一）双手直立，掌心向外，然后边向前做弧形移动边翻转为掌心向内。
（二）左手食指直立；右手食、中指横伸，指背交替弹左手食指背。

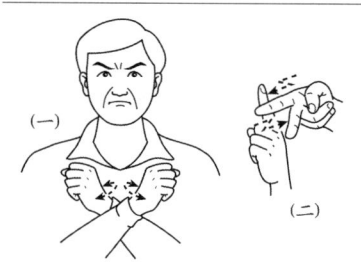

毒性　dúxìng

（一）双手握拳屈肘，手腕交叉相搭，置于身前，前后微转两下。
（二）左手食指直立；右手食、中指横伸，指背交替弹左手食指背。

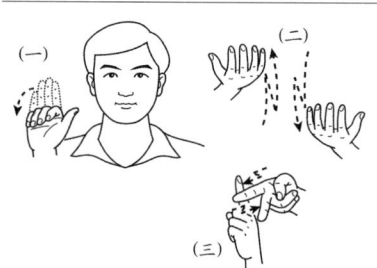

可燃性　kěránxìng

（一）一手直立，掌心向外，然后食、中、无名、小指弯动一下。
（二）双手五指微曲，指尖朝上，上下交替动几下，如火苗跳动状。
（三）左手食指直立；右手食、中指横伸，指背交替弹左手食指背。

3. 化学反应

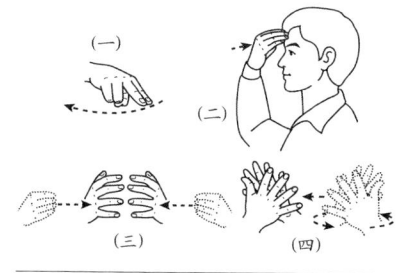

化学反应 huàxué fǎnyìng
（一）一手打手指字母"H"的指式，指尖朝前斜下方，平行划动一下。
（二）一手五指撮合，指尖朝内，按向前额。
（三）双手五指撮合，指尖左右相对，边从两侧向中间移动边张开。
（四）双手直立，掌心前后靠近，五指张开，然后同时转腕。

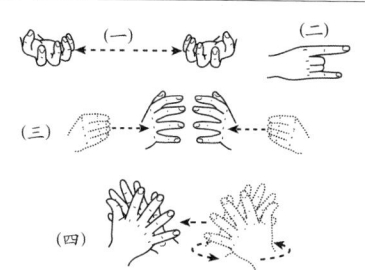

离子反应 lízǐ fǎnyìng
（一）双手五指弯曲，指尖朝上，从中间向两侧移动。
（二）一手打手指字母"Z"的指式。
（三）双手五指撮合，指尖左右相对，边从两侧向中间移动边张开。
（四）双手直立，掌心前后靠近，五指张开，然后同时转腕。

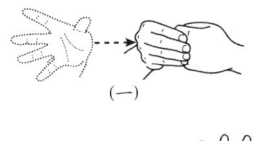

潮解 cháojiě
（一）左手握拳，手背向外，虎口朝上；右手五指张开，掌心向外，然后边移向左拳边撮合。
（二）左手握拳，手背向外，虎口朝上；右手拇、中指指尖朝前，在左手旁边向下移动边相捏几下。

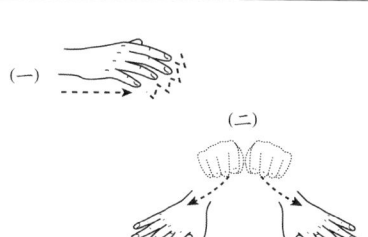

水解 shuǐjiě
（一）一手横伸，掌心向下，五指张开，边交替点动边向一侧移动。
（二）双手虚握，虎口左右相抵，边向两侧斜下方移动边张开五指。

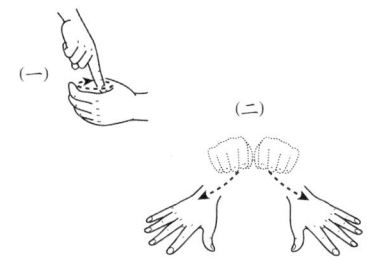

溶解（分解） róngjiě（fēnjiě）
（一）左手五指成半圆形，虎口朝上；右手伸食指，指尖朝下，在左手虎口内转动一下。
（二）双手虚握，虎口左右相抵，边向两侧斜下方移动边张开五指。

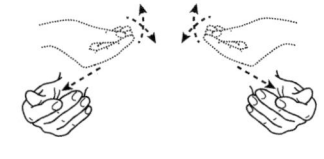

降解（粉碎） jiàngjiě (fěnsuì)

双手五指撮合，指尖相对，手背向下，用力向前捻动。

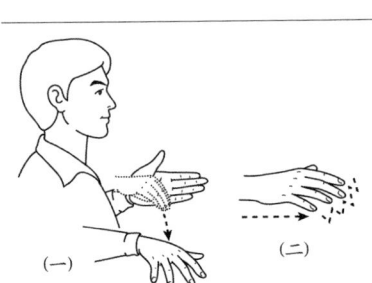

吸水 xīshuǐ

（一）一手五指张开，掌心向下，边向内移动边撮合。

（二）一手横伸，掌心向下，五指张开，边交替点动边向一侧移动。

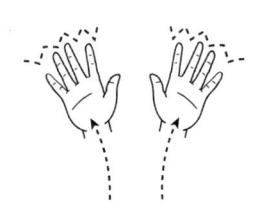

脱水 tuōshuǐ

（一）左手侧立；右手五指撮合，指尖朝下，在左手旁边向下移动边张开。

（二）一手横伸，掌心向下，五指张开，边交替点动边向一侧移动。

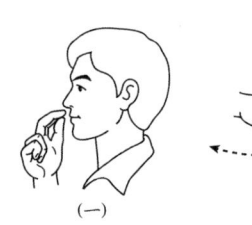

挥发 huīfā

双手直立，掌心向外，五指张开，边交替点动边向上移动，表示液体挥发。

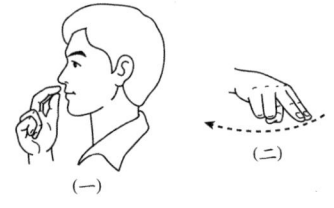

汽化（气化） qìhuà (qìhuà)

（一）一手打手指字母"Q"的指式，指尖朝内，置于鼻孔处。

（二）一手打手指字母"H"的指式，指尖朝前斜下方，平行划动一下。

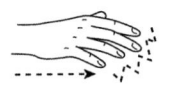

液化 yèhuà

（一）一手横伸，掌心向下，五指张开，边交替点动边向一侧移动。

（二）一手打手指字母"H"的指式，指尖朝前斜下方，平行划动一下。

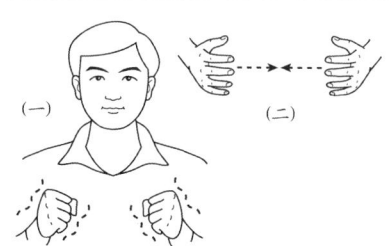

冷凝　lěngníng

（一）双手握拳屈肘，小臂颤动几下，如哆嗦状，表示冷。
（二）双手五指弯曲，指尖左右相对，虎口朝上，从两侧向中间移动。

 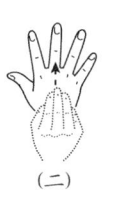

升华　shēnghuá

（一）左手直立，掌心向外；右手食指直立，贴于左手掌心，向上移动。
（二）一手五指撮合，指尖朝上，边向上微移边张开。

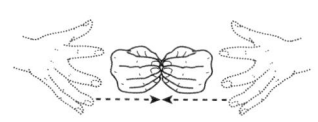

结晶①　jiéjīng①

双手五指弯曲，掌心左右相对，虎口朝上，边向中间靠拢边虚握，仿晶体的形状。
（可根据实际表示结晶体的外形）

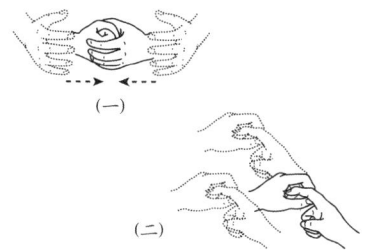

结晶②　jiéjīng②

（一）双手五指弯曲，指尖左右相对，虎口朝上，从两侧向中间靠拢，右手虚握，左手包住右手。
（二）左手拇、食指与右手食指搭成"日"字形，虎口朝内，然后在下连打两下，仿"晶"字形。

凝聚（凝固）　níngjù（nínggù）

双手五指弯曲，指尖左右相对，虎口朝上，从两侧向中间移动。
（可根据实际表示凝聚的状态）

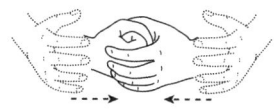

浓缩（缩）　nóngsuō（suō）

双手五指弯曲，指尖左右相对，虎口朝上，从两侧向中间靠拢，右手虚握，左手包住右手。
（可根据实际表示浓缩的状态）

裂解（分裂） lièjiě (fēnliè)

双手五指并拢，手背向上，交叉相搭，然后猛然同时张开。

锈（生锈） xiù (shēngxiù)

左手食指横伸，手背向上；右手食、中、无名、小指微曲，指尖朝下，在左手食指上点动两下。

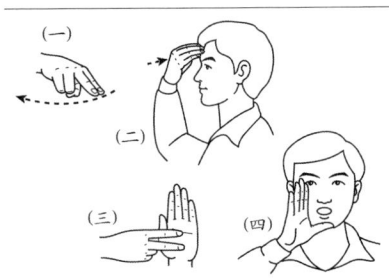

化学符号 huàxué fúhào

（一）一手打手指字母"H"的指式，指尖朝前斜下方，平行划动一下。
（二）一手五指撮合，指尖朝内，按向前额。
（三）左手直立，掌心向外；右手打手指字母"F"的指式，贴于左手掌心上。
（四）一手五指成"亅"形，虎口贴于嘴边，口张开。

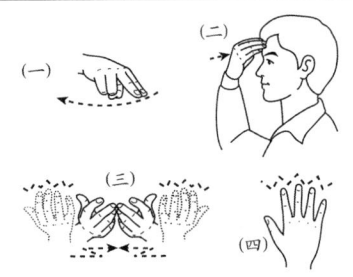

化学计量数 huàxué jìliàngshù

（一）一手打手指字母"H"的指式，指尖朝前斜下方，平行划动一下。
（二）一手五指撮合，指尖朝内，按向前额。
（三）双手五指微曲，掌心向上，边交替点动边互碰两下。
（四）一手直立，掌心向内，五指张开，交替点动几下。

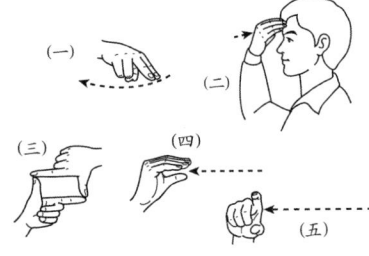

化学方程式 huàxué fāngchéngshì

（一）一手打手指字母"H"的指式，指尖朝前斜下方，平行划动一下。
（二）一手五指撮合，指尖朝内，按向前额。
（三）双手拇、食指搭成"口"形。
（四）一手打手指字母"CH"的指式，向一侧移动一下。
（五）一手拇、食指张开，指尖朝前，向一侧移动一下。

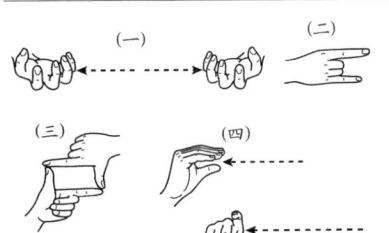

离子方程式 lízǐ fāngchéngshì

（一）双手五指弯曲，指尖朝上，从中间向两侧移动。
（二）一手打手指字母"Z"的指式。
（三）双手拇、食指搭成"口"形。
（四）一手打手指字母"CH"的指式，向一侧移动一下。
（五）一手拇、食指张开，指尖朝前，向一侧移动一下。

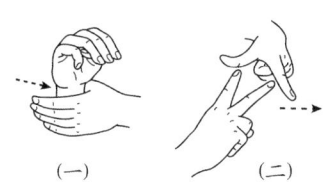

媒介 méijiè

（一）左手五指成半圆形，虎口朝上；右手打手指字母"M"的指式，手腕碰一下左手虎口。

（二）左手拇、食指与右手食、中指搭成"介"字形，向前移动一下。

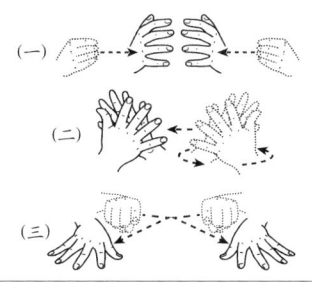

反应物 fǎnyìngwù

（一）双手五指撮合，指尖左右相对，边从两侧向中间移动边张开。

（二）双手直立，掌心前后靠近，五指张开，然后同时转腕。

（三）双手食指指尖朝前，手背向上，先互碰一下，再分开并张开五指。

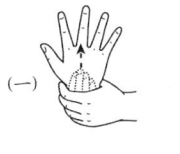

生成物（产物） shēngchéngwù（chǎnwù）

（一）左手五指成半圆形，虎口朝上；右手五指撮合，指尖朝上，手背向外，边从左手虎口内伸出边张开。

（二）双手食指指尖朝前，手背向上，先互碰一下，再分开并张开五指。

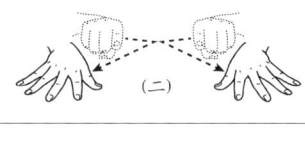

配平 pèipíng

（一）双手五指撮合，手背向外，指尖互碰一下。

（二）双手五指并拢，掌心向下，交叉相搭，然后分别向两侧移动。

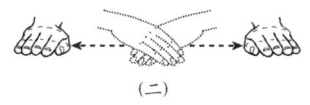

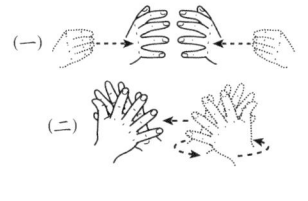

反应条件 fǎnyìng tiáojiàn

（一）双手五指撮合，指尖左右相对，边从两侧向中间移动边张开。

（二）双手直立，掌心前后靠近，五指张开，然后同时转腕。

（三）双手拇、食指微张，指尖相对，虎口朝上，从中间向两侧拉开两下。

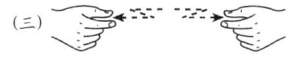

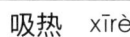

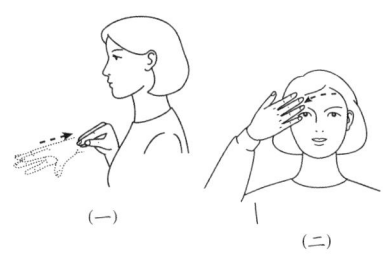

吸热 xīrè

（一）一手五指张开，掌心向下，边向内移动边撮合。

（二）一手五指张开，手背向外，在额头上一抹，如流汗状。

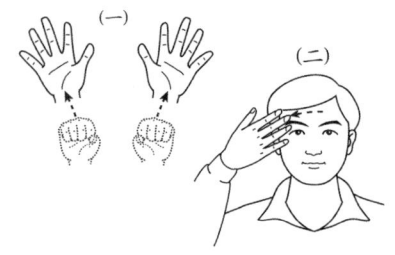

放热 fàngrè

（一）双手虚握，手背向内，边向两侧斜上方移动边张开五指，掌心向外。

（二）一手五指张开，手背向外，在额头上一抹，如流汗状。

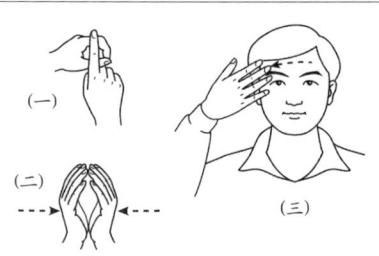

中和热 zhōnghérè

（一）左手拇、食指与右手食指搭成"中"字形。

（二）双手直立，掌心左右相对，五指微曲，从两侧向中间移动。

（三）一手五指张开，手背向外，在额头上一抹，如流汗状。

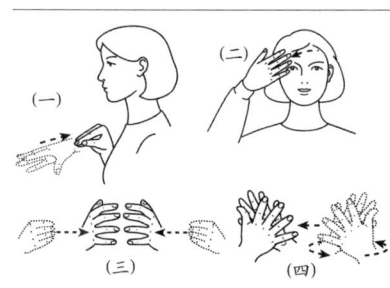

吸热反应 xīrè fǎnyìng

（一）一手五指张开，掌心向下，边向内移动边撮合。

（二）一手五指张开，手背向外，在额头上一抹，如流汗状。

（三）双手五指撮合，指尖左右相对，边从两侧向中间移动边张开。

（四）双手直立，掌心前后靠近，五指张开，然后同时转腕。

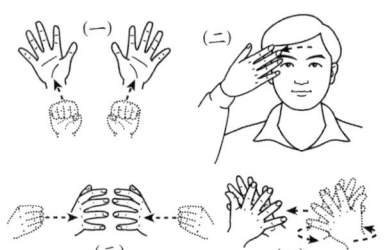

放热反应 fàngrè fǎnyìng

（一）双手虚握，手背向内，边向两侧斜上方移动边张开五指，掌心向外。

（二）一手五指张开，手背向外，在额头上一抹，如流汗状。

（三）双手五指撮合，指尖左右相对，边从两侧向中间移动边张开。

（四）双手直立，掌心前后靠近，五指张开，然后同时转腕。

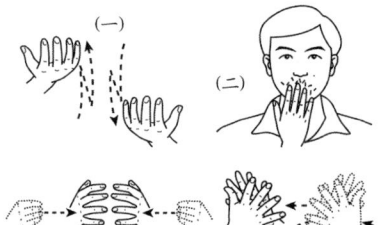

焰色反应（焰色试验①） yànsè-fǎnyìng（yànsè-shìyàn ①）

（一）双手五指微曲，指尖朝上，上下交替动几下，如火苗跳动状。

（二）一手直立，掌心向内，五指张开，在嘴唇部交替点动。

（三）双手五指撮合，指尖左右相对，边从两侧向中间移动边张开。

（四）双手直立，掌心前后靠近，五指张开，然后同时转腕。

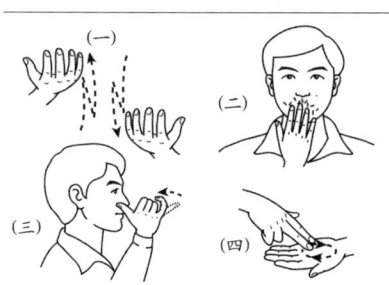

焰色试验② yànsè-shìyàn ②

（一）双手五指微曲，指尖朝上，上下交替动几下，如火苗跳动状。

（二）一手直立，掌心向内，五指张开，在嘴唇部交替点动。

（三）一手伸拇、小指，指尖朝上，拇指置于鼻翼一侧，小指弯动一下。

（四）左手横伸；右手伸拇、食、中指，食、中指并拢，在左手掌心上转动两下。

一、一般词汇　47

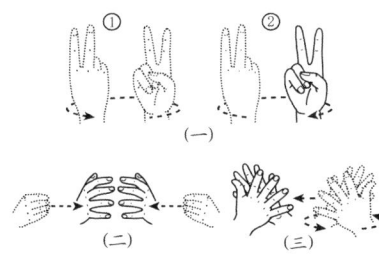

可逆反应　kěnì fǎnyìng
（一）一手食、中指直立分开，掌心向外，然后翻转为掌心向内，再翻转为掌心向外。
（二）双手五指撮合，指尖左右相对，边从两侧向中间移动边张开。
（三）双手直立，掌心前后靠近，五指张开，然后同时转腕。

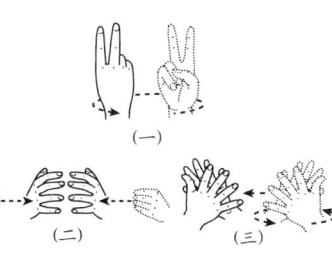

正反应　zhèngfǎnyìng
（一）一手食、中指直立分开，掌心向外，然后翻转为掌心向内。
（二）双手五指撮合，指尖左右相对，边从两侧向中间移动边张开。
（三）双手直立，掌心前后靠近，五指张开，然后同时转腕。

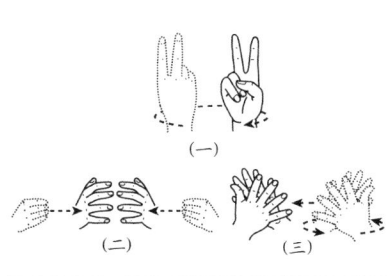

逆反应　nìfǎnyìng
（一）一手食、中指直立分开，掌心向内，然后翻转为掌心向外。
（二）双手五指撮合，指尖左右相对，边从两侧向中间移动边张开。
（三）双手直立，掌心前后靠近，五指张开，然后同时转腕。

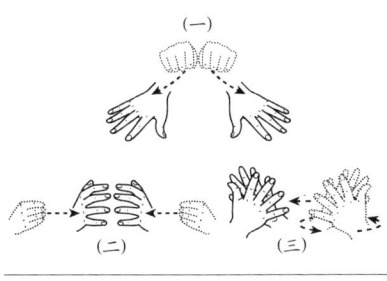

分解反应　fēnjiě fǎnyìng
（一）双手虚握，虎口左右相抵，边向两侧斜下方移动边张开五指。
（二）双手五指撮合，指尖左右相对，边从两侧向中间移动边张开。
（三）双手直立，掌心前后靠近，五指张开，然后同时转腕。

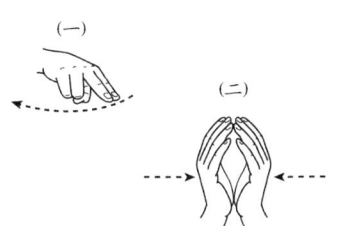

化合　huàhé
（一）一手打手指字母"H"的指式，指尖朝前斜下方，平行划动一下。
（二）双手直立，掌心左右相对，五指微曲，从两侧向中间移动。

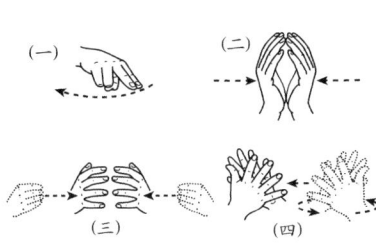

化合反应　huàhé fǎnyìng
（一）一手打手指字母"H"的指式，指尖朝前斜下方，平行划动一下。
（二）双手直立，掌心左右相对，五指微曲，从两侧向中间移动。
（三）双手五指撮合，指尖左右相对，边从两侧向中间移动边张开。
（四）双手直立，掌心前后靠近，五指张开，然后同时转腕。

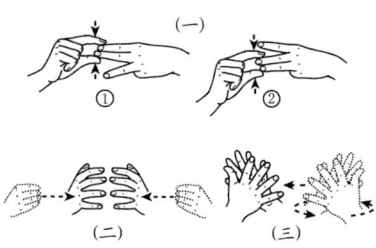

置换反应 zhìhuàn fǎnyìng

（一）左手食、中、无名指横伸分开，手背向外；右手拇、食指先将左手食、中指捏合，再将中、无名指捏合。

（二）双手五指撮合，指尖左右相对，边从两侧向中间移动边张开。

（三）双手直立，掌心前后靠近，五指张开，然后同时转腕。

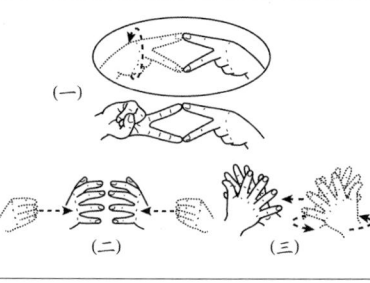

复分解反应 fùfēnjiě fǎnyìng

（一）双手食、中指分开，指尖斜向相抵，手背向外，搭成"◇"形，然后左手不动，右手转腕，手背向内，双手指尖相抵。

（二）双手五指撮合，指尖左右相对，边从两侧向中间移动边张开。

（三）双手直立，掌心前后靠近，五指张开，然后同时转腕。

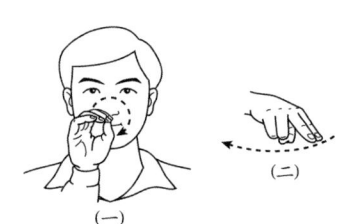

氧化 yǎnghuà

（一）一手打手指字母"O"的指式，置于鼻前，转动一小圈，表示氧的元素符号"O"。

（二）一手打手指字母"H"的指式，指尖朝前斜下方，平行划动一下。

还原（复原、恢复） huányuán（fùyuán、huīfù）

双手直立，掌心向外，然后边向前做弧形移动边翻转为掌心向内。

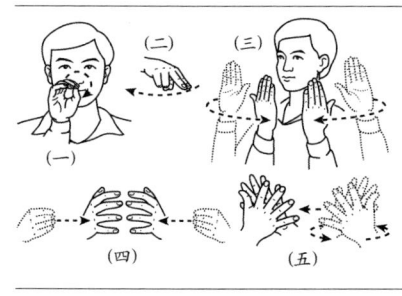

氧化还原反应 yǎnghuà huányuán fǎnyìng

（一）一手打手指字母"O"的指式，置于鼻前，转动一小圈，表示氧的元素符号"O"。

（二）一手打手指字母"H"的指式，指尖朝前斜下方，平行划动一下。

（三）双手直立，掌心向外，然后边向前做弧形移动边翻转为掌心向内。

（四）双手五指撮合，指尖左右相对，边从两侧向中间移动边张开。

（五）双手直立，掌心前后靠近，五指张开，然后同时转腕。

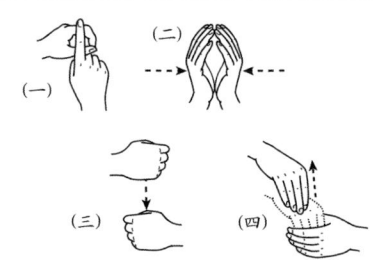

中和作用 zhōnghé zuòyòng

（一）左手拇、食指与右手食指搭成"中"字形。

（二）双手直立，掌心左右相对，五指微曲，从两侧向中间移动。

（三）双手握拳，一上一下，右拳向下砸一下左拳。

（四）左手五指成"匚"形，虎口朝上；右手五指撮合，指尖朝下，从左手虎口内抽出。

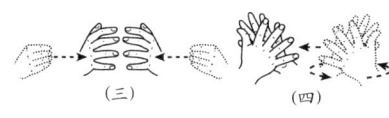

中和反应 zhōnghé fǎnyìng
（一）左手拇、食指与右手食指搭成"中"字形。
（二）双手直立，掌心左右相对，五指微曲，从两侧向中间移动。
（三）双手五指撮合，指尖左右相对，边从两侧向中间移动边张开。
（四）双手直立，掌心前后靠近，五指张开，然后同时转腕。

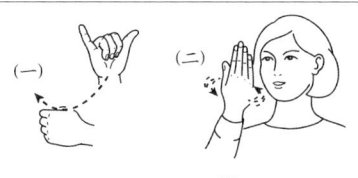

银镜反应 yínjìng-fǎnyìng
（一）左手握拳，虎口朝上；右手打手指字母"Y"的指式，砸一下左手虎口后向前移动，表示银的声母。
（二）一手直立，掌心向内，在面前晃动几下。
（三）双手五指撮合，指尖左右相对，边从两侧向中间移动边张开。
（四）双手直立，掌心前后靠近，五指张开，然后同时转腕。

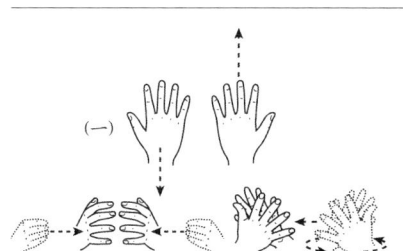

歧化反应 qíhuà fǎnyìng
（一）双手五指直立张开，手背向外，然后分别向上下方向移动一下。
（二）双手五指撮合，指尖左右相对，边从两侧向中间移动边张开。
（三）双手直立，掌心前后靠近，五指张开，然后同时转腕。

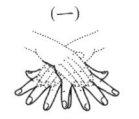

裂解反应 lièjiě fǎnyìng
（一）双手五指并拢，手背向上，交叉相搭，然后猛然同时张开。
（二）双手五指撮合，指尖左右相对，边从两侧向中间移动边张开。
（三）双手直立，掌心前后靠近，五指张开，然后同时转腕。

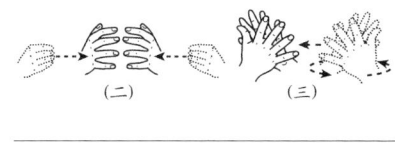

水解反应 shuǐjiě fǎnyìng
（一）一手横伸，掌心向下，五指张开，边交替点动边向一侧移动。
（二）双手虚握，虎口左右相抵，边向两侧斜下方移动边张开五指。
（三）双手五指撮合，指尖左右相对，边从两侧向中间移动边张开。
（四）双手直立，掌心前后靠近，五指张开，然后同时转腕。

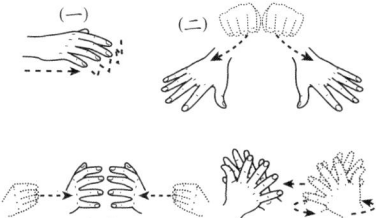
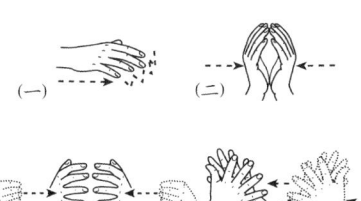

水合反应 shuǐhé fǎnyìng
（一）一手横伸，掌心向下，五指张开，边交替点动边向一侧移动。
（二）双手直立，掌心左右相对，五指微曲，从两侧向中间移动。
（三）双手五指撮合，指尖左右相对，边从两侧向中间移动边张开。
（四）双手直立，掌心前后靠近，五指张开，然后同时转腕。

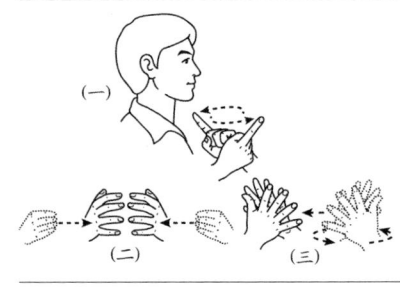

取代反应 qǔdài fǎnyìng

（一）双手伸食指，手腕交叉相贴，然后前后转动，互换位置。

（二）双手五指撮合，指尖左右相对，边从两侧向中间移动边张开。

（三）双手直立，掌心前后靠近，五指张开，然后同时转腕。

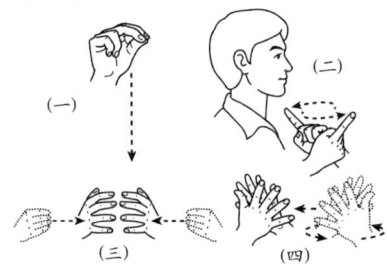

卤代反应 lǔdài-fǎnyìng

（一）一手拇、食、中指相捏，指尖朝斜前方，虎口朝斜后方，表示数字"七"的手势，然后向下移动。

（二）双手伸食指，手腕交叉相贴，然后前后转动，互换位置。

（三）双手五指撮合，指尖左右相对，边从两侧向中间移动边张开。

（四）双手直立，掌心前后靠近，五指张开，然后同时转腕。

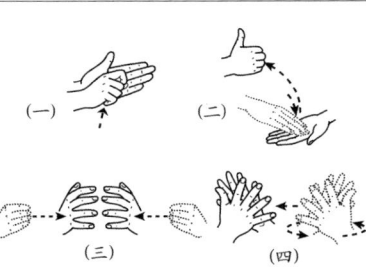

加成反应 jiāchéng fǎnyìng

（一）左手侧立；右手拇、食指捏成圆形，虎口朝左，贴向左手掌心。

（二）左手横伸，掌心向上；右手先拍一下左手掌，再伸出拇指。

（三）双手五指撮合，指尖左右相对，边从两侧向中间移动边张开。

（四）双手直立，掌心前后靠近，五指张开，然后同时转腕。

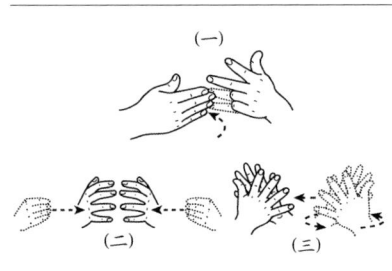

消去反应 xiāoqù fǎnyìng

（一）左手横立，手背向外，五指张开；右手食、中、无名、小指并拢，掌心向内，从外向内拍一下左手无名、小指，左手无名、小指随之弯回。

（二）双手五指撮合，指尖左右相对，边从两侧向中间移动边张开。

（三）双手直立，掌心前后靠近，五指张开，然后同时转腕。

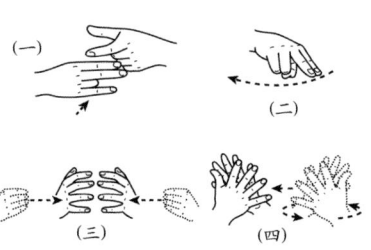

酯化反应 zhǐhuà-fǎnyìng

（一）左手拇、食指成半圆形，虎口朝上；右手打手指字母"ZH"的指式，碰一下左手无名、小指指背。

（二）一手打手指字母"H"的指式，指尖朝前斜下方，平行划动一下。

（三）双手五指撮合，指尖左右相对，边从两侧向中间移动边张开。

（四）双手直立，掌心前后靠近，五指张开，然后同时转腕。

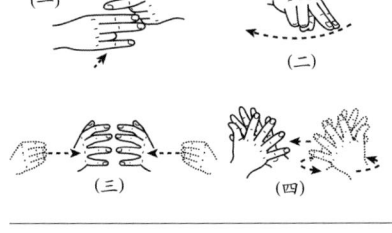

加聚反应 jiājù fǎnyìng

（一）左手侧立；右手拇、食指捏成圆形，虎口朝左，贴向左手掌心。

（二）双手五指弯曲，指尖左右相对，虎口朝上，从两侧向中间移动。

（三）双手五指撮合，指尖左右相对，边从两侧向中间移动边张开。

（四）双手直立，掌心前后靠近，五指张开，然后同时转腕。

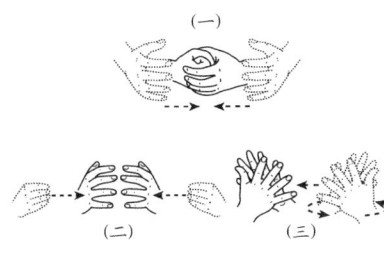

缩聚反应 suōjù fǎnyìng

（一）双手五指弯曲，指尖左右相对，虎口朝上，从两侧向中间靠拢，右手虚握，左手包住右手。
（二）双手五指撮合，指尖左右相对，边从两侧向中间移动边张开。
（三）双手直立，掌心前后靠近，五指张开，然后同时转腕。

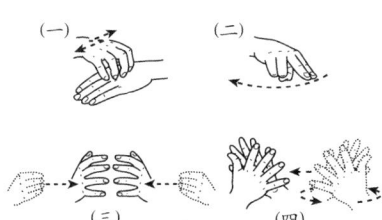

皂化反应 zàohuà-fǎnyìng

（一）左手平伸；右手五指微曲，指尖朝下，在左手背上做擦香皂的动作。
（二）一手打手指字母"H"的指式，指尖朝前斜下方，平行划动一下。
（三）双手五指撮合，指尖左右相对，边从两侧向中间移动边张开。
（四）双手直立，掌心前后靠近，五指张开，然后同时转腕。

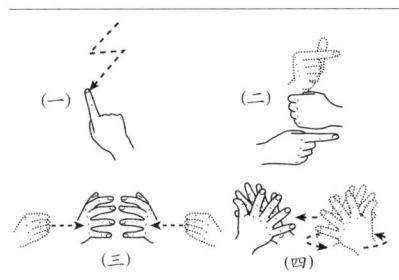

电极反应 diànjí fǎnyìng

（一）一手食指书空"与"形。
（二）左手握拳，手背向外，虎口朝上；右手拇、食指搭成"+"形，先置于左拳上方，再食指横伸，手背向外，置于左拳下方。
（三）双手五指撮合，指尖左右相对，边从两侧向中间移动边张开。
（四）双手直立，掌心前后靠近，五指张开，然后同时转腕。

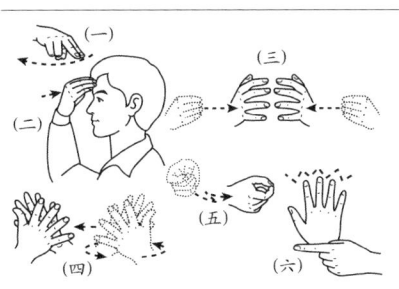

化学反应速率 huàxué fǎnyìng sùlǜ

（一）一手打手指字母"H"的指式，指尖朝前斜下方，平行划动一下。
（二）一手五指撮合，指尖朝内，按向前额。
（三）双手五指撮合，指尖左右相对，边从两侧向中间移动边张开。
（四）双手直立，掌心前后靠近，五指张开，然后同时转腕。
（五）一手拇、食指捏成圆形，向一侧微晃几下。
（六）左手食指横伸，手背向外；右手直立，手背向外，手腕贴于左手食指，五指张开，交替点动几下。

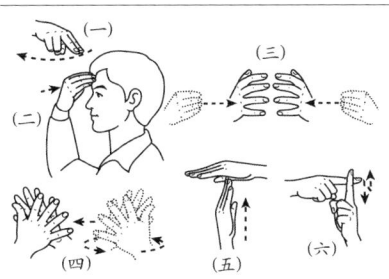

化学反应限度 huàxué fǎnyìng xiàndù

（一）一手打手指字母"H"的指式，指尖朝前斜下方，平行划动一下。
（二）一手五指撮合，指尖朝内，按向前额。
（三）双手五指撮合，指尖左右相对，边从两侧向中间移动边张开。
（四）双手直立，掌心前后靠近，五指张开，然后同时转腕。
（五）左手横伸；右手直立，掌心向左，五指并拢，从下向上移动，指尖抵于左手掌心。
（六）左手食指直立；右手食指横贴在左手食指上，然后上下微动几下。

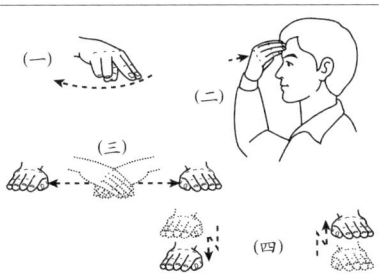

化学平衡 huàxué pínghéng

（一）一手打手指字母"H"的指式，指尖朝前斜下方，平行划动一下。
（二）一手五指撮合，指尖朝内，按向前额。
（三）双手五指并拢，掌心向下，交叉相搭，然后分别向两侧移动。
（四）双手平伸，掌心向下，上下交替微移几下，然后双手保持平衡状态。

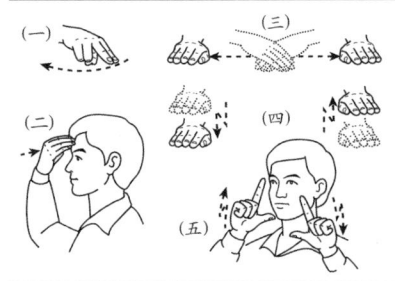

化学平衡状态 huàxué pínghéng zhuàngtài
（一）一手打手指字母"H"的指式，指尖朝前斜下方，平行划动一下。
（二）一手五指撮合，指尖朝内，按向前额。
（三）双手五指并拢，掌心向下，交叉相搭，然后分别向两侧移动。
（四）双手平伸，掌心向下，上下交替微移几下，然后双手保持平衡状态。
（五）双手拇、食指成"⌐⌐"形，置于脸颊两侧，上下交替动两下。

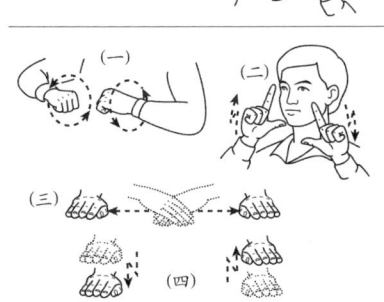

动态平衡 dòngtài pínghéng
（一）双手握拳屈肘，前后交替转动两下。
（二）双手拇、食指成"⌐⌐"形，置于脸颊两侧，上下交替动两下。
（三）双手五指并拢，掌心向下，交叉相搭，然后分别向两侧移动。
（四）双手平伸，掌心向下，上下交替微移几下，然后双手保持平衡状态。

4. 化学与能源

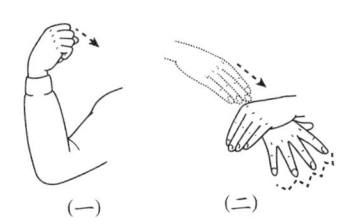

能源① néngyuán ①
（一）一手握拳屈肘，用力向内弯动一下。
（二）左手横伸，手背拱起；右手平伸，手背向上，从后向前移入左手掌心下，五指张开，交替点动几下。

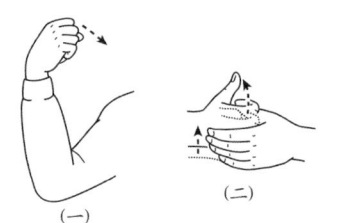

能源② néngyuán ②
（一）一手握拳屈肘，用力向内弯动一下。
（二）左手五指成半圆形，虎口朝上；右手拇、食指相捏，置于左手虎口内，然后边向上移动边弹出拇指。

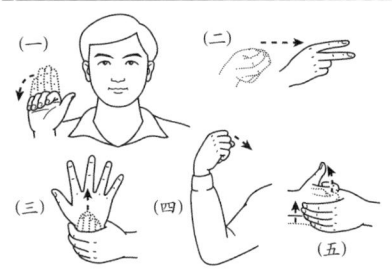

可再生能源 kězàishēng néngyuán
（一）一手直立，掌心向外，然后食、中、无名、小指弯动一下。
（二）右手拇、食、中指相捏，手背向外，边向左移动边伸出食、中指。
（三）左手五指成半圆形，虎口朝上；右手五指撮合，指尖朝上，手背向外，边从左手虎口内伸出边张开。
（四）一手握拳屈肘，用力向内弯动一下。
（五）左手五指成半圆形，虎口朝上；右手拇、食指相捏，置于左手虎口内，然后边向上移动边弹出拇指。

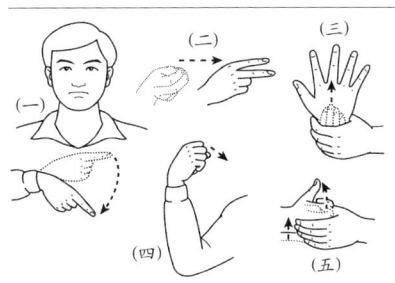

不可再生能源　bùkězàishēng néngyuán

（一）一手食指横伸，向下甩动一下。
（二）右手拇、食、中指相捏，手背向外，边向左移动边伸出食、中指。
（三）左手五指成半圆形，虎口朝上；右手五指撮合，指尖朝上，手背向外，边从左手虎口内伸出边张开。
（四）一手握拳屈肘，用力向内弯动一下。
（五）左手五指成半圆形，虎口朝上；右手拇、食指相捏，置于左手虎口内，然后边向上移动边弹出拇指。

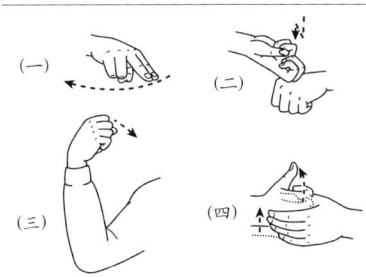

化石能源　huàshí néngyuán

（一）一手打手指字母"H"的指式，指尖朝前斜下方，平行划动一下。
（二）左手握拳；右手食、中指弯曲，以指关节在左手背上敲两下。
（三）一手握拳屈肘，用力向内弯动一下。
（四）左手五指成半圆形，虎口朝上；右手拇、食指相捏，置于左手虎口内，然后边向上移动边弹出拇指。

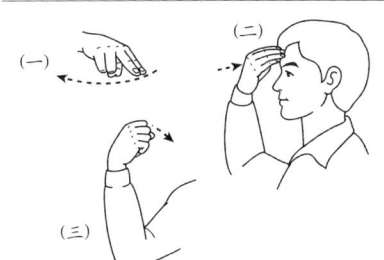

化学能　huàxuénéng

（一）一手打手指字母"H"的指式，指尖朝前斜下方，平行划动一下。
（二）一手五指撮合，指尖朝内，按向前额。
（三）一手握拳屈肘，用力向内弯动一下。

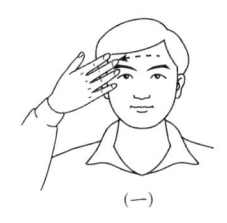 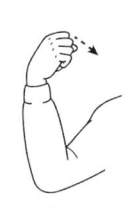

热能　rènéng

（一）一手五指张开，手背向外，在额头上一抹，如流汗状。
（二）一手握拳屈肘，用力向内弯动一下。

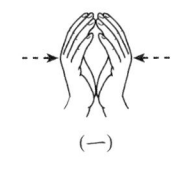 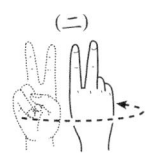

聚变　jùbiàn

（一）双手直立，掌心左右相对，五指微曲，从两侧向中间移动。
（二）一手食、中指直立分开，由掌心向外翻转为掌心向内。

 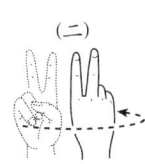

裂变　lièbiàn

（一）双手五指并拢，手背向上，交叉相搭，然后猛然同时张开。
（二）一手食、中指直立分开，由掌心向外翻转为掌心向内。

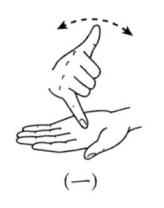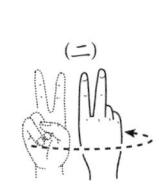

衰变 shuāibiàn

（一）左手横伸；右手伸拇、小指，小指尖抵于左手掌心，左右晃动。
（二）一手食、中指直立分开，由掌心向外翻转为掌心向内。

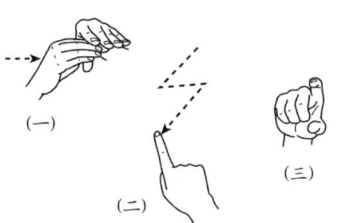

充电电池 chōngdiàn diànchí

（一）左手五指成"匚"形，指尖朝前；右手如持插头状，指尖朝左，插向左手虎口。
（二）一手食指书空"匕"形。
（三）一手拇、食指张开，指尖朝前，如一节电池长短。（可根据实际表示充电电池的形状）

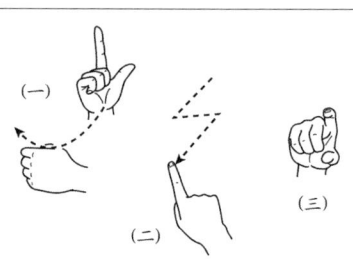

锂电池 lǐdiànchí

（一）左手握拳，虎口朝上；右手打手指字母"L"的指式，砸一下左手虎口后向前移动，表示锂的声母。
（二）一手食指书空"匕"形。
（三）一手拇、食指张开，指尖朝前，如一节电池长短。（可根据实际表示锂电池的形状）

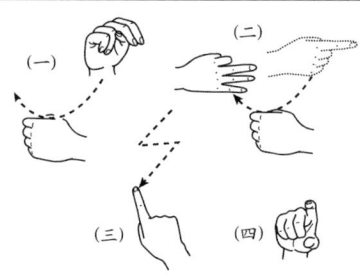

镍镉电池 niègé-diànchí

（一）左手握拳，虎口朝上；右手打手指字母"N"的指式，砸一下左手虎口后向前移动，表示镍的声母。
（二）左手握拳，虎口朝上；右手打手指字母"G"的指式，砸一下左手虎口后边向前移动边打手指字母"E"的指式，表示镉的音节。
（三）一手食指书空"匕"形。
（四）一手拇、食指张开，指尖朝前，如一节电池长短。（可根据实际表示镍镉电池的形状）

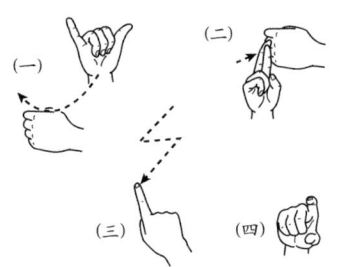

银锌电池 yínxīn-diànchí

（一）左手握拳，虎口朝上；右手打手指字母"Y"的指式，砸一下左手虎口后向前移动，表示银的声母。
（二）左手握拳，虎口朝上；右手打手指字母"X"的指式，碰一下左拳右侧，表示锌的声母。
（三）一手食指书空"匕"形。
（四）一手拇、食指张开，指尖朝前，如一节电池长短。（可根据实际表示银锌电池的形状）

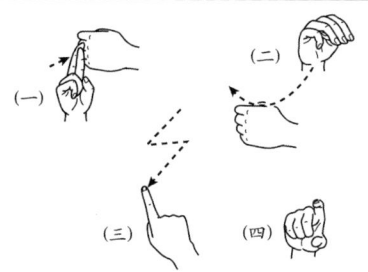

锌锰电池 xīnměng-diànchí

（一）左手握拳，虎口朝上；右手打手指字母"X"的指式，碰一下左拳右侧，表示锌的声母。
（二）左手握拳，虎口朝上；右手打手指字母"M"的指式，砸一下左手虎口后向前移动，表示锰的声母。
（三）一手食指书空"匕"形。
（四）一手拇、食指张开，指尖朝前，如一节电池长短。（可根据实际表示锌锰电池的形状）

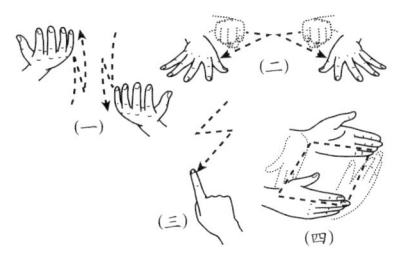

燃料电池 ránliào diànchí

（一）双手五指微曲，指尖朝上，上下交替动几下，如火苗跳动状。
（二）双手食指指尖朝前，手背向上，先互碰一下，再分开并张开五指。
（三）一手食指书空"ㄉ"形。
（四）双手先横立再侧立，仿燃料电池的形状。

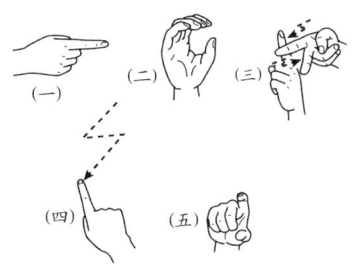

一次性电池 yīcìxìng diànchí

（一）一手食指横伸，手背向外。
（二）一手打手指字母"C"的指式。
（三）左手食指直立；右手食、中指横伸，指背交替弹左手食指背。
（四）一手食指书空"ㄉ"形。
（五）一手拇、食指张开，指尖朝前，如一节电池长短。

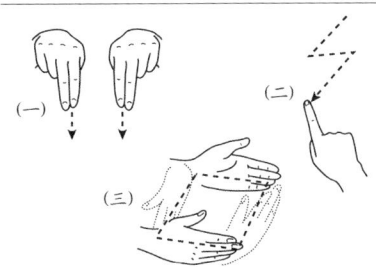

原电池 yuándiànchí

（一）双手食、中指并拢，指尖朝下，指背向外，向下移动一下，表示两种不同的电极材料。
（二）一手食指书空"ㄉ"形。
（三）双手先横立再侧立，仿原电池的形状。

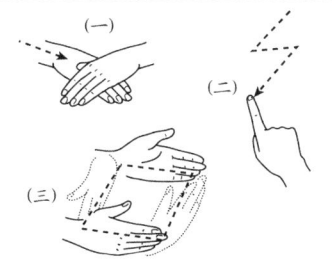

蓄电池 xùdiànchí

（一）左手横伸；右手平伸，手背向上，从后向前移入左手掌心下。
（二）一手食指书空"ㄉ"形。
（三）双手先横立再侧立，仿蓄电池的形状。
（可根据实际表示蓄电池的形状）

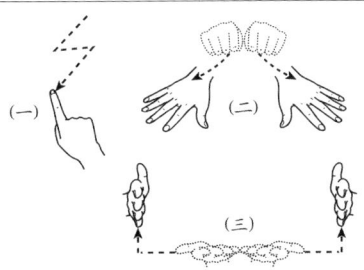

电解池 diànjiěchí

（一）一手食指书空"ㄉ"形。
（二）双手虚握，虎口左右相抵，边向两侧斜下方移动边张开五指。
（三）双手平伸相挨，掌心向上，先向两侧平移，再折而上移，掌心左右相对。

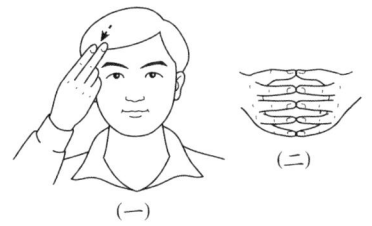

煤（煤块） méi（méikuài）

（一）一手打手指字母"H"的指式，摸一下头发。
（二）双手五指弯曲，指尖相抵，虎口朝上，如煤块状。
（可根据实际表示煤的形状）

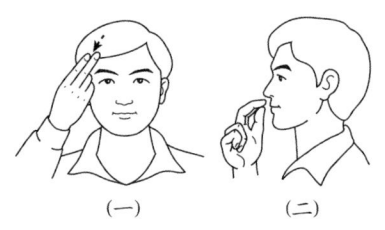

煤气 méiqì
（一）一手打手指字母"H"的指式，摸一下头发。
（二）一手打手指字母"Q"的指式，指尖朝内，置于鼻孔处。

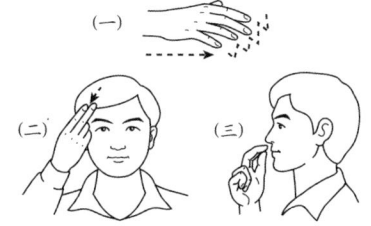

水煤气 shuǐméiqì
（一）一手横伸，掌心向下，五指张开，边交替点动边向一侧移动。
（二）一手打手指字母"H"的指式，摸一下头发。
（三）一手打手指字母"Q"的指式，指尖朝内，置于鼻孔处。

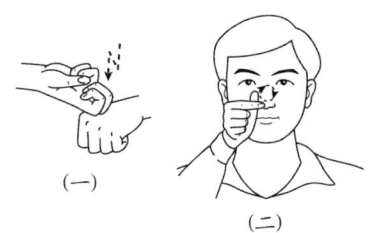

石油 shíyóu
（一）左手握拳；右手食、中指弯曲，以指关节在左手背上敲两下。
（二）一手拇、食指搭成"十"字形，置于鼻翼一侧，微转两下。

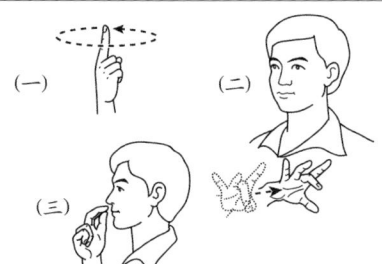

天然气 tiānránqì
（一）一手食指直立，在头一侧上方转动一圈。
（二）右手拇、中指相捏，边碰向左胸部边张开。
（三）一手打手指字母"Q"的指式，指尖朝内，置于鼻孔处。

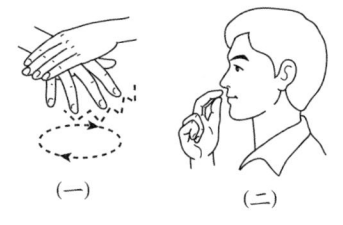

沼气 zhǎoqì
（一）左手横伸；右手平伸，掌心向下，五指张开，在左手掌心下边交替点动边转动，表示水里的东西。
（二）一手打手指字母"Q"的指式，指尖朝内，置于鼻孔处。

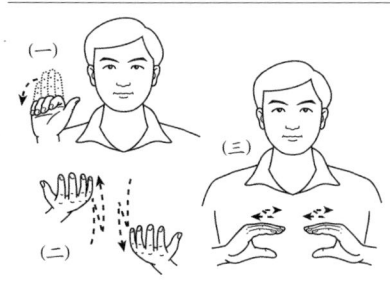

可燃冰 kěránbīng
（一）一手直立，掌心向外，然后食、中、无名、小指弯动一下。
（二）双手五指微曲，指尖朝上，上下交替动几下，如火苗跳动状。
（三）双手五指成"匚コ"形，虎口朝内，左右微动几下，表示结冰。

液化石油气 yèhuà shíyóuqì

（一）一手横伸，掌心向下，五指张开，边交替点动边向一侧移动。
（二）一手打手指字母"H"的指式，指尖朝前斜下方，平行划动一下。
（三）左手握拳；右手食、中指弯曲，以指关节在左手背上敲两下。
（四）一手拇、食指搭成"十"字形，置于鼻翼一侧，微转两下。
（五）一手打手指字母"Q"的指式，指尖朝内，置于鼻孔处。

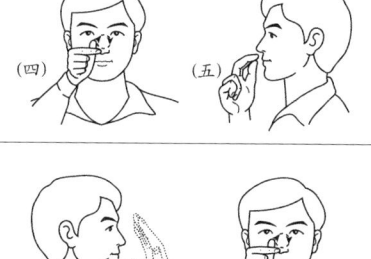

原油① yuányóu ①

（一）一手直立，掌心向内，向肩后挥动一下。
（二）一手拇、食指搭成"十"字形，置于鼻翼一侧，微转两下。

原油② yuányóu ②

（一）一手食、中指并拢，指尖朝内，在鼻翼一侧向下划动两下。
（二）一手拇、食指搭成"十"字形，置于鼻翼一侧，微转两下。

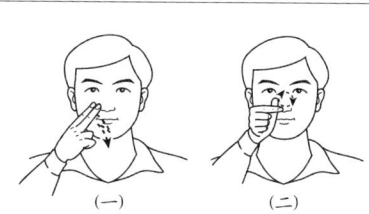

柴油 cháiyóu

（一）左手直立，掌心向内；右手侧立，向左手中、无名指指缝间劈下。
（二）一手拇、食指搭成"十"字形，置于鼻翼一侧，微转两下。

煤油 méiyóu

（一）一手打手指字母"H"的指式，摸一下头发。
（二）一手拇、食指搭成"十"字形，置于鼻翼一侧，微转两下。

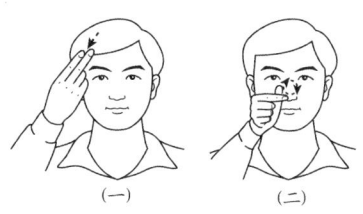

机油 jīyóu

（一）双手五指弯曲，食、中、无名、小指关节交错相触，向下转动一下。
（二）一手拇、食指搭成"十"字形，置于鼻翼一侧，微转两下。

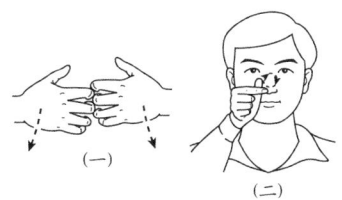

润滑油　rùnhuáyóu

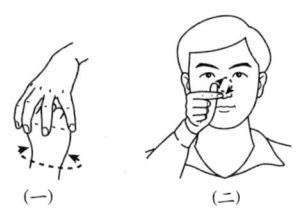

（一）左手五指弯曲，指尖朝下；右手握拳，在左手掌心内来回转动。

（二）一手拇、食指搭成"十"字形，置于鼻翼一侧，微转两下。

（可根据实际表示润滑油）

尾气（汽车尾气）　wěiqì（qìchē wěiqì）

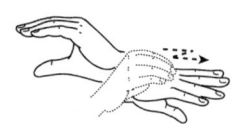

左手五指成"匚"形，虎口朝内；右手五指撮合，指尖朝左，置于左手腕，然后开合两下，表示机动车尾部喷出的尾气。

氟利昂　fúlì'áng

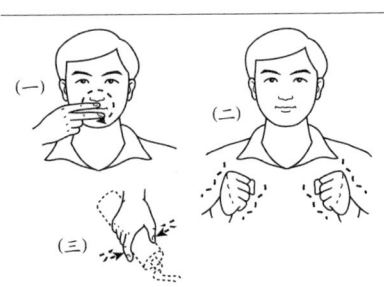

（一）一手打手指字母"F"的指式，置于鼻前，转动一小圈，表示氟的元素符号"F"。

（二）双手握拳屈肘，小臂颤动几下，如哆嗦状，表示冷。

（三）右手五指弯曲，虎口朝左下方，做从瓶子中挤液体的动作。

减碳　jiǎntàn

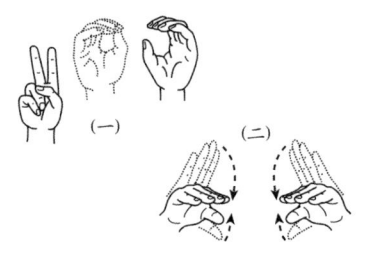

（一）左手打手指字母"C"的指式；右手先打手指字母"O"的指式，再在右下方打数字"2"的手势，表示二氧化碳的化学分子式。

（二）双手直立，掌心向斜前方，拇指张开，其他四指向下弯动，表示减少。

低碳（降碳）　dītàn（jiàngtàn）

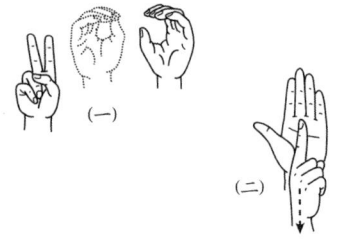

（一）左手打手指字母"C"的指式；右手先打手指字母"O"的指式，再在右下方打数字"2"的手势，表示二氧化碳的化学分子式。

（二）左手直立，掌心向外；右手食指直立，贴于左手掌心，向下移动。

碳利用　tànlìyòng

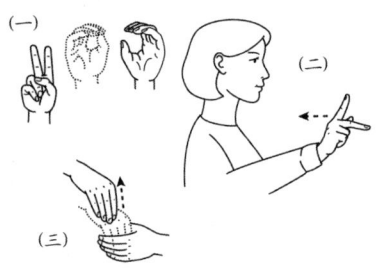

（一）左手打手指字母"C"的指式；右手先打手指字母"O"的指式，再在右下方打数字"2"的手势，表示二氧化碳的化学分子式。

（二）一手打手指字母"K"的指式，中指尖朝外，向内移动一下，表示利用资源的意思。

（三）左手五指成"匚"形，虎口朝上；右手五指撮合，指尖朝下，从左手虎口内抽出。

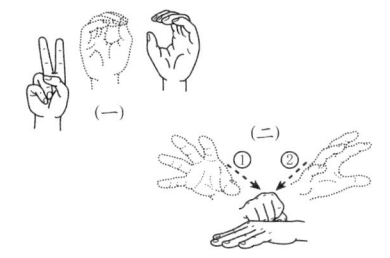

碳捕集 tànbǔjí

（一）左手打手指字母"C"的指式；右手先打手指字母"O"的指式，再在右下方打数字"2"的手势，表示二氧化碳的化学分子式。

（二）左手横伸，手背向上；右手五指微曲，掌心向外，边从不同位置向左手背移动边握拳。

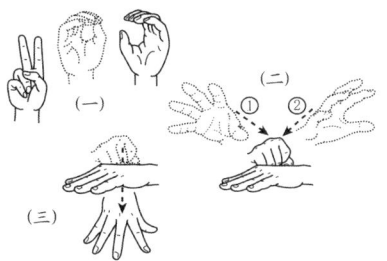

碳封存 tànfēngcún

（一）左手打手指字母"C"的指式；右手先打手指字母"O"的指式，再在右下方打数字"2"的手势，表示二氧化碳的化学分子式。

（二）左手横伸，手背向上；右手五指微曲，掌心向外，边从不同位置向左手背移动边握拳。

（三）左手横伸，手背向上；右手握拳，手背向上，在左手内侧边向下移动边张开五指。

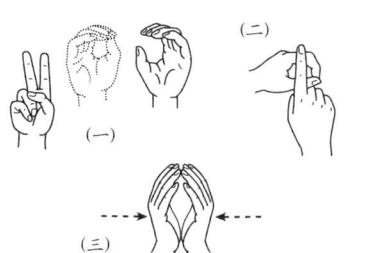

碳中和① tànzhōnghé ①

（一）左手打手指字母"C"的指式；右手先打手指字母"O"的指式，再在右下方打数字"2"的手势，表示二氧化碳的化学分子式。

（二）左手拇、食指与右手食指搭成"中"字形。

（三）双手直立，掌心左右相对，五指微曲，从两侧向中间移动。

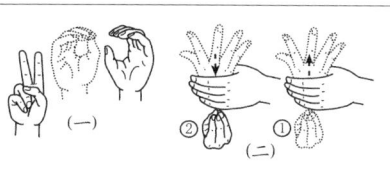

碳中和② tànzhōnghé ②

（一）左手打手指字母"C"的指式；右手先打手指字母"O"的指式，再在右下方打数字"2"的手势，表示二氧化碳的化学分子式。

（二）左手五指成半圆形，虎口朝上；右手五指撮合，指尖朝上，边从下向上移出左手虎口边张开，表示排放，然后边从上向下移入左手虎口内边撮合，表示吸收。

（三）双手五指并拢，掌心向下，交叉相搭，然后分别向两侧移动。

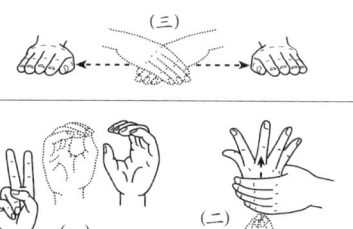

碳达峰 tàndáfēng

（一）左手打手指字母"C"的指式；右手先打手指字母"O"的指式，再在右下方打数字"2"的手势，表示二氧化碳的化学分子式。

（二）左手五指成半圆形，虎口朝上；右手五指撮合，指尖朝上，边从下向上移出左手虎口边张开，表示排放。

（三）左手横伸；右手食指直立，从下向上移动，指尖抵于左手掌心，表示已达到顶点。

二、无机化学

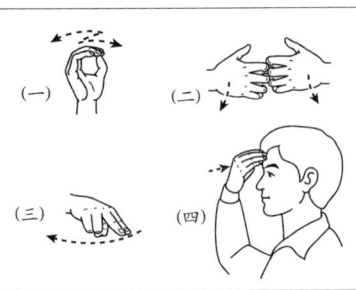

无机化学　wújī huàxué
（一）一手五指捏成圆形，虎口朝内，左右晃动几下。
（二）双手五指弯曲，食、中、无名、小指关节交错相触，向下转动一下。
（三）一手打手指字母"H"的指式，指尖朝前斜下方，平行划动一下。
（四）一手五指撮合，指尖朝内，按向前额。

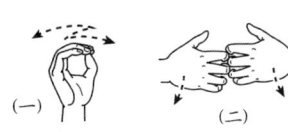
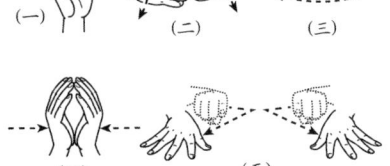

无机物　wújīwù
（一）一手五指捏成圆形，虎口朝内，左右晃动几下。
（二）双手五指弯曲，食、中、无名、小指关节交错相触，向下转动一下。
（三）双手食指指尖朝前，手背向上，先互碰一下，再分开并张开五指。

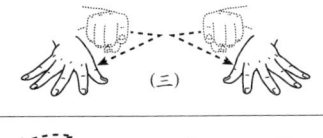
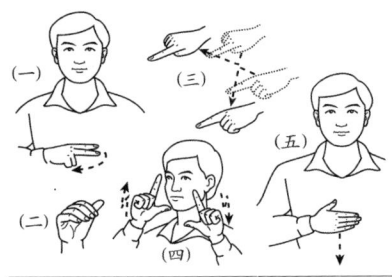

无机化合物　wújī huàhéwù
（一）一手五指捏成圆形，虎口朝内，左右晃动几下。
（二）双手五指弯曲，食、中、无名、小指关节交错相触，向下转动一下。
（三）一手打手指字母"H"的指式，指尖朝前斜下方，平行划动一下。
（四）双手直立，掌心左右相对，五指微曲，从两侧向中间移动。
（五）双手食指指尖朝前，手背向上，先互碰一下，再分开并张开五指。

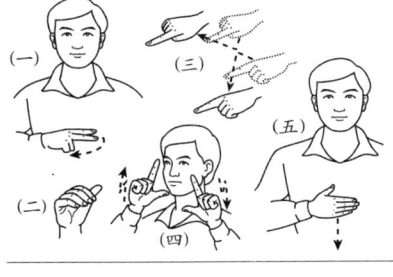

同素异形体　tóngsù-yìxíngtǐ
（一）一手食、中指横伸分开，手背向上，向前移动一下。
（二）一手打手指字母"S"的指式。
（三）双手伸食指，指尖朝前，手背向上，先互碰一下，再分别向两侧移动。
（四）双手拇、食指成"⌐"形，置于脸颊两侧，上下交替动两下。
（五）一手掌心贴于胸部，向下移动一下。

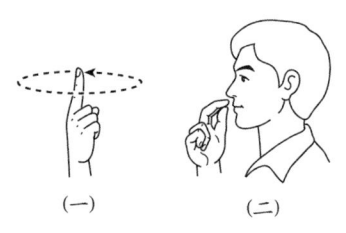

空气（天气）　kōngqì（tiānqì）
（一）一手食指直立，在头一侧上方转动一圈。
（二）一手打手指字母"Q"的指式，指尖朝内，置于鼻孔处。

氢气 qīngqì

（一） （二）

（一）一手打手指字母"H"的指式，掌心向内，置于鼻前，转动一小圈，表示氢的元素符号"H"。
（二）一手打手指字母"Q"的指式，指尖朝内，置于鼻孔处。

氧气 yǎngqì

（一） （二）

（一）一手打手指字母"O"的指式，置于鼻前，转动一小圈，表示氧的元素符号"O"。
（二）一手打手指字母"Q"的指式，指尖朝内，置于鼻孔处。

氮气 dànqì

（一） （二）

（一）一手打手指字母"N"的指式，置于鼻前，转动一小圈，表示氮的元素符号"N"。
（二）一手打手指字母"Q"的指式，指尖朝内，置于鼻孔处。

氯气 lǜqì

 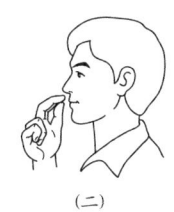
（一） （二）

（一）一手打手指字母"C"的指式，置于鼻前，转动一小圈，然后食指直立，掌心向外，仿英文字母"L"的小写形式，表示氯的元素符号"Cl"。
（二）一手打手指字母"Q"的指式，指尖朝内，置于鼻孔处。

氯水 lǜshuǐ

（一） （二）

（一）一手打手指字母"C"的指式，置于鼻前，转动一小圈，然后食指直立，掌心向外，仿英文字母"L"的小写形式，表示氯的元素符号"Cl"。
（二）一手伸食指，指尖贴于下嘴唇。

溴水 xiùshuǐ

（一） （二）

（一）一手拇、食指捏住鼻子，其他三指伸出，表示溴的部首"氵"以及气味大的特征。
（二）一手伸食指，指尖贴于下嘴唇。

液溴 yèxiù
（一）一手横伸，掌心向下，五指张开，边交替点动边向一侧移动。
（二）一手拇、食指捏住鼻子，其他三指伸出，表示溴的部首"氵"以及气味大的特征。

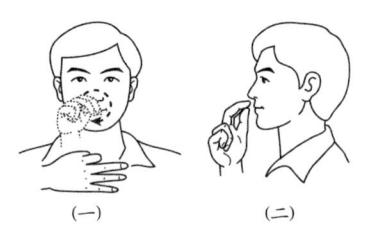

氖气 nǎiqì
（一）一手打手指字母"N"的指式，置于鼻前，转动一小圈，然后打手指字母"E"的指式，表示氖的元素符号"Ne"。
（二）一手打手指字母"Q"的指式，指尖朝内，置于鼻孔处。

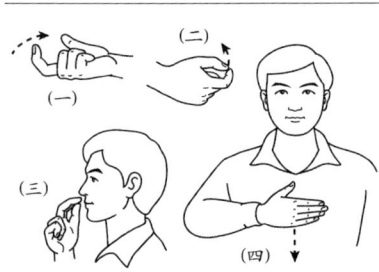

稀有气体（惰性气体） xīyǒu qìtǐ（duòxìng qìtǐ）
（一）一手伸拇、食指，手背向下，拇指不动，食指向内弯动一下。
（二）一手拇、食指相捏，拇指尖微弹一下。
（三）一手打手指字母"Q"的指式，指尖朝内，置于鼻孔处。
（四）一手掌心贴于胸部，向下移动一下。

臭氧 chòuyǎng
（一）一手在鼻前左右扇动几下，面露厌恶的表情。
（二）一手打手指字母"O"的指式，置于鼻前，转动一小圈，表示氧的元素符号"O"。

氨气（氨） ānqì（ān）
（一）左手打手指字母"Q"的指式，指尖朝内，置于鼻孔处；右手横伸，掌心向下，自胸部向下一按。
（二）一手打手指字母"Q"的指式，指尖朝内，置于鼻孔处。

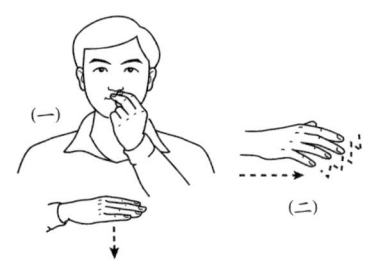

氨水 ānshuǐ
（一）左手打手指字母"Q"的指式，指尖朝内，置于鼻孔处；右手横伸，掌心向下，自胸部向下一按。
（二）一手横伸，掌心向下，五指张开，边交替点动边向一侧移动。

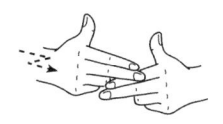
金属 jīnshǔ
  双手伸拇、食、中指,食、中指并拢,交叉相搭,右手中指蹭两下左手食指,表示金属。

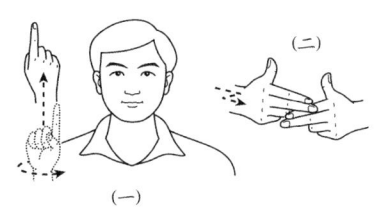
活泼金属 huó·pō jīnshǔ
  (一)一手食指直立,边转动手腕边向上移动。
  (二)双手伸拇、食、中指,食、中指并拢,交叉相搭,右手中指蹭两下左手食指,表示金属。

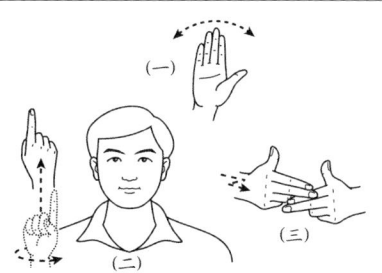
不活泼金属 bùhuó·pō jīnshǔ
  (一)一手直立,掌心向外,左右摆动几下。
  (二)一手食指直立,边转动手腕边向上移动。
  (三)双手伸拇、食、中指,食、中指并拢,交叉相搭,右手中指蹭两下左手食指,表示金属。

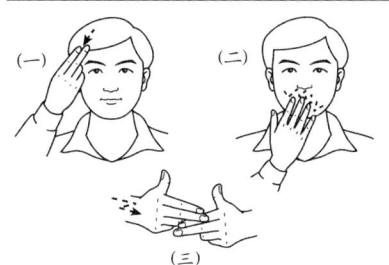
黑色金属 hēisè jīnshǔ
  (一)一手打手指字母"H"的指式,摸一下头发。
  (二)一手直立,掌心向内,五指张开,在嘴唇部交替点动。
  (三)双手伸拇、食、中指,食、中指并拢,交叉相搭,右手中指蹭两下左手食指,表示金属。

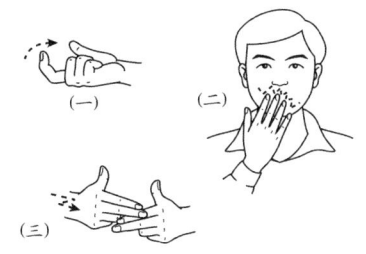
有色金属 yǒusè jīnshǔ
  (一)一手伸拇、食指,手背向下,拇指不动,食指向内弯动一下。
  (二)一手直立,掌心向内,五指张开,在嘴唇部交替点动。
  (三)双手伸拇、食、中指,食、中指并拢,交叉相搭,右手中指蹭两下左手食指,表示金属。

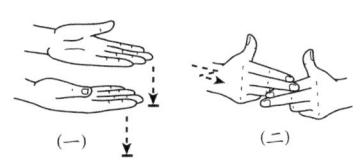
重金属 zhòngjīnshǔ
  (一)双手平伸,掌心向上,同时向下一顿,表示物体的重量。
  (二)双手伸拇、食、中指,食、中指并拢,交叉相搭,右手中指蹭两下左手食指,表示金属。

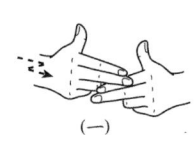

金属性 jīnshǔxìng
（一）双手伸拇、食、中指，食、中指并拢，交叉相搭，右手中指蹭两下左手食指，表示金属。
（二）左手食指直立；右手食、中指横伸，指背交替弹左手食指背。

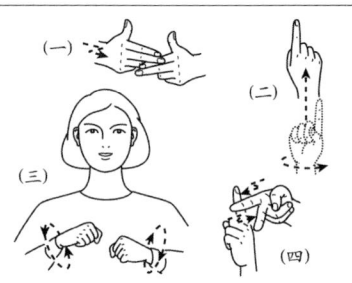

金属活动性 jīnshǔ huódòngxìng
（一）双手伸拇、食、中指，食、中指并拢，交叉相搭，右手中指蹭两下左手食指，表示金属。
（二）一手食指直立，边转动手腕边向上移动。
（三）双手握拳屈肘，前后交替转动两下。
（四）左手食指直立；右手食、中指横伸，指背交替弹左手食指背。

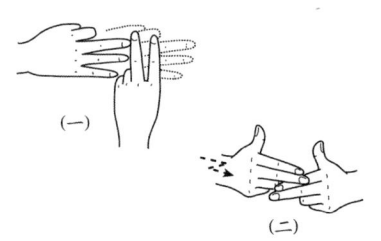

非金属① fēijīnshǔ ①
（一）左手食、中指直立分开，手背向外；右手中、无名、小指横伸分开，手背向外，从左向右划过左手食、中指，仿"非"字形。
（二）双手伸拇、食、中指，食、中指并拢，交叉相搭，右手中指蹭两下左手食指，表示金属。

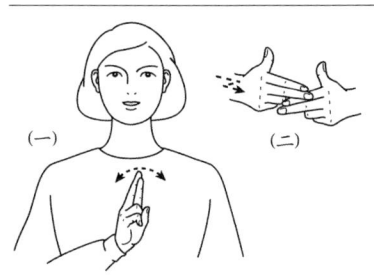

非金属② fēijīnshǔ ②
（一）一手食、中指相叠，指尖朝上，左右晃动两下。
（二）双手伸拇、食、中指，食、中指并拢，交叉相搭，右手中指蹭两下左手食指，表示金属。

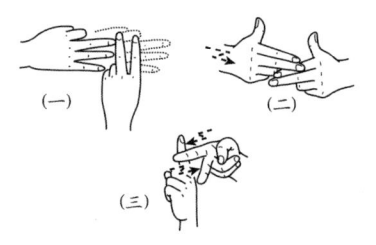

非金属性① fēijīnshǔxìng ①
（一）左手食、中指直立分开，手背向外；右手中、无名、小指横伸分开，手背向外，从左向右划过左手食、中指，仿"非"字形。
（二）双手伸拇、食、中指，食、中指并拢，交叉相搭，右手中指蹭两下左手食指，表示金属。
（三）左手食指直立；右手食、中指横伸，指背交替弹左手食指背。

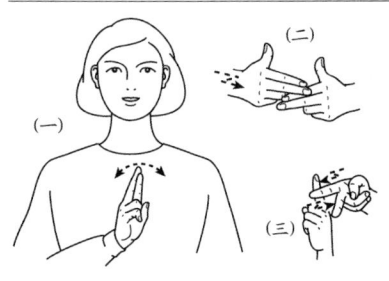

非金属性② fēijīnshǔxìng ②
（一）一手食、中指相叠，指尖朝上，左右晃动两下。
（二）双手伸拇、食、中指，食、中指并拢，交叉相搭，右手中指蹭两下左手食指，表示金属。
（三）左手食指直立；右手食、中指横伸，指背交替弹左手食指背。

二、无机化学

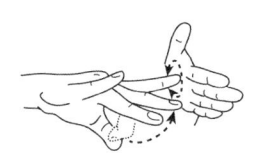

金刚石（钻石） jīngāngshí (zuànshí)

左手侧立；右手拇、中指相捏，食指尖抵于左手掌心，并钻动两下，拇、中指随之张开。

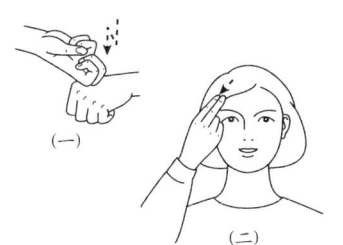

石墨 shímò

（一）左手握拳；右手食、中指弯曲，以指关节在左手背上敲两下。

（二）一手打手指字母"H"的指式，摸一下头发。

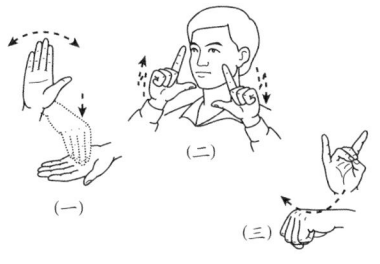

无定形碳 wúdìngxíngtàn

（一）左手横伸；右手五指撮合，指尖朝下，先按向左手掌心，再直立，掌心向外，左右摆动几下。

（二）双手拇、食指成"⌊ ⌋"形，置于脸颊两侧，上下交替动两下。

（三）左手握拳，手背向上；右手打手指字母"T"的指式，碰一下左手背后向前移动，表示碳的声母。

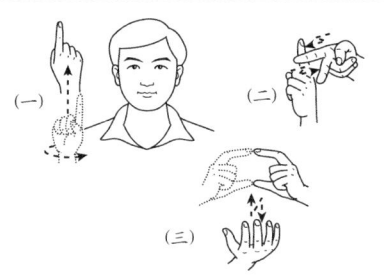

活性炭 huóxìngtàn

（一）一手食指直立，边转动手腕边向上移动。

（二）左手食指直立；右手食、中指横伸，指背交替弹左手食指背。

（三）双手拇、食指搭成"□"形，虎口朝内，然后左手不动，右手五指微曲，指尖朝上，在左手下上下微动几下。

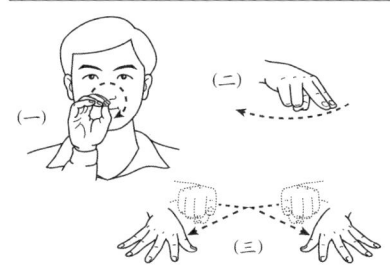

氧化物 yǎnghuàwù

（一）一手打手指字母"O"的指式，置于鼻前，转动一小圈，表示氧的元素符号"O"。

（二）一手打手指字母"H"的指式，指尖朝前斜下方，平行划动一下。

（三）双手食指指尖朝前，手背向上，先互碰一下，再分开并张开五指。

酸性氧化物 suānxìng yǎnghuàwù

（一）一手食指直立，在鼻翼一侧向上移动一下，同时耸鼻。

（二）左手食指直立；右手食、中指横伸，指背交替弹左手食指背。

（三）一手打手指字母"O"的指式，置于鼻前，转动一小圈，表示氧的元素符号"O"。

（四）一手打手指字母"H"的指式，指尖朝前斜下方，平行划动一下。

（五）双手食指指尖朝前，手背向上，先互碰一下，再分开并张开五指。

碱性氧化物　jiǎnxìng yǎnghuàwù

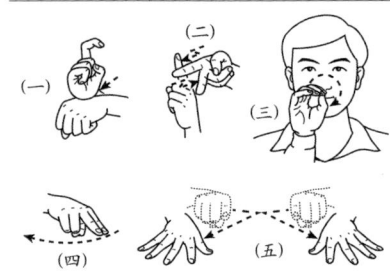

（一）左手握拳，手背向上；右手打手指字母"J"的指式，手腕碰一下左手背，表示碱的声母。
（二）左手食指直立；右手食、中指横伸，指背交替弹左手食指背。
（三）一手打手指字母"O"的指式，置于鼻前，转动一小圈，表示氧的元素符号"O"。
（四）一手打手指字母"H"的指式，指尖朝前斜下方，平行划动一下。
（五）双手食指指尖朝前，手背向上，先互碰一下，再分开并张开五指。

金属氧化物　jīnshǔ yǎnghuàwù

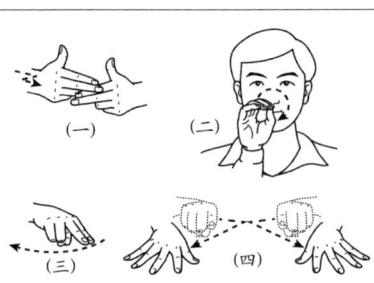

（一）双手伸拇、食、中指，食、中指并拢，交叉相搭，右手中指蹭两下左手食指，表示金属。
（二）一手打手指字母"O"的指式，置于鼻前，转动一小圈，表示氧的元素符号"O"。
（三）一手打手指字母"H"的指式，指尖朝前斜下方，平行划动一下。
（四）双手食指指尖朝前，手背向上，先互碰一下，再分开并张开五指。

过氧化物　guòyǎnghuàwù

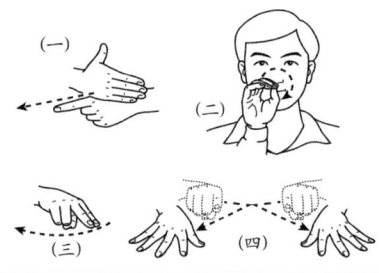

（一）左手伸食指，指尖朝前；右手横立，掌心向内，置于左手食指根部，然后向指尖方向移动。
（二）一手打手指字母"O"的指式，置于鼻前，转动一小圈，表示氧的元素符号"O"。
（三）一手打手指字母"H"的指式，指尖朝前斜下方，平行划动一下。
（四）双手食指指尖朝前，手背向上，先互碰一下，再分开并张开五指。

两性氧化物　liǎngxìng yǎnghuàwù

（一）一手食、中指直立分开，掌心向外。
（二）左手食指直立；右手食、中指横伸，指背交替弹左手食指背。
（三）一手打手指字母"O"的指式，置于鼻前，转动一小圈，表示氧的元素符号"O"。
（四）一手打手指字母"H"的指式，指尖朝前斜下方，平行划动一下。
（五）双手食指指尖朝前，手背向上，先互碰一下，再分开并张开五指。

一氧化氮　yīyǎnghuàdàn

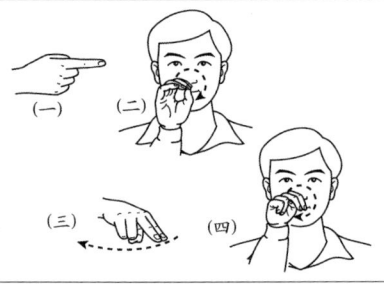

（一）一手食指横伸，手背向外。
（二）一手打手指字母"O"的指式，置于鼻前，转动一小圈，表示氧的元素符号"O"。
（三）一手打手指字母"H"的指式，指尖朝前斜下方，平行划动一下。
（四）一手打手指字母"N"的指式，置于鼻前，转动一小圈，表示氮的元素符号"N"。

一氧化碳①　yīyǎnghuàtàn ①

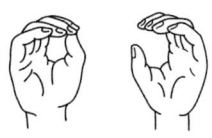

左手打手指字母"C"的指式；右手打手指字母"O"的指式，表示一氧化碳的化学分子式。

一氧化碳② yīyǎnghuàtàn②

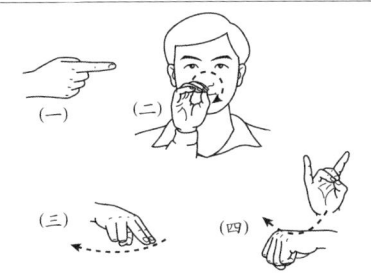

（一）一手食指横伸，手背向外。
（二）一手打手指字母"O"的指式，置于鼻前，转动一小圈，表示氧的元素符号"O"。
（三）一手打手指字母"H"的指式，指尖朝前斜下方，平行划动一下。
（四）左手握拳，手背向上；右手打手指字母"T"的指式，碰一下左手背后向前移动，表示碳的声母。

二氧化碳① èryǎnghuàtàn①

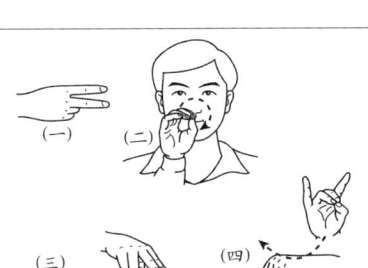

左手打手指字母"C"的指式；右手先打手指字母"O"的指式，再在右下方打数字"2"的手势，表示二氧化碳的化学分子式。

二氧化碳② èryǎnghuàtàn②

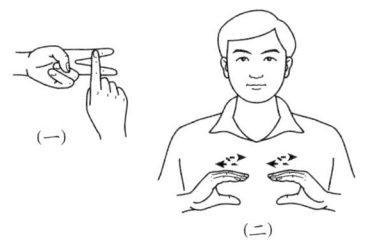

（一）一手食、中指横伸分开，手背向外。
（二）一手打手指字母"O"的指式，置于鼻前，转动一小圈，表示氧的元素符号"O"。
（三）一手打手指字母"H"的指式，指尖朝前斜下方，平行划动一下。
（四）左手握拳，手背向上；右手打手指字母"T"的指式，碰一下左手背后向前移动，表示碳的声母。

干冰 gānbīng

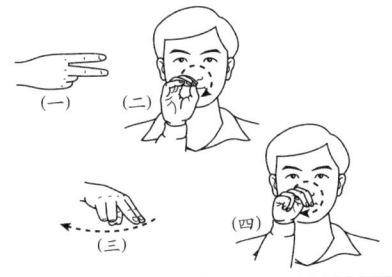

（一）左手食、中指与右手食指搭成"干"字形。
（二）双手五指成"⊂⊃"形，虎口朝内，左右微动几下，表示结冰。

二氧化氮 èryǎnghuàdàn

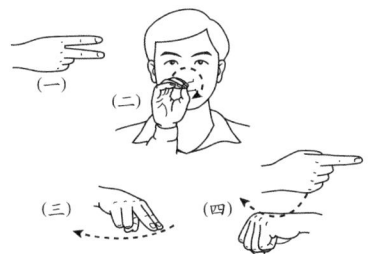

（一）一手食、中指横伸分开，手背向外。
（二）一手打手指字母"O"的指式，置于鼻前，转动一小圈，表示氧的元素符号"O"。
（三）一手打手指字母"H"的指式，指尖朝前斜下方，平行划动一下。
（四）一手打手指字母"N"的指式，置于鼻前，转动一小圈，表示氮的元素符号"N"。

二氧化硅 èryǎnghuàguī

（一）一手食、中指横伸分开，手背向外。
（二）一手打手指字母"O"的指式，置于鼻前，转动一小圈，表示氧的元素符号"O"。
（三）一手打手指字母"H"的指式，指尖朝前斜下方，平行划动一下。
（四）左手握拳，手背向上；右手打手指字母"G"的指式，碰一下左手背后向前移动，表示硅的声母。

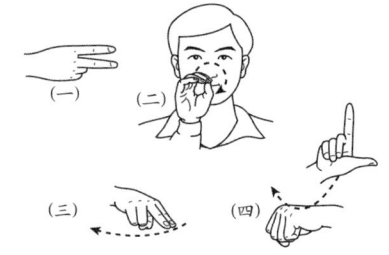

二氧化硫 èryǎnghuàliú

（一）一手食、中指横伸分开，手背向外。
（二）一手打手指字母"O"的指式，置于鼻前，转动一小圈，表示氧的元素符号"O"。
（三）一手打手指字母"H"的指式，指尖朝前斜下方，平行划动一下。
（四）左手握拳，手背向上；右手打手指字母"L"的指式，碰一下左手背后向前移动，表示硫的声母。

三氧化硫 sānyǎnghuàliú

（一）一手中、无名、小指横伸分开，手背向外。
（二）一手打手指字母"O"的指式，置于鼻前，转动一小圈，表示氧的元素符号"O"。
（三）一手打手指字母"H"的指式，指尖朝前斜下方，平行划动一下。
（四）左手握拳，手背向上；右手打手指字母"L"的指式，碰一下左手背后向前移动，表示硫的声母。

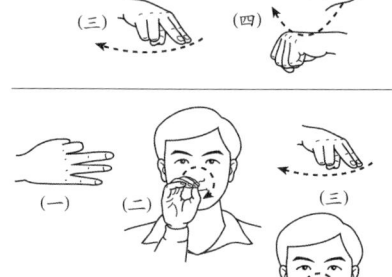

三氧化二氮 sānyǎnghuà'èrdàn

（一）一手中、无名、小指横伸分开，手背向外。
（二）一手打手指字母"O"的指式，置于鼻前，转动一小圈，表示氧的元素符号"O"。
（三）一手打手指字母"H"的指式，指尖朝前斜下方，平行划动一下。
（四）一手食、中指横伸分开，手背向外。
（五）一手打手指字母"N"的指式，置于鼻前，转动一小圈，表示氮的元素符号"N"。

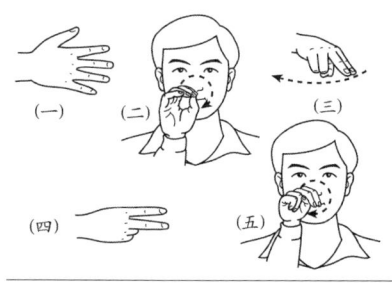

五氧化二氮 wǔyǎnghuà'èrdàn

（一）一手五指横伸张开，手背向外。
（二）一手打手指字母"O"的指式，置于鼻前，转动一小圈，表示氧的元素符号"O"。
（三）一手打手指字母"H"的指式，指尖朝前斜下方，平行划动一下。
（四）一手食、中指横伸分开，手背向外。
（五）一手打手指字母"N"的指式，置于鼻前，转动一小圈，表示氮的元素符号"N"。

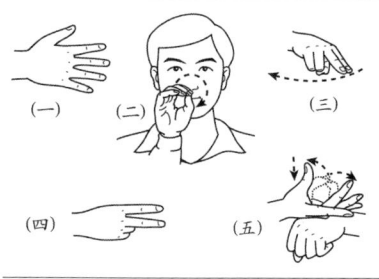

五氧化二磷 wǔyǎnghuà'èrlín

（一）一手五指横伸张开，手背向外。
（二）一手打手指字母"O"的指式，置于鼻前，转动一小圈，表示氧的元素符号"O"。
（三）一手打手指字母"H"的指式，指尖朝前斜下方，平行划动一下。
（四）一手食、中指横伸分开，手背向外。
（五）左手握拳，手背向上；右手拇、中指相捏，边手背碰向左手背边弹开，表示磷可以发光。

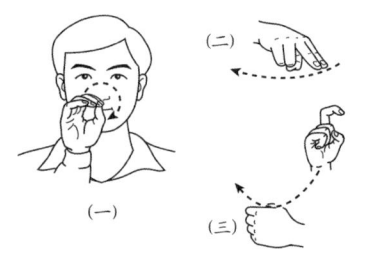

氧化钾 yǎnghuàjiǎ

（一）一手打手指字母"O"的指式，置于鼻前，转动一小圈，表示氧的元素符号"O"。
（二）一手打手指字母"H"的指式，指尖朝前斜下方，平行划动一下。
（三）左手握拳，虎口朝上；右手打手指字母"J"的指式，砸一下左手虎口后向前移动，表示钾的声母。

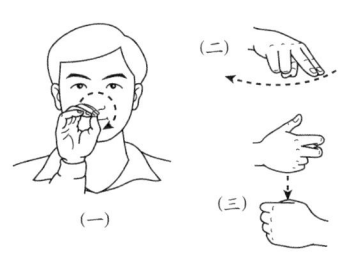

氧化钙（生石灰） yǎnghuàgài (shēngshíhuī)

（一）一手打手指字母"O"的指式，置于鼻前，转动一小圈，表示氧的元素符号"O"。

（二）一手打手指字母"H"的指式，指尖朝前斜下方，平行划动一下。

（三）左手握拳，虎口朝上；右手伸拇、食、中指，食、中指弯曲，手背向外，砸一下左手虎口。

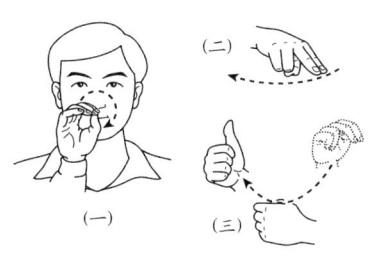

氧化钠 yǎnghuànà

（一）一手打手指字母"O"的指式，置于鼻前，转动一小圈，表示氧的元素符号"O"。

（二）一手打手指字母"H"的指式，指尖朝前斜下方，平行划动一下。

（三）左手握拳，虎口朝上；右手打手指字母"N"的指式，砸一下左手虎口后边向前移动边打手指字母"A"的指式，表示钠的元素符号和音节。

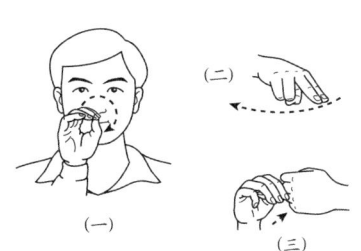

氧化镁 yǎnghuàměi

（一）一手打手指字母"O"的指式，置于鼻前，转动一小圈，表示氧的元素符号"O"。

（二）一手打手指字母"H"的指式，指尖朝前斜下方，平行划动一下。

（三）左手握拳，虎口朝上；右手打手指字母"M"的指式，碰一下左拳右侧，表示镁的声母。

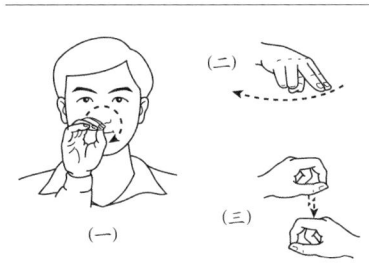

氧化铝 yǎnghuàlǚ

（一）一手打手指字母"O"的指式，置于鼻前，转动一小圈，表示氧的元素符号"O"。

（二）一手打手指字母"H"的指式，指尖朝前斜下方，平行划动一下。

（三）双手拇、食指捏成圆形，虎口朝内，一上一下，左手向下碰两下右手。

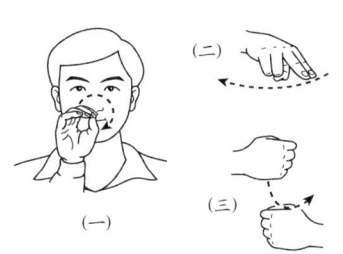

氧化铁 yǎnghuàtiě

（一）一手打手指字母"O"的指式，置于鼻前，转动一小圈，表示氧的元素符号"O"。

（二）一手打手指字母"H"的指式，指尖朝前斜下方，平行划动一下。

（三）双手握拳，虎口朝上，一上一下，右拳向下砸一下左拳，再向内移动。

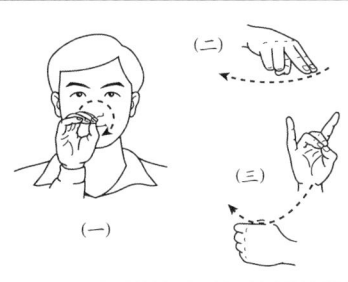

氧化铜 yǎnghuàtóng

（一）一手打手指字母"O"的指式，置于鼻前，转动一小圈，表示氧的元素符号"O"。

（二）一手打手指字母"H"的指式，指尖朝前斜下方，平行划动一下。

（三）左手握拳，虎口朝上；右手打手指字母"T"的指式，砸一下左手虎口后向前移动，表示铜的声母。

二氧化锰 èryǎnghuàměng

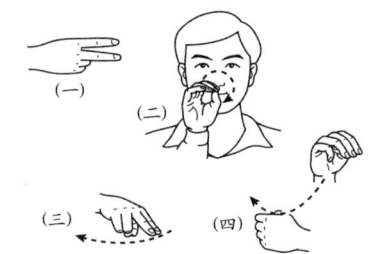

（一）一手食、中指横伸分开，手背向外。
（二）一手打手指字母"O"的指式，置于鼻前，转动一小圈，表示氧的元素符号"O"。
（三）一手打手指字母"H"的指式，指尖朝前斜下方，平行划动一下。
（四）左手握拳，虎口朝上；右手打手指字母"M"的指式，砸一下左手虎口后向前移动，表示锰的声母。

氧化亚铁 yǎnghuàyàtiě

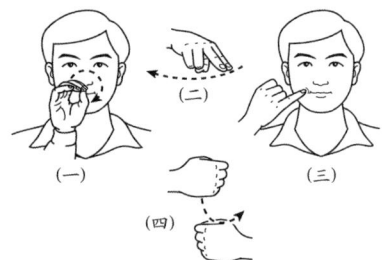

（一）一手打手指字母"O"的指式，置于鼻前，转动一小圈，表示氧的元素符号"O"。
（二）一手打手指字母"H"的指式，指尖朝前斜下方，平行划动一下。
（三）一手伸小指，指尖抵于嘴角一侧。"哑"与"亚"音形相近，借代。
（四）双手握拳，虎口朝上，一上一下，右拳向下砸一下左拳，再向内移动。

四氧化三铁 sìyǎnghuàsāntiě

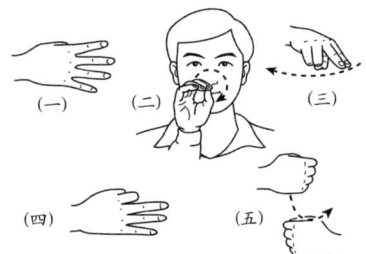

（一）一手食、中、无名、小指横伸分开，手背向外。
（二）一手打手指字母"O"的指式，置于鼻前，转动一小圈，表示氧的元素符号"O"。
（三）一手打手指字母"H"的指式，指尖朝前斜下方，平行划动一下。
（四）一手中、无名、小指横伸分开，手背向外。
（五）双手握拳，虎口朝上，一上一下，右拳向下砸一下左拳，再向内移动。

过氧化钠 guòyǎnghuànà

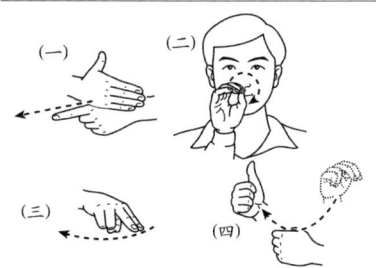

（一）左手伸食指，指尖朝前；右手横立，掌心向内，置于左手食指根部，然后向指尖方向移动。
（二）一手打手指字母"O"的指式，置于鼻前，转动一小圈，表示氧的元素符号"O"。
（三）一手打手指字母"H"的指式，指尖朝前斜下方，平行划动一下。
（四）左手握拳，虎口朝上；右手打手指字母"N"的指式，砸一下左手虎口后边向前移动边打手指字母"A"的指式，表示钠的元素符号和音节。

过氧化氢 guòyǎnghuàqīng

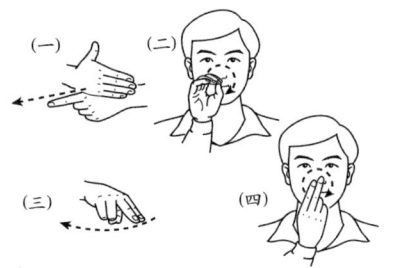

（一）左手伸食指，指尖朝前；右手横立，掌心向内，置于左手食指根部，然后向指尖方向移动。
（二）一手打手指字母"O"的指式，置于鼻前，转动一小圈，表示氧的元素符号"O"。
（三）一手打手指字母"H"的指式，指尖朝前斜下方，平行划动一下。
（四）一手打手指字母"H"的指式，掌心向内，置于鼻前，转动一小圈，表示氢的元素符号"H"。

双氧水 shuāngyǎngshuǐ

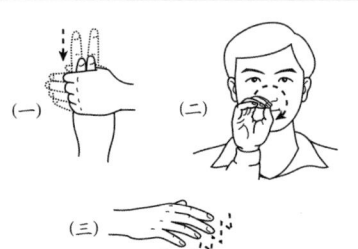

（一）左手五指微曲，虎口朝上；右手食、中指直立分开，手背向外，边从上向下移入左手掌心内边并拢，左手握住右手食、中指。
（二）一手打手指字母"O"的指式，置于鼻前，转动一小圈，表示氧的元素符号"O"。
（三）一手横伸，掌心向下，五指张开，边交替点动边向一侧移动。

氧化膜　yǎnghuàmó

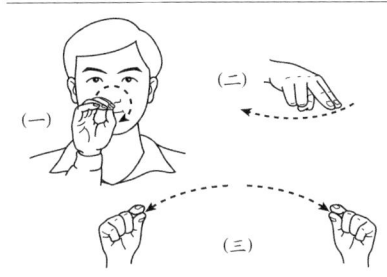

（一）一手打手指字母"O"的指式，置于鼻前，转动一小圈，表示氧的元素符号"O"。

（二）一手打手指字母"H"的指式，指尖朝前斜下方，平行划动一下。

（三）双手拇、食指微张，指尖朝前，从中间向两侧做弧形移动。

钝化　dùnhuà

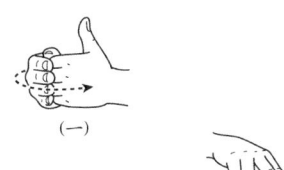

（一）左手伸拇指，手背向外；右手五指并拢微曲，掌心沿左手转动半圈。

（二）一手打手指字母"H"的指式，指尖朝前斜下方，平行划动一下。

铁锈　tiěxiù

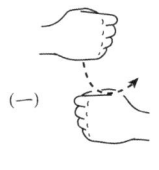

（一）双手握拳，虎口朝上，一上一下，右拳向下砸一下左拳，再向内移动。

（二）左手食指横伸，手背向上；右手食、中、无名、小指微曲，指尖朝下，在左手食指上点动两下。

氯化物　lǜhuàwù

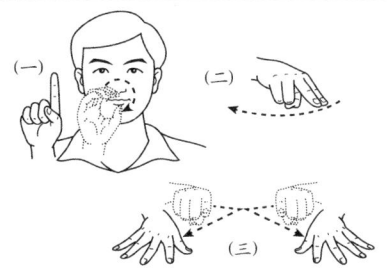

（一）一手打手指字母"C"的指式，置于鼻前，转动一小圈，然后食指直立，掌心向外，仿英文字母"L"的小写形式，表示氯的元素符号"Cl"。

（二）一手打手指字母"H"的指式，指尖朝前斜下方，平行划动一下。

（三）双手食指指尖朝前，手背向上，先互碰一下，再分开并张开五指。

氯化钾　lǜhuàjiǎ

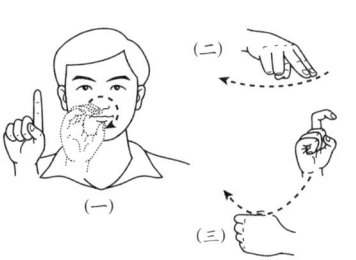

（一）一手打手指字母"C"的指式，置于鼻前，转动一小圈，然后食指直立，掌心向外，仿英文字母"L"的小写形式，表示氯的元素符号"Cl"。

（二）一手打手指字母"H"的指式，指尖朝前斜下方，平行划动一下。

（三）左手握拳，虎口朝上；右手打手指字母"J"的指式，砸一下左手虎口后向前移动，表示钾的声母。

氯化钙　lǜhuàgài

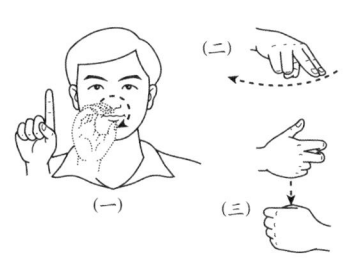

（一）一手打手指字母"C"的指式，置于鼻前，转动一小圈，然后食指直立，掌心向外，仿英文字母"L"的小写形式，表示氯的元素符号"Cl"。

（二）一手打手指字母"H"的指式，指尖朝前斜下方，平行划动一下。

（三）左手握拳，虎口朝上；右手伸拇、食、中指，食、中指弯曲，手背向外，砸一下左手虎口。

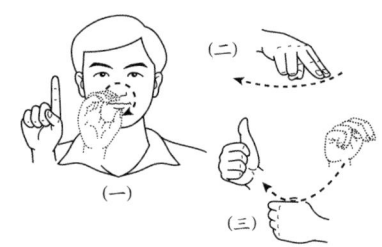

氯化钠 lǜhuànà

（一）一手打手指字母"C"的指式，置于鼻前，转动一小圈，然后食指直立，掌心向外，仿英文字母"L"的小写形式，表示氯的元素符号"Cl"。

（二）一手打手指字母"H"的指式，指尖朝前斜下方，平行划动一下。

（三）左手握拳，虎口朝上；右手打手指字母"N"的指式，砸一下左手虎口后边向前移动边打手指字母"A"的指式，表示钠的元素符号和音节。

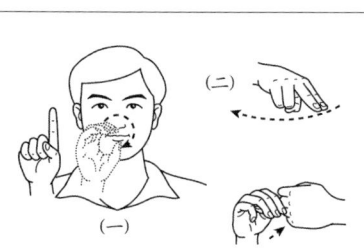

氯化镁 lǜhuàměi

（一）一手打手指字母"C"的指式，置于鼻前，转动一小圈，然后食指直立，掌心向外，仿英文字母"L"的小写形式，表示氯的元素符号"Cl"。

（二）一手打手指字母"H"的指式，指尖朝前斜下方，平行划动一下。

（三）左手握拳，虎口朝上；右手打手指字母"M"的指式，碰一下左拳右侧，表示镁的声母。

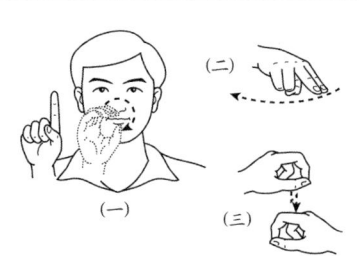

氯化铝 lǜhuàlǚ

（一）一手打手指字母"C"的指式，置于鼻前，转动一小圈，然后食指直立，掌心向外，仿英文字母"L"的小写形式，表示氯的元素符号"Cl"。

（二）一手打手指字母"H"的指式，指尖朝前斜下方，平行划动一下。

（三）双手拇、食指捏成圆形，虎口朝内，一上一下，左手向下碰两下右手。

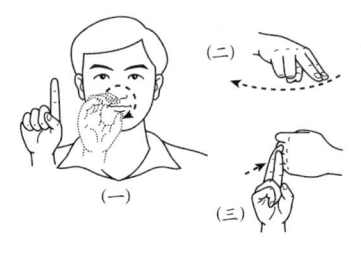

氯化锌 lǜhuàxīn

（一）一手打手指字母"C"的指式，置于鼻前，转动一小圈，然后食指直立，掌心向外，仿英文字母"L"的小写形式，表示氯的元素符号"Cl"。

（二）一手打手指字母"H"的指式，指尖朝前斜下方，平行划动一下。

（三）左手握拳，虎口朝上；右手打手指字母"X"的指式，碰一下左拳右侧，表示锌的声母。

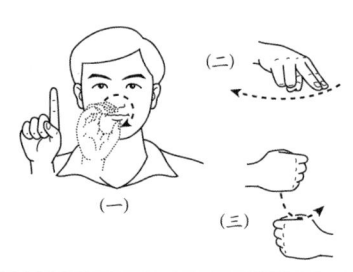

氯化铁 lǜhuàtiě

（一）一手打手指字母"C"的指式，置于鼻前，转动一小圈，然后食指直立，掌心向外，仿英文字母"L"的小写形式，表示氯的元素符号"Cl"。

（二）一手打手指字母"H"的指式，指尖朝前斜下方，平行划动一下。

（三）双手握拳，虎口朝上，一上一下，右拳向下砸一下左拳，再向内移动。

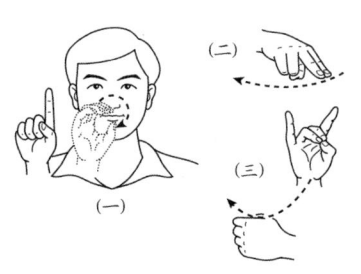

氯化铜 lǜhuàtóng

（一）一手打手指字母"C"的指式，置于鼻前，转动一小圈，然后食指直立，掌心向外，仿英文字母"L"的小写形式，表示氯的元素符号"Cl"。

（二）一手打手指字母"H"的指式，指尖朝前斜下方，平行划动一下。

（三）左手握拳，虎口朝上；右手打手指字母"T"的指式，砸一下左手虎口后向前移动，表示铜的声母。

二、无机化学　73

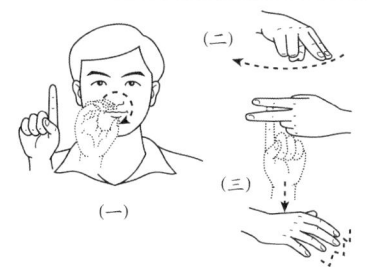

氯化汞　lǜhuàgǒng

（一）一手打手指字母"C"的指式，置于鼻前，转动一小圈，然后食指直立，掌心向外，仿英文字母"L"的小写形式，表示氯的元素符号"Cl"。
（二）一手打手指字母"H"的指式，指尖朝前斜下方，平行划动一下。
（三）左手食、中指与右手食指搭成"工"字形，表示"汞"字的上半部，然后右手向下移动，手横伸，掌心向下，五指张开，交替点动几下，表示"汞"字的下半部。

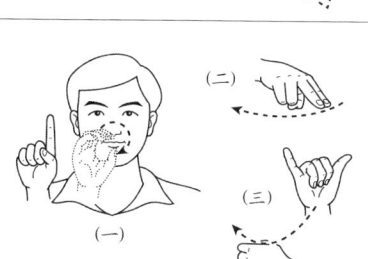

氯化银　lǜhuàyín

（一）一手打手指字母"C"的指式，置于鼻前，转动一小圈，然后食指直立，掌心向外，仿英文字母"L"的小写形式，表示氯的元素符号"Cl"。
（二）一手打手指字母"H"的指式，指尖朝前斜下方，平行划动一下。
（三）左手握拳，虎口朝上；右手打手指字母"Y"的指式，砸一下左手虎口后向前移动，表示银的声母。

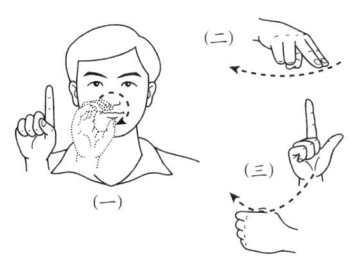

氯化锂　lǜhuàlǐ

（一）一手打手指字母"C"的指式，置于鼻前，转动一小圈，然后食指直立，掌心向外，仿英文字母"L"的小写形式，表示氯的元素符号"Cl"。
（二）一手打手指字母"H"的指式，指尖朝前斜下方，平行划动一下。
（三）左手握拳，虎口朝上；右手打手指字母"L"的指式，砸一下左手虎口后向前移动，表示锂的声母。

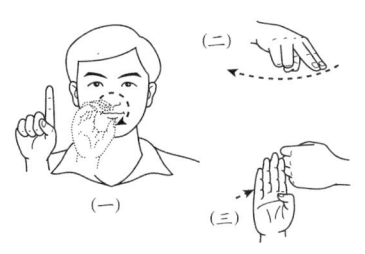

氯化钡　lǜhuàbèi

（一）一手打手指字母"C"的指式，置于鼻前，转动一小圈，然后食指直立，掌心向外，仿英文字母"L"的小写形式，表示氯的元素符号"Cl"。
（二）一手打手指字母"H"的指式，指尖朝前斜下方，平行划动一下。
（三）左手握拳，虎口朝上；右手打手指字母"B"的指式，碰一下左拳右侧，表示钡的声母。

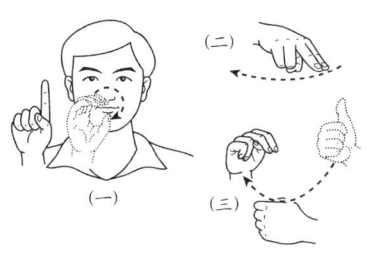

氯化铵　lǜhuà'ǎn

（一）一手打手指字母"C"的指式，置于鼻前，转动一小圈，然后食指直立，掌心向外，仿英文字母"L"的小写形式，表示氯的元素符号"Cl"。
（二）一手打手指字母"H"的指式，指尖朝前斜下方，平行划动一下。
（三）左手握拳，虎口朝上；右手打手指字母"A"的指式，砸一下左手虎口后边向前移动边打手指字母"N"的指式，表示铵的音节。

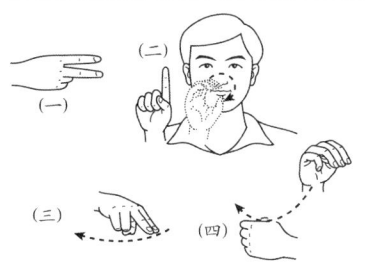

二氯化锰　èrlǜhuàměng

（一）一手食、中指横伸分开，手背向外。
（二）一手打手指字母"C"的指式，置于鼻前，转动一小圈，然后食指直立，掌心向外，仿英文字母"L"的小写形式，表示氯的元素符号"Cl"。
（三）一手打手指字母"H"的指式，指尖朝前斜下方，平行划动一下。
（四）左手握拳，虎口朝上；右手打手指字母"M"的指式，砸一下左手虎口后向前移动，表示锰的声母。

含氧酸 hányǎngsuān

（一）一手伸拇、食指，手背向下，拇指不动，食指向内弯动一下。
（二）一手打手指字母"O"的指式，置于鼻前，转动一小圈，表示氧的元素符号"O"。
（三）一手食指直立，在鼻翼一侧向上移动一下，同时耸鼻。

无氧酸 wúyǎngsuān

（一）一手五指捏成圆形，虎口朝内，左右晃动几下。
（二）一手打手指字母"O"的指式，置于鼻前，转动一小圈，表示氧的元素符号"O"。
（三）一手食指直立，在鼻翼一侧向上移动一下，同时耸鼻。

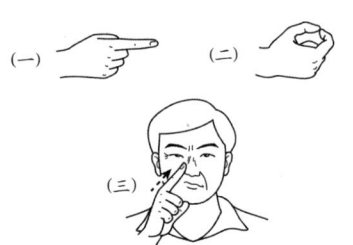

一元酸 yīyuánsuān

（一）一手食指横伸，手背向外。
（二）一手拇、食指捏成圆形，虎口朝上。
（三）一手食指直立，在鼻翼一侧向上移动一下，同时耸鼻。

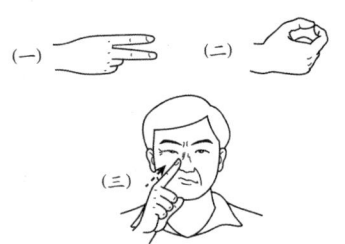

二元酸 èryuánsuān

（一）一手食、中指横伸分开，手背向外。
（二）一手拇、食指捏成圆形，虎口朝上。
（三）一手食指直立，在鼻翼一侧向上移动一下，同时耸鼻。

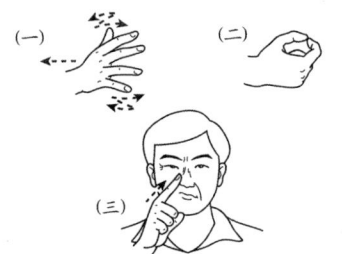

多元酸 duōyuánsuān

（一）一手侧立，五指张开，边抖动边向一侧移动。
（二）一手拇、食指捏成圆形，虎口朝上。
（三）一手食指直立，在鼻翼一侧向上移动一下，同时耸鼻。

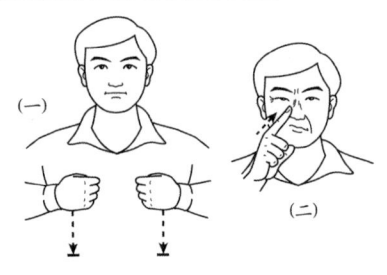

强酸 qiángsuān

（一）双手握拳屈肘，同时用力向下一顿。
（二）一手食指直立，在鼻翼一侧向上移动一下，同时耸鼻。

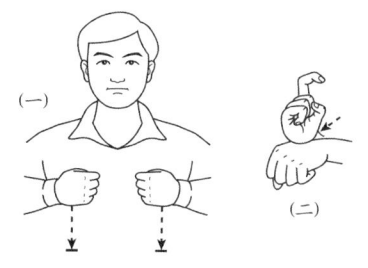

强碱　qiángjiǎn
（一）双手握拳屈肘，同时用力向下一顿。
（二）左手握拳，手背向上；右手打手指字母"J"的指式，手腕碰一下左手背，表示碱的声母。

 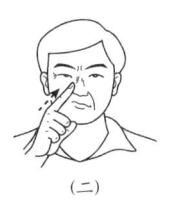

弱酸　ruòsuān
（一）左手横伸；右手伸拇、小指，小指尖抵于左手掌心，左右晃动。
（二）一手食指直立，在鼻翼一侧向上移动一下，同时耸鼻。

弱碱　ruòjiǎn
（一）左手横伸；右手伸拇、小指，小指尖抵于左手掌心，左右晃动。
（二）左手握拳，手背向上；右手打手指字母"J"的指式，手腕碰一下左手背，表示碱的声母。

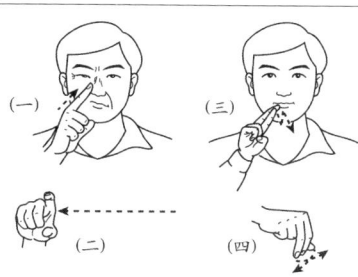

酸式盐　suānshìyán
（一）一手食指直立，在鼻翼一侧向上移动一下，同时耸鼻。
（二）一手拇、食指张开，指尖朝前，向一侧移动一下。
（三）一手打手指字母"X"的指式，置于嘴前，向下微动两下。
（四）一手拇、食、中指相捏，指尖朝下，互捻几下。

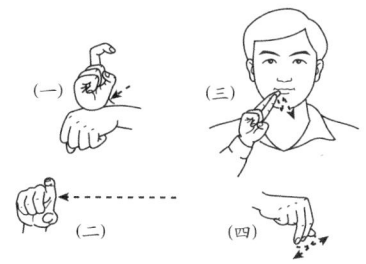

碱式盐　jiǎnshìyán
（一）左手握拳，手背向上；右手打手指字母"J"的指式，手腕碰一下左手背，表示碱的声母。
（二）一手拇、食指张开，指尖朝前，向一侧移动一下。
（三）一手打手指字母"X"的指式，置于嘴前，向下微动两下。
（四）一手拇、食、中指相捏，指尖朝下，互捻几下。

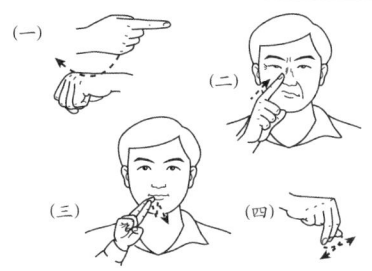

硅酸盐　guīsuānyán
（一）左手握拳，手背向上；右手打手指字母"G"的指式，碰一下左手背后向前移动，表示硅的声母。
（二）一手食指直立，在鼻翼一侧向上移动一下，同时耸鼻。
（三）一手打手指字母"X"的指式，置于嘴前，向下微动两下。
（四）一手拇、食、中指相捏，指尖朝下，互捻几下。

铁盐　tiěyán

（一）双手握拳，虎口朝上，一上一下，右拳向下砸一下左拳，再向内移动。

（二）一手打手指字母"X"的指式，置于嘴前，向下微动两下。

（三）一手拇、食、中指相捏，指尖朝下，互捻几下。

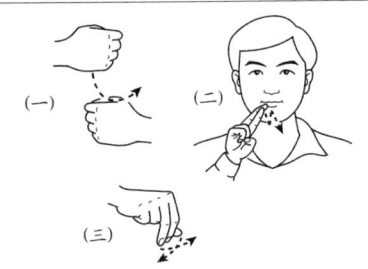

亚铁盐　yàtiěyán

（一）一手伸小指，指尖抵于嘴角一侧。"哑"与"亚"音形相近，借代。

（二）双手握拳，虎口朝上，一上一下，右拳向下砸一下左拳，再向内移动。

（三）一手打手指字母"X"的指式，置于嘴前，向下微动两下。

（四）一手拇、食、中指相捏，指尖朝下，互捻几下。

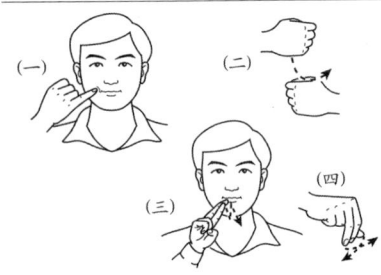

盐酸　yánsuān

（一）一手打手指字母"X"的指式，置于嘴前，向下微动两下。

（二）一手拇、食、中指相捏，指尖朝下，互捻几下。

（三）一手食指直立，在鼻翼一侧向上移动一下，同时耸鼻。

硫酸　liúsuān

（一）左手握拳，手背向上；右手打手指字母"L"的指式，碰一下左手背后向前移动，表示硫的声母。

（二）一手食指直立，在鼻翼一侧向上移动一下，同时耸鼻。

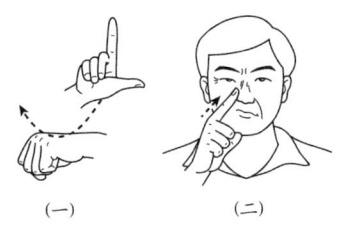

硝酸　xiāosuān

（一）左手握拳，手背向上；右手打手指字母"X"的指式，指尖朝前，在左手背上向右划动一下，表示硝的声母。

（二）一手食指直立，在鼻翼一侧向上移动一下，同时耸鼻。

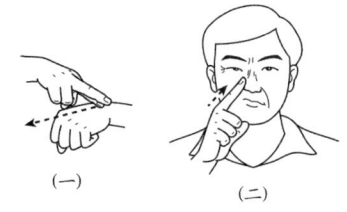

磷酸　línsuān

（一）左手握拳，手背向上；右手拇、中指相捏，边手背碰向左手背边弹开，表示磷可以发光。

（二）一手食指直立，在鼻翼一侧向上移动一下，同时耸鼻。

二、无机化学　77

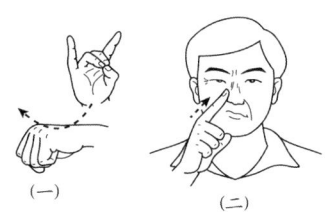

碳酸　tànsuān

（一）左手握拳，手背向上；右手打手指字母"T"的指式，碰一下左手背后向前移动，表示碳的声母。
（二）一手食指直立，在鼻翼一侧向上移动一下，同时耸鼻。

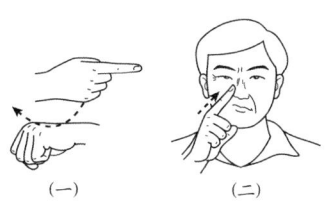

硅酸　guīsuān

（一）左手握拳，手背向上；右手打手指字母"G"的指式，碰一下左手背后向前移动，表示硅的声母。
（二）一手食指直立，在鼻翼一侧向上移动一下，同时耸鼻。

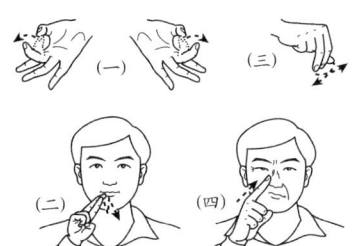

稀盐酸　xīyánsuān

（一）双手平伸，手背向下，拇、中指先相捏，再弹开。
（二）一手打手指字母"X"的指式，置于嘴前，向下微动两下。
（三）一手拇、食、中指相捏，指尖朝下，互捻几下。
（四）一手食指直立，在鼻翼一侧向上移动一下，同时耸鼻。

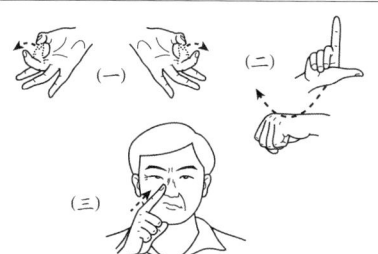

稀硫酸　xīliúsuān

（一）双手平伸，手背向下，拇、中指先相捏，再弹开。
（二）左手握拳，手背向上；右手打手指字母"L"的指式，碰一下左手背后向前移动，表示硫的声母。
（三）一手食指直立，在鼻翼一侧向上移动一下，同时耸鼻。

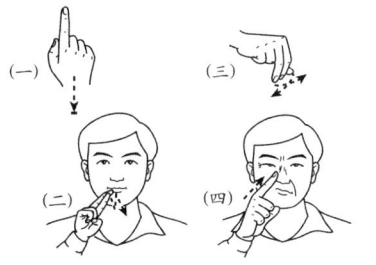

浓盐酸　nóngyánsuān

（一）一手食指直立，拇指尖按于食指根部，向下一顿。
（二）一手打手指字母"X"的指式，置于嘴前，向下微动两下。
（三）一手拇、食、中指相捏，指尖朝下，互捻几下。
（四）一手食指直立，在鼻翼一侧向上移动一下，同时耸鼻。

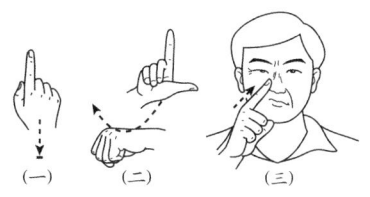

浓硫酸　nóngliúsuān

（一）一手食指直立，拇指尖按于食指根部，向下一顿。
（二）左手握拳，手背向上；右手打手指字母"L"的指式，碰一下左手背后向前移动，表示硫的声母。
（三）一手食指直立，在鼻翼一侧向上移动一下，同时耸鼻。

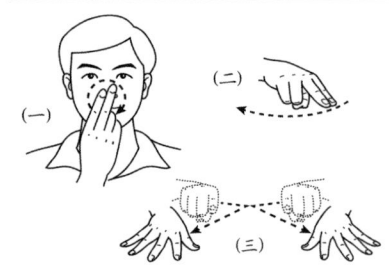

氢化物　qīnghuàwù

（一）一手打手指字母"H"的指式，掌心向内，置于鼻前，转动一小圈，表示氢的元素符号"H"。

（二）一手打手指字母"H"的指式，指尖朝前斜下方，平行划动一下。

（三）双手食指指尖朝前，手背向上，先互碰一下，再分开并张开五指。

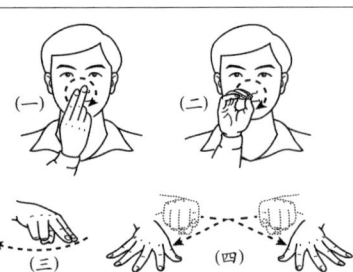

氢氧化物　qīngyǎnghuàwù

（一）一手打手指字母"H"的指式，掌心向内，置于鼻前，转动一小圈，表示氢的元素符号"H"。

（二）一手打手指字母"O"的指式，置于鼻前，转动一小圈，表示氧的元素符号"O"。

（三）一手打手指字母"H"的指式，指尖朝前斜下方，平行划动一下。

（四）双手食指指尖朝前，手背向上，先互碰一下，再分开并张开五指。

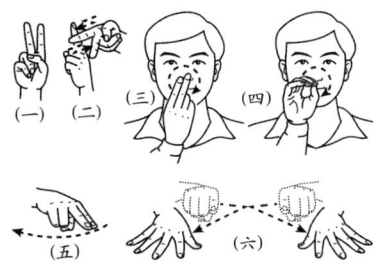

两性氢氧化物　liǎngxìng qīngyǎnghuàwù

（一）一手食、中指直立分开，掌心向外。

（二）左手食指直立；右手食、中指横伸，指背交替弹左手食指背。

（三）一手打手指字母"H"的指式，掌心向内，置于鼻前，转动一小圈，表示氢的元素符号"H"。

（四）一手打手指字母"O"的指式，置于鼻前，转动一小圈，表示氧的元素符号"O"。

（五）一手打手指字母"H"的指式，指尖朝前斜下方，平行划动一下。

（六）双手食指指尖朝前，手背向上，先互碰一下，再分开并张开五指。

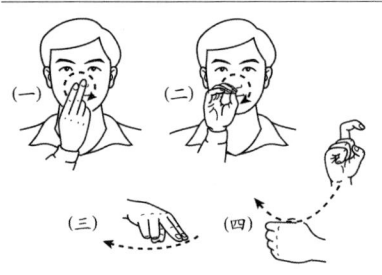

氢氧化钾　qīngyǎnghuàjiǎ

（一）一手打手指字母"H"的指式，掌心向内，置于鼻前，转动一小圈，表示氢的元素符号"H"。

（二）一手打手指字母"O"的指式，置于鼻前，转动一小圈，表示氧的元素符号"O"。

（三）一手打手指字母"H"的指式，指尖朝前斜下方，平行划动一下。

（四）左手握拳，虎口朝上；右手打手指字母"J"的指式，砸一下左手虎口后向前移动，表示钾的声母。

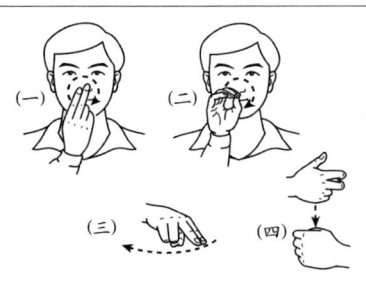

氢氧化钙（熟石灰①）　qīngyǎnghuàgài (shúshíhuī ①)

（一）一手打手指字母"H"的指式，掌心向内，置于鼻前，转动一小圈，表示氢的元素符号"H"。

（二）一手打手指字母"O"的指式，置于鼻前，转动一小圈，表示氧的元素符号"O"。

（三）一手打手指字母"H"的指式，指尖朝前斜下方，平行划动一下。

（四）左手握拳，虎口朝上；右手伸拇、食、中指，食、中指弯曲，手背向外，砸一下左手虎口。

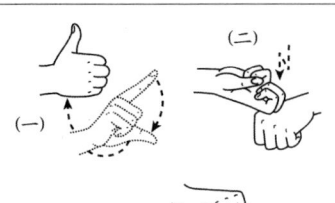

熟石灰②　shúshíhuī ②

（一）一手伸拇、食指，食指尖朝上，然后食指缩回，拇指尖朝上，表示逐渐由生变熟的意思。

（二）左手握拳；右手食、中指弯曲，以指关节在左手背上敲两下。

（三）一手拇、食、中指相捏，指尖朝下，互捻几下。

二、无机化学

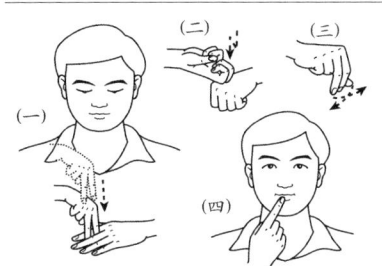

澄清石灰水　chéngqīng shíhuīshuǐ

（一）左手横伸，掌心向下，五指张开；右手伸食、中指，指尖朝下，从左手食、中指指缝间穿过，眼睛注视手的动作，表示目光可以穿过水体。

（二）左手握拳；右手食、中指弯曲，以指关节在左手背上敲两下。

（三）一手拇、食、中指相捏，指尖朝下，互捻几下。

（四）一手伸食指，指尖贴于下嘴唇。

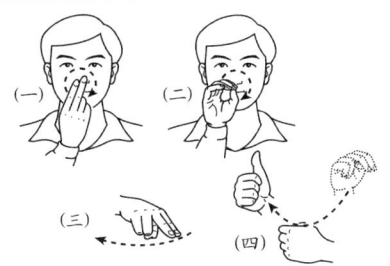

氢氧化钠　qīngyǎnghuànà

（一）一手打手指字母"H"的指式，掌心向内，置于鼻前，转动一小圈，表示氢的元素符号"H"。

（二）一手打手指字母"O"的指式，置于鼻前，转动一小圈，表示氧的元素符号"O"。

（三）一手打手指字母"H"的指式，指尖朝前斜下方，平行划动一下。

（四）左手握拳，虎口朝上；右手打手指字母"N"的指式，砸一下左手虎口后边向前移动边打手指字母"A"的指式，表示钠的元素符号和音节。

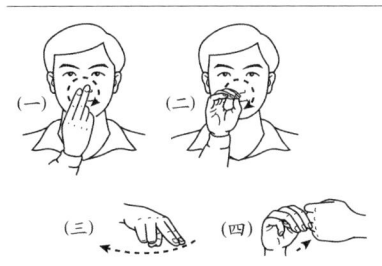

氢氧化镁　qīngyǎnghuàměi

（一）一手打手指字母"H"的指式，掌心向内，置于鼻前，转动一小圈，表示氢的元素符号"H"。

（二）一手打手指字母"O"的指式，置于鼻前，转动一小圈，表示氧的元素符号"O"。

（三）一手打手指字母"H"的指式，指尖朝前斜下方，平行划动一下。

（四）左手握拳，虎口朝上；右手打手指字母"M"的指式，碰一下左拳右侧，表示镁的声母。

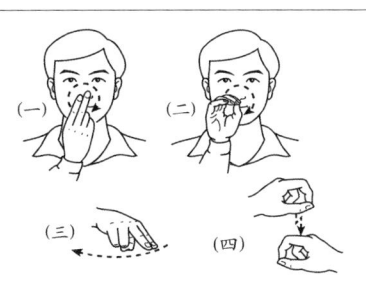

氢氧化铝　qīngyǎnghuàlǚ

（一）一手打手指字母"H"的指式，掌心向内，置于鼻前，转动一小圈，表示氢的元素符号"H"。

（二）一手打手指字母"O"的指式，置于鼻前，转动一小圈，表示氧的元素符号"O"。

（三）一手打手指字母"H"的指式，指尖朝前斜下方，平行划动一下。

（四）双手拇、食指捏成圆形，虎口朝内，一上一下，左手向下碰两下右手。

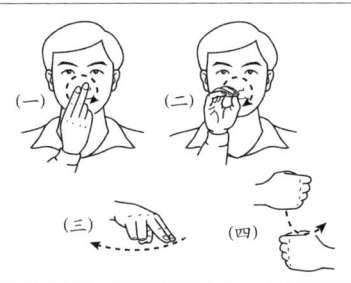

氢氧化铁　qīngyǎnghuàtiě

（一）一手打手指字母"H"的指式，掌心向内，置于鼻前，转动一小圈，表示氢的元素符号"H"。

（二）一手打手指字母"O"的指式，置于鼻前，转动一小圈，表示氧的元素符号"O"。

（三）一手打手指字母"H"的指式，指尖朝前斜下方，平行划动一下。

（四）双手握拳，虎口朝上，一上一下，右拳向下砸一下左拳，再向内移动。

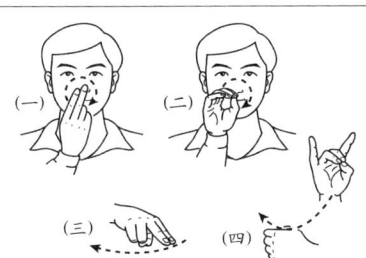

氢氧化铜　qīngyǎnghuàtóng

（一）一手打手指字母"H"的指式，掌心向内，置于鼻前，转动一小圈，表示氢的元素符号"H"。

（二）一手打手指字母"O"的指式，置于鼻前，转动一小圈，表示氧的元素符号"O"。

（三）一手打手指字母"H"的指式，指尖朝前斜下方，平行划动一下。

（四）左手握拳，虎口朝上；右手打手指字母"T"的指式，砸一下左手虎口后向前移动，表示铜的声母。

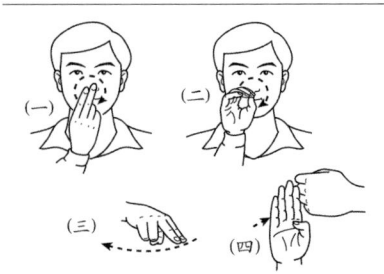

氢氧化钡 qīngyǎnghuàbèi

（一）一手打手指字母"H"的指式，掌心向内，置于鼻前，转动一小圈，表示氢的元素符号"H"。
（二）一手打手指字母"O"的指式，置于鼻前，转动一小圈，表示氧的元素符号"O"。
（三）一手打手指字母"H"的指式，指尖朝前斜下方，平行划动一下。
（四）左手握拳，虎口朝上；右手打手指字母"B"的指式，碰一下左拳右侧，表示钡的声母。

氢氧化锶 qīngyǎnghuàsī

（一）一手打手指字母"H"的指式，掌心向内，置于鼻前，转动一小圈，表示氢的元素符号"H"。
（二）一手打手指字母"O"的指式，置于鼻前，转动一小圈，表示氧的元素符号"O"。
（三）一手打手指字母"H"的指式，指尖朝前斜下方，平行划动一下。
（四）左手握拳，虎口朝上；右手打手指字母"S"的指式，砸一下左手虎口后向前移动，表示锶的声母。

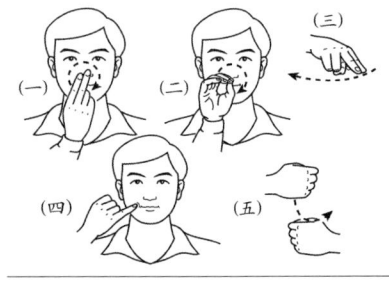

氢氧化亚铁 qīngyǎnghuàyàtiě

（一）一手打手指字母"H"的指式，掌心向内，置于鼻前，转动一小圈，表示氢的元素符号"H"。
（二）一手打手指字母"O"的指式，置于鼻前，转动一小圈，表示氧的元素符号"O"。
（三）一手打手指字母"H"的指式，指尖朝前斜下方，平行划动一下。
（四）一手伸小指，指尖抵于嘴角一侧。"哑"与"亚"音形相近，借代。
（五）双手握拳，虎口朝上，一上一下，右拳向下砸一下左拳，再向内移动。

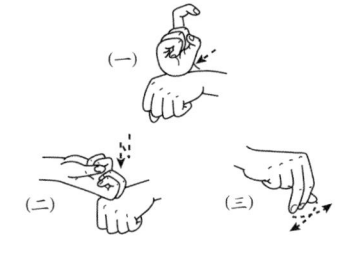

碱石灰 jiǎnshíhuī

（一）左手握拳，手背向上；右手打手指字母"J"的指式，手腕碰一下左手背，表示碱的声母。
（二）左手握拳；右手食、中指弯曲，以指关节在左手背上敲两下。
（三）一手拇、食、中指相捏，指尖朝下，互捻几下。

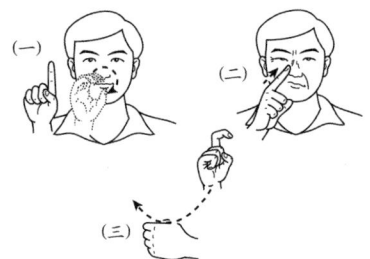

氯酸钾 lǜsuānjiǎ

（一）一手打手指字母"C"的指式，置于鼻前，转动一小圈，然后食指直立，掌心向外，仿英文字母"L"的小写形式，表示氯的元素符号"Cl"。
（二）一手食指直立，在鼻翼一侧向上移动一下，同时耸鼻。
（三）左手握拳，虎口朝上；右手打手指字母"J"的指式，砸一下左手虎口后向前移动，表示钾的声母。

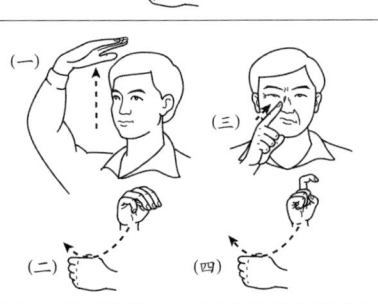

高锰酸钾 gāoměngsuānjiǎ

（一）一手横伸，掌心向下，向上移过头顶。
（二）左手握拳，虎口朝上；右手打手指字母"M"的指式，砸一下左手虎口后向前移动，表示锰的声母。
（三）一手食指直立，在鼻翼一侧向上移动一下，同时耸鼻。
（四）左手握拳，虎口朝上；右手打手指字母"J"的指式，砸一下左手虎口后向前移动，表示钾的声母。

二、无机化学

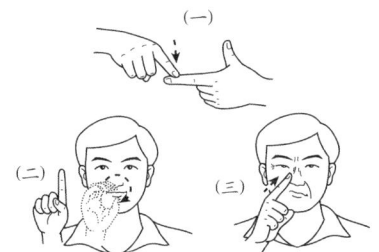

次氯酸　cìlǜsuān

（一）左手伸拇、食指，食指尖朝右，手背向外；右手伸食指，敲一下左手食指尖。

（二）一手打手指字母"C"的指式，置于鼻前，转动一小圈，然后食指直立，掌心向外，仿英文字母"L"的小写形式，表示氯的元素符号"Cl"。

（三）一手食指直立，在鼻翼一侧向上移动一下，同时耸鼻。

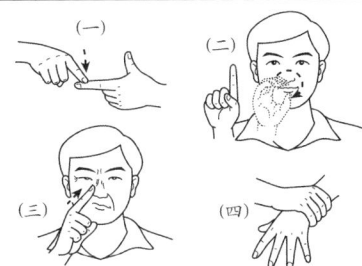

次氯酸根　cìlǜsuāngēn

（一）左手伸拇、食指，食指尖朝右，手背向外；右手伸食指，敲一下左手食指尖。

（二）一手打手指字母"C"的指式，置于鼻前，转动一小圈，然后食指直立，掌心向外，仿英文字母"L"的小写形式，表示氯的元素符号"Cl"。

（三）一手食指直立，在鼻翼一侧向上移动一下，同时耸鼻。

（四）左手五指张开，手背向上；右手握住左手腕。

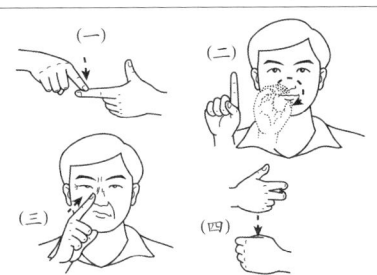

次氯酸钙　cìlǜsuāngài

（一）左手伸拇、食指，食指尖朝右，手背向外；右手伸食指，敲一下左手食指尖。

（二）一手打手指字母"C"的指式，置于鼻前，转动一小圈，然后食指直立，掌心向外，仿英文字母"L"的小写形式，表示氯的元素符号"Cl"。

（三）一手食指直立，在鼻翼一侧向上移动一下，同时耸鼻。

（四）左手握拳，虎口朝上；右手伸拇、食、中指，食、中指弯曲，手背向外，砸一下左手虎口。

次氯酸钠　cìlǜsuānnà

（一）左手伸拇、食指，食指尖朝右，手背向外；右手伸食指，敲一下左手食指尖。

（二）一手打手指字母"C"的指式，置于鼻前，转动一小圈，然后食指直立，掌心向外，仿英文字母"L"的小写形式，表示氯的元素符号"Cl"。

（三）一手食指直立，在鼻翼一侧向上移动一下，同时耸鼻。

（四）左手握拳，虎口朝上；右手打手指字母"N"的指式，砸一下左手虎口后边向前移动边打手指字母"A"的指式，表示钠的元素符号和音节。

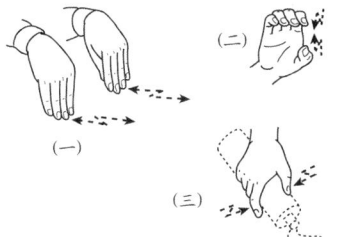

漂白剂　piǎobáijì

（一）双手五指撮合，指尖朝下，前后摆动两下。

（二）一手五指弯曲，掌心向外，指尖弯动两下。

（三）右手五指弯曲，虎口朝左下方，做从瓶子中挤液体的动作。

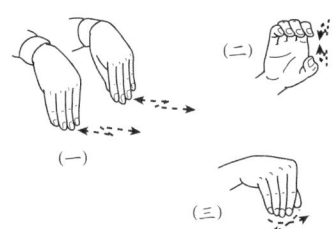

漂白粉　piǎobáifěn

（一）双手五指撮合，指尖朝下，前后摆动两下。

（二）一手五指弯曲，掌心向外，指尖弯动两下。

（三）一手五指撮合，指尖朝下，互捻几下。

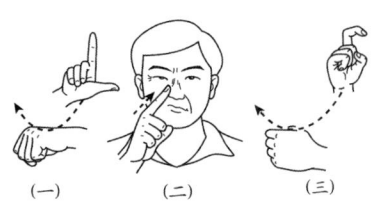

硫酸根 liúsuāngēn

（一）左手握拳，手背向上；右手打手指字母"L"的指式，碰一下左手背后向前移动，表示硫的声母。

（二）一手食指直立，在鼻翼一侧向上移动一下，同时耸鼻。

（三）左手五指张开，手背向上；右手握住左手腕。

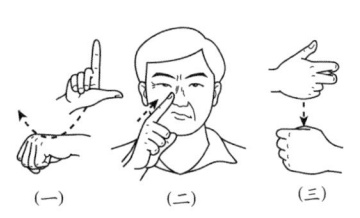

硫酸钾 liúsuānjiǎ

（一）左手握拳，手背向上；右手打手指字母"L"的指式，碰一下左手背后向前移动，表示硫的声母。

（二）一手食指直立，在鼻翼一侧向上移动一下，同时耸鼻。

（三）左手握拳，虎口朝上；右手打手指字母"J"的指式，砸一下左手虎口后向前移动，表示钾的声母。

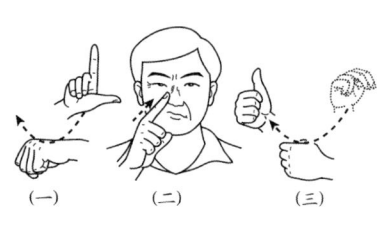

硫酸钙 liúsuāngài

（一）左手握拳，手背向上；右手打手指字母"L"的指式，碰一下左手背后向前移动，表示硫的声母。

（二）一手食指直立，在鼻翼一侧向上移动一下，同时耸鼻。

（三）左手握拳，虎口朝上；右手伸拇、食、中指，食、中指弯曲，手背向外，砸一下左手虎口。

硫酸钠 liúsuānnà

（一）左手握拳，手背向上；右手打手指字母"L"的指式，碰一下左手背后向前移动，表示硫的声母。

（二）一手食指直立，在鼻翼一侧向上移动一下，同时耸鼻。

（三）左手握拳，虎口朝上；右手打手指字母"N"的指式，砸一下左手虎口后边向前移动边打手指字母"A"的指式，表示钠的元素符号和音节。

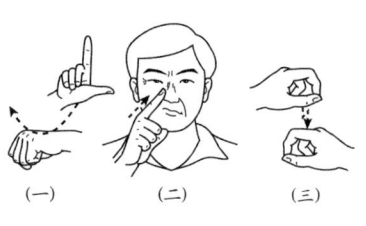

硫酸镁 liúsuānměi

（一）左手握拳，手背向上；右手打手指字母"L"的指式，碰一下左手背后向前移动，表示硫的声母。

（二）一手食指直立，在鼻翼一侧向上移动一下，同时耸鼻。

（三）左手握拳，虎口朝上；右手打手指字母"M"的指式，碰一下左拳右侧，表示镁的声母。

硫酸铝 liúsuānlǚ

（一）左手握拳，手背向上；右手打手指字母"L"的指式，碰一下左手背后向前移动，表示硫的声母。

（二）一手食指直立，在鼻翼一侧向上移动一下，同时耸鼻。

（三）双手拇、食指捏成圆形，虎口朝内，一上一下，左手向下碰两下右手。

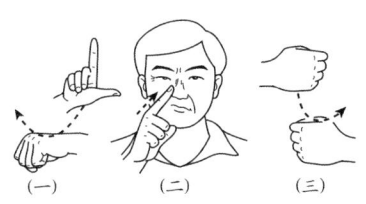

硫酸铁 liúsuāntiě

（一）左手握拳，手背向上；右手打手指字母"L"的指式，碰一下左手背后向前移动，表示硫的声母。

（二）一手食指直立，在鼻翼一侧向上移动一下，同时耸鼻。

（三）双手握拳，虎口朝上，一上一下，右拳向下砸一下左拳，再向内移动。

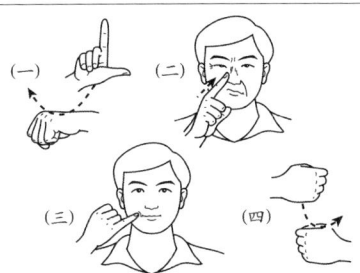

硫酸亚铁 liúsuānyàtiě

（一）左手握拳，手背向上；右手打手指字母"L"的指式，碰一下左手背后向前移动，表示硫的声母。

（二）一手食指直立，在鼻翼一侧向上移动一下，同时耸鼻。

（三）一手伸小指，指尖抵于嘴角一侧。"哑"与"亚"音形相近，借代。

（四）双手握拳，虎口朝上，一上一下，右拳向下砸一下左拳，再向内移动。

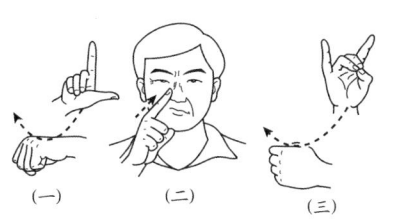

硫酸铜 liúsuāntóng

（一）左手握拳，手背向上；右手打手指字母"L"的指式，碰一下左手背后向前移动，表示硫的声母。

（二）一手食指直立，在鼻翼一侧向上移动一下，同时耸鼻。

（三）左手握拳，虎口朝上；右手打手指字母"T"的指式，砸一下左手虎口后向前移动，表示铜的声母。

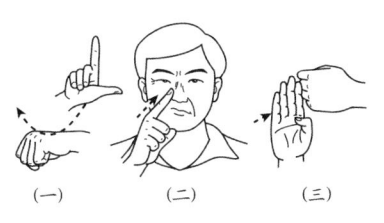

硫酸钡 liúsuānbèi

（一）左手握拳，手背向上；右手打手指字母"L"的指式，碰一下左手背后向前移动，表示硫的声母。

（二）一手食指直立，在鼻翼一侧向上移动一下，同时耸鼻。

（三）左手握拳，虎口朝上；右手打手指字母"B"的指式，碰一下左拳右侧，表示钡的声母。

硫酸铵 liúsuānǎn

（一）左手握拳，手背向上；右手打手指字母"L"的指式，碰一下左手背后向前移动，表示硫的声母。

（二）一手食指直立，在鼻翼一侧向上移动一下，同时耸鼻。

（三）左手握拳，虎口朝上；右手打手指字母"A"的指式，砸一下左手虎口后边向前移动边打手指字母"N"的指式，表示铵的音节。

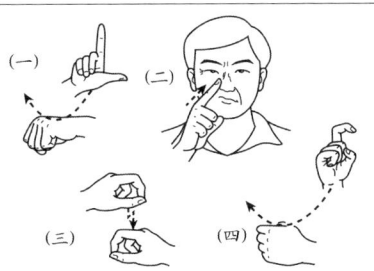

硫酸铝钾 liúsuānlǚjiǎ

（一）左手握拳，手背向上；右手打手指字母"L"的指式，碰一下左手背后向前移动，表示硫的声母。

（二）一手食指直立，在鼻翼一侧向上移动一下，同时耸鼻。

（三）双手拇、食指捏成圆形，虎口朝内，一上一下，左手向下碰两下右手。

（四）左手握拳，虎口朝上；右手打手指字母"J"的指式，砸一下左手虎口后向前移动，表示钾的声母。

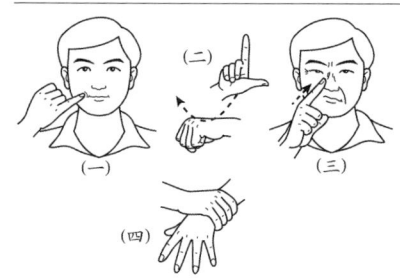

亚硫酸根　yàliúsuāngēn

（一）一手伸小指，指尖抵于嘴角一侧。"哑"与"亚"音形相近，借代。

（二）左手握拳，手背向上；右手打手指字母"L"的指式，碰一下左手背后向前移动，表示硫的声母。

（三）一手食指直立，在鼻翼一侧向上移动一下，同时耸鼻。

（四）左手五指张开，手背向上；右手握住左手腕。

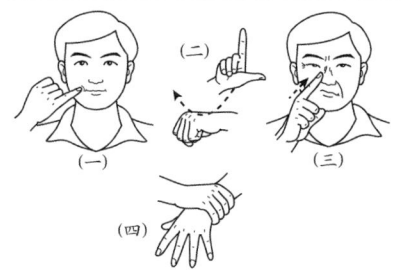

亚硫酸钠　yàliúsuānnà

（一）一手伸小指，指尖抵于嘴角一侧。"哑"与"亚"音形相近，借代。

（二）左手握拳，手背向上；右手打手指字母"L"的指式，碰一下左手背后向前移动，表示硫的声母。

（三）一手食指直立，在鼻翼一侧向上移动一下，同时耸鼻。

（四）左手握拳，虎口朝上；右手打手指字母"N"的指式，砸一下左手虎口后边向前移动边打手指字母"A"的指式，表示钠的元素符号和音节。

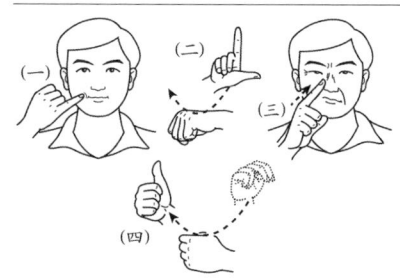

矾　fán

左手握拳，手背向上；右手打手指字母"F"的指式，碰一下左手背后向前移动，表示矾的声母。

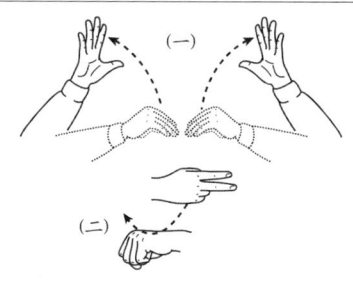

明矾　míngfán

（一）双手五指撮合，指尖左右相对，手背向上，然后边向两侧上方移动边张开。

（二）左手握拳，手背向上；右手打手指字母"F"的指式，碰一下左手背后向前移动，表示矾的声母。

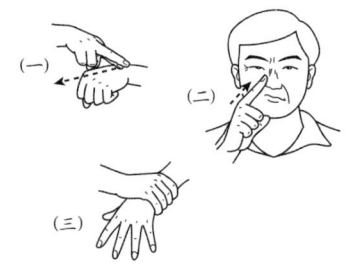

硝酸根　xiāosuāngēn

（一）左手握拳，手背向上；右手打手指字母"X"的指式，指尖朝前，在左手背上向右划动一下，表示硝的声母。

（二）一手食指直立，在鼻翼一侧向上移动一下，同时耸鼻。

（三）左手五指张开，手背向上；右手握住左手腕。

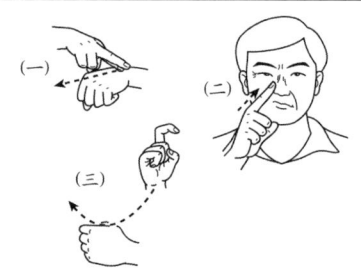

硝酸钾　xiāosuānjiǎ

（一）左手握拳，手背向上；右手打手指字母"X"的指式，指尖朝前，在左手背上向右划动一下，表示硝的声母。

（二）一手食指直立，在鼻翼一侧向上移动一下，同时耸鼻。

（三）左手握拳，虎口朝上；右手打手指字母"J"的指式，砸一下左手虎口后向前移动，表示钾的声母。

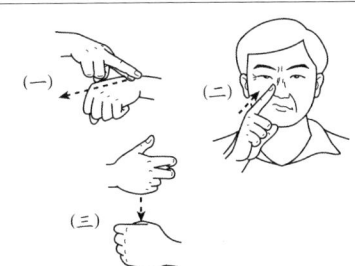

硝酸钙 xiāosuāngài

（一）左手握拳，手背向上；右手打手指字母"X"的指式，指尖朝前，在左手背上向右划动一下，表示硝的声母。

（二）一手食指直立，在鼻翼一侧向上移动一下，同时耸鼻。

（三）左手握拳，虎口朝上；右手伸拇、食、中指，食、中指弯曲，手背向外，砸一下左手虎口。

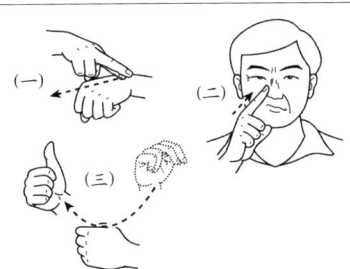

硝酸钠 xiāosuānnà

（一）左手握拳，手背向上；右手打手指字母"X"的指式，指尖朝前，在左手背上向右划动一下，表示硝的声母。

（二）一手食指直立，在鼻翼一侧向上移动一下，同时耸鼻。

（三）左手握拳，虎口朝上；右手打手指字母"N"的指式，砸一下左手虎口后边向前移动边打手指字母"A"的指式，表示钠的元素符号和音节。

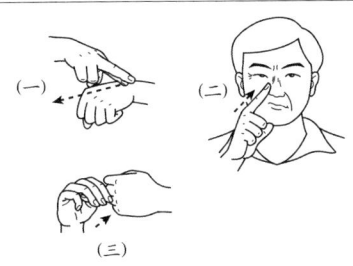

硝酸镁 xiāosuānměi

（一）左手握拳，手背向上；右手打手指字母"X"的指式，指尖朝前，在左手背上向右划动一下，表示硝的声母。

（二）一手食指直立，在鼻翼一侧向上移动一下，同时耸鼻。

（三）左手握拳，虎口朝上；右手打手指字母"M"的指式，碰一下左拳右侧，表示镁的声母。

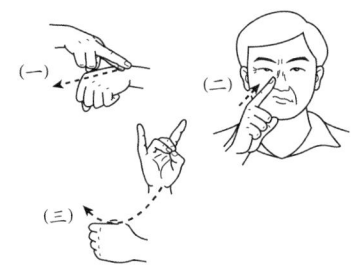

硝酸铜 xiāosuāntóng

（一）左手握拳，手背向上；右手打手指字母"X"的指式，指尖朝前，在左手背上向右划动一下，表示硝的声母。

（二）一手食指直立，在鼻翼一侧向上移动一下，同时耸鼻。

（三）左手握拳，虎口朝上；右手打手指字母"T"的指式，砸一下左手虎口后向前移动，表示铜的声母。

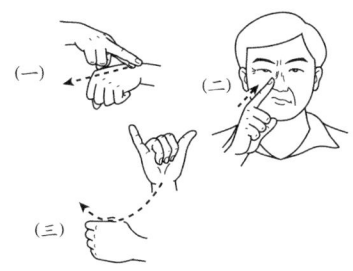

硝酸银 xiāosuānyín

（一）左手握拳，手背向上；右手打手指字母"X"的指式，指尖朝前，在左手背上向右划动一下，表示硝的声母。

（二）一手食指直立，在鼻翼一侧向上移动一下，同时耸鼻。

（三）左手握拳，虎口朝上；右手打手指字母"Y"的指式，砸一下左手虎口后向前移动，表示银的声母。

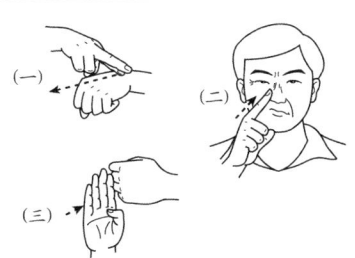

硝酸钡 xiāosuānbèi

（一）左手握拳，手背向上；右手打手指字母"X"的指式，指尖朝前，在左手背上向右划动一下，表示硝的声母。

（二）一手食指直立，在鼻翼一侧向上移动一下，同时耸鼻。

（三）左手握拳，虎口朝上；右手打手指字母"B"的指式，碰一下左拳右侧，表示钡的声母。

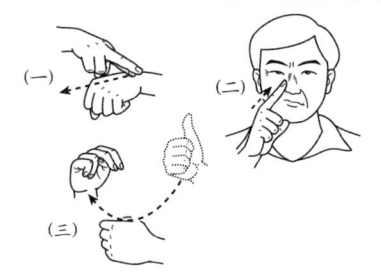

硝酸铵 xiāosuānǎn
（一）左手握拳，手背向上；右手打手指字母"X"的指式，指尖朝前，在左手背上向右划动一下，表示硝的声母。
（二）一手食指直立，在鼻翼一侧向上移动一下，同时耸鼻。
（三）左手握拳，虎口朝上；右手打手指字母"A"的指式，砸一下左手虎口后边向前移动边打手指字母"N"的指式，表示铵的音节。

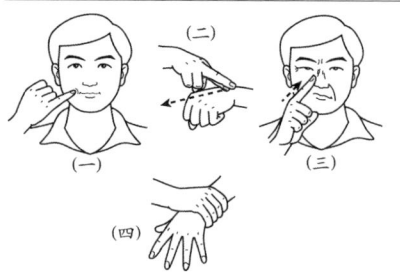

亚硝酸根 yàxiāosuāngēn
（一）一手伸小指，指尖抵于嘴角一侧。"哑"与"亚"音形相近，借代。
（二）左手握拳，手背向上；右手打手指字母"X"的指式，指尖朝前，在左手背上向右划动一下，表示硝的声母。
（三）一手食指直立，在鼻翼一侧向上移动一下，同时耸鼻。
（四）左手五指张开，手背向上；右手握住左手腕。

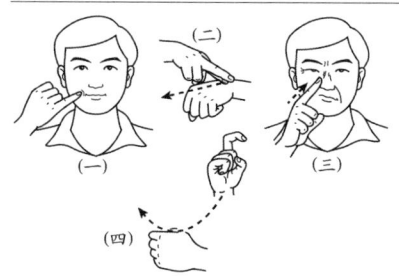

亚硝酸钾 yàxiāosuānjiǎ
（一）一手伸小指，指尖抵于嘴角一侧。"哑"与"亚"音形相近，借代。
（二）左手握拳，手背向上；右手打手指字母"X"的指式，指尖朝前，在左手背上向右划动一下，表示硝的声母。
（三）一手食指直立，在鼻翼一侧向上移动一下，同时耸鼻。
（四）左手握拳，虎口朝上；右手打手指字母"J"的指式，砸一下左手虎口后向前移动，表示钾的声母。

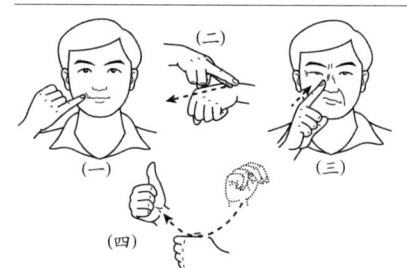

亚硝酸钠 yàxiāosuānnà
（一）一手伸小指，指尖抵于嘴角一侧。"哑"与"亚"音形相近，借代。
（二）左手握拳，手背向上；右手打手指字母"X"的指式，指尖朝前，在左手背上向右划动一下，表示硝的声母。
（三）一手食指直立，在鼻翼一侧向上移动一下，同时耸鼻。
（四）左手握拳，虎口朝上；右手打手指字母"N"的指式，砸一下左手虎口后边向前移动边打手指字母"A"的指式，表示钠的元素符号和音节。

磷酸根 línsuāngēn
（一）左手握拳，手背向上；右手拇、中指相捏，边手背碰向左手背边弹开，表示磷可以发光。
（二）一手食指直立，在鼻翼一侧向上移动一下，同时耸鼻。
（三）左手五指张开，手背向上；右手握住左手腕。

磷酸钾 línsuānjiǎ
（一）左手握拳，手背向上；右手拇、中指相捏，边手背碰向左手背边弹开，表示磷可以发光。
（二）一手食指直立，在鼻翼一侧向上移动一下，同时耸鼻。
（三）左手握拳，虎口朝上；右手打手指字母"J"的指式，砸一下左手虎口后向前移动，表示钾的声母。

磷酸钠 línsuānnà

（一）左手握拳，手背向上；右手拇、中指相捏，边手背碰向左手背边弹开，表示磷可以发光。
（二）一手食指直立，在鼻翼一侧向上移动一下，同时耸鼻。
（三）左手握拳，虎口朝上；右手打手指字母"N"的指式，砸一下左手虎口后边向前移动边打手指字母"A"的指式，表示钠的元素符号和音节。

磷酸氢根 línsuānqīnggēn

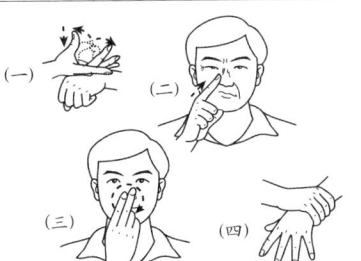

（一）左手握拳，手背向上；右手拇、中指相捏，边手背碰向左手背边弹开，表示磷可以发光。
（二）一手食指直立，在鼻翼一侧向上移动一下，同时耸鼻。
（三）一手打手指字母"H"的指式，掌心向内，置于鼻前，转动一小圈，表示氢的元素符号"H"。
（四）左手五指张开，手背向上；右手握住左手腕。

磷酸氢二钾 línsuānqīngèrjiǎ

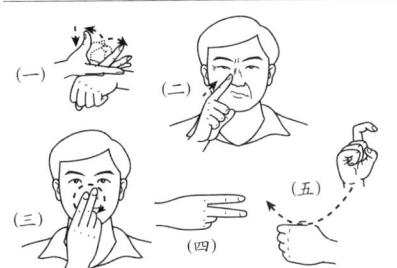

（一）左手握拳，手背向上；右手拇、中指相捏，边手背碰向左手背边弹开，表示磷可以发光。
（二）一手食指直立，在鼻翼一侧向上移动一下，同时耸鼻。
（三）一手打手指字母"H"的指式，掌心向内，置于鼻前，转动一小圈，表示氢的元素符号"H"。
（四）一手食、中指横伸分开，手背向外。
（五）左手握拳，虎口朝上；右手打手指字母"J"的指式，砸一下左手虎口后向前移动，表示钾的声母。

磷酸氢二钠 línsuānqīngèrnà

（一）左手握拳，手背向上；右手拇、中指相捏，边手背碰向左手背边弹开，表示磷可以发光。
（二）一手食指直立，在鼻翼一侧向上移动一下，同时耸鼻。
（三）一手打手指字母"H"的指式，掌心向内，置于鼻前，转动一小圈，表示氢的元素符号"H"。
（四）一手食、中指横伸分开，手背向外。
（五）左手握拳，虎口朝上；右手打手指字母"N"的指式，砸一下左手虎口后边向前移动边打手指字母"A"的指式，表示钠的元素符号和音节。

磷酸二氢根 línsuānèrqīnggēn

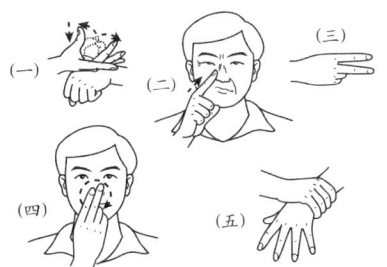

（一）左手握拳，手背向上；右手拇、中指相捏，边手背碰向左手背边弹开，表示磷可以发光。
（二）一手食指直立，在鼻翼一侧向上移动一下，同时耸鼻。
（三）一手食、中指横伸分开，手背向外。
（四）一手打手指字母"H"的指式，掌心向内，置于鼻前，转动一小圈，表示氢的元素符号"H"。
（五）左手五指张开，手背向上；右手握住左手腕。

磷酸二氢钾 línsuānèrqīngjiǎ

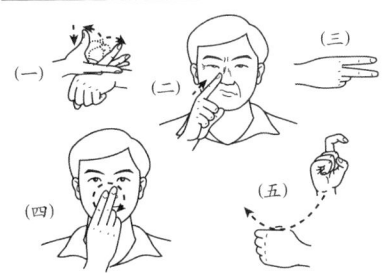

（一）左手握拳，手背向上；右手拇、中指相捏，边手背碰向左手背边弹开，表示磷可以发光。
（二）一手食指直立，在鼻翼一侧向上移动一下，同时耸鼻。
（三）一手食、中指横伸分开，手背向外。
（四）一手打手指字母"H"的指式，掌心向内，置于鼻前，转动一小圈，表示氢的元素符号"H"。
（五）左手握拳，虎口朝上；右手打手指字母"J"的指式，砸一下左手虎口后向前移动，表示钾的声母。

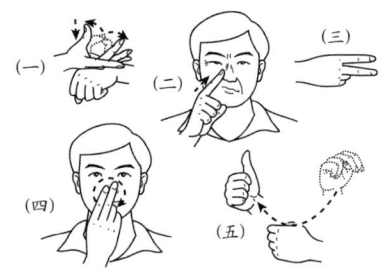

磷酸二氢钠　línsuānèrqīngnà

（一）左手握拳，手背向上；右手拇、中指相捏，边手背碰向左手背边弹开，表示磷可以发光。
（二）一手食指直立，在鼻翼一侧向上移动一下，同时耸鼻。
（三）一手食、中指横伸分开，手背向外。
（四）一手打手指字母"H"的指式，掌心向内，置于鼻前，转动一小圈，表示氢的元素符号"H"。
（五）左手握拳，虎口朝上；右手打手指字母"N"的指式，砸一下左手虎口后边向前移动边打手指字母"A"的指式，表示钠的元素符号和音节。

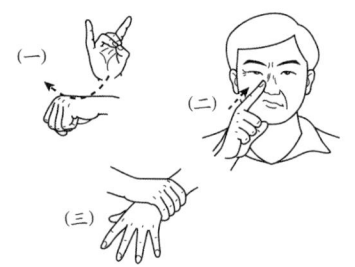

碳酸根　tànsuāngēn

（一）左手握拳，手背向上；右手打手指字母"T"的指式，碰一下左手背后向前移动，表示碳的声母。
（二）一手食指直立，在鼻翼一侧向上移动一下，同时耸鼻。
（三）左手五指张开，手背向上；右手握住左手腕。

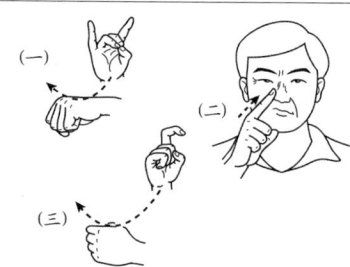

碳酸钾　tànsuānjiǎ

（一）左手握拳，手背向上；右手打手指字母"T"的指式，碰一下左手背后向前移动，表示碳的声母。
（二）一手食指直立，在鼻翼一侧向上移动一下，同时耸鼻。
（三）左手握拳，虎口朝上；右手打手指字母"J"的指式，砸一下左手虎口后向前移动，表示钾的声母。

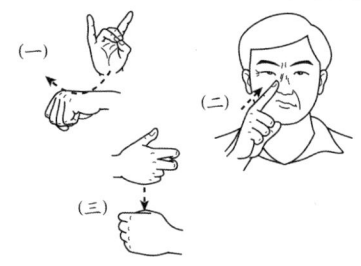

碳酸钙（石灰石①）　tànsuāngài（shíhuīshí①）

（一）左手握拳，手背向上；右手打手指字母"T"的指式，碰一下左手背后向前移动，表示碳的声母。
（二）一手食指直立，在鼻翼一侧向上移动一下，同时耸鼻。
（三）左手握拳，虎口朝上；右手伸拇、食、中指，食、中指弯曲，手背向外，砸一下左手虎口。

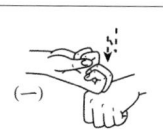

石灰石②　shíhuīshí②

（一）左手握拳；右手食、中指弯曲，以指关节在左手背上敲两下。
（二）一手拇、食、中指相捏，指尖朝下，互捻几下。
（三）左手握拳；右手食、中指弯曲，以指关节在左手背上敲两下。

碳酸钠（纯碱、苏打①）　tànsuānnà（chúnjiǎn、sūdá①）

（一）左手握拳，手背向上；右手打手指字母"T"的指式，碰一下左手背后向前移动，表示碳的声母。
（二）一手食指直立，在鼻翼一侧向上移动一下，同时耸鼻。
（三）左手握拳，虎口朝上；右手打手指字母"N"的指式，砸一下左手虎口后边向前移动边打手指字母"A"的指式，表示钠的元素符号和音节。

二、无机化学

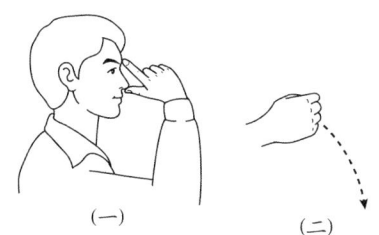

苏打② sūdá ②
（一）一手拇、食指成"⊿"形，拇指尖抵于鼻尖，食指尖抵于眉心。
（二）一手握拳，向前下方挥动一下。

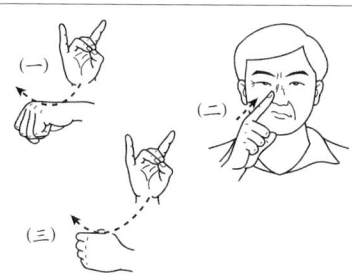

碳酸铜 tànsuāntóng
（一）左手握拳，手背向上；右手打手指字母"T"的指式，碰一下左手背后向前移动，表示碳的声母。
（二）一手食指直立，在鼻翼一侧向上移动一下，同时耸鼻。
（三）左手握拳，虎口朝上；右手打手指字母"T"的指式，砸一下左手虎口后向前移动，表示铜的声母。

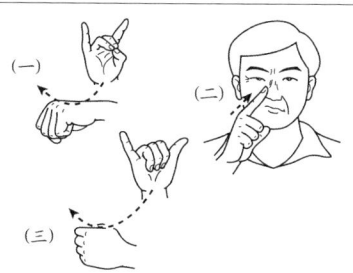

碳酸银 tànsuānyín
（一）左手握拳，手背向上；右手打手指字母"T"的指式，碰一下左手背后向前移动，表示碳的声母。
（二）一手食指直立，在鼻翼一侧向上移动一下，同时耸鼻。
（三）左手握拳，虎口朝上；右手打手指字母"Y"的指式，砸一下左手虎口后向前移动，表示银的声母。

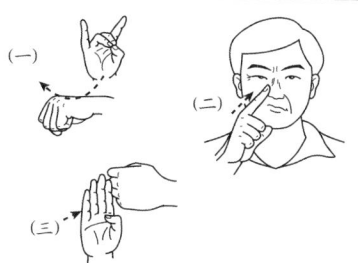

碳酸钡 tànsuānbèi
（一）左手握拳，手背向上；右手打手指字母"T"的指式，碰一下左手背后向前移动，表示碳的声母。
（二）一手食指直立，在鼻翼一侧向上移动一下，同时耸鼻。
（三）左手握拳，虎口朝上；右手打手指字母"B"的指式，碰一下左拳右侧，表示钡的声母。

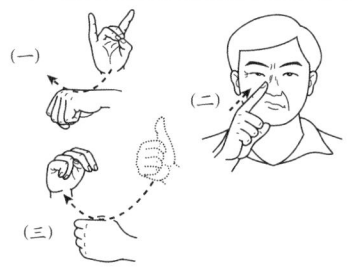

碳酸铵 tànsuānǎn
（一）左手握拳，手背向上；右手打手指字母"T"的指式，碰一下左手背后向前移动，表示碳的声母。
（二）一手食指直立，在鼻翼一侧向上移动一下，同时耸鼻。
（三）左手握拳，虎口朝上；右手打手指字母"A"的指式，砸一下左手虎口后边向前移动边打手指字母"N"的指式，表示铵的音节。

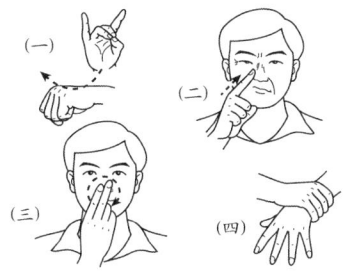

碳酸氢根 tànsuānqīnggēn
（一）左手握拳，手背向上；右手打手指字母"T"的指式，碰一下左手背后向前移动，表示碳的声母。
（二）一手食指直立，在鼻翼一侧向上移动一下，同时耸鼻。
（三）一手打手指字母"H"的指式，掌心向内，置于鼻前，转动一小圈，表示氢的元素符号"H"。
（四）左手五指张开，手背向上；右手握住左手腕。

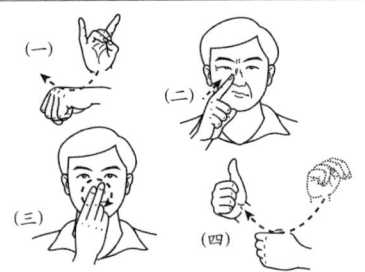

碳酸氢钠（小苏打①） tànsuānqīngnà (xiǎosūdá ①)

（一）左手握拳，手背向上；右手打手指字母"T"的指式，碰一下左手背后向前移动，表示碳的声母。
（二）一手食指直立，在鼻翼一侧向上移动一下，同时耸鼻。
（三）一手打手指字母"H"的指式，掌心向内，置于鼻前，转动一小圈，表示氢的元素符号"H"。
（四）左手握拳，虎口朝上；右手打手指字母"N"的指式，砸一下左手虎口后边向前移动边打手指字母"A"的指式，表示钠的元素符号和音节。

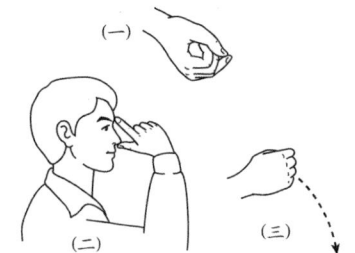

小苏打② xiǎosūdá ②

（一）一手拇、小指相捏，指尖朝上。
（二）一手拇、食指成"⌐"形，拇指尖抵于鼻尖，食指尖抵于眉心。
（三）一手握拳，向前下方挥动一下。

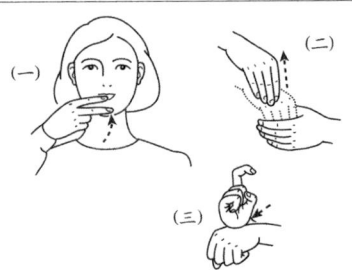

食用碱 shíyòngjiǎn

（一）一手伸食、中指，向嘴边拨动，如用筷子吃饭状。
（二）左手五指成"⊏"形，虎口朝上；右手五指撮合，指尖朝下，从左手虎口内抽出。
（三）左手握拳，手背向上；右手打手指字母"J"的指式，手腕碰一下左手背，表示碱的声母。

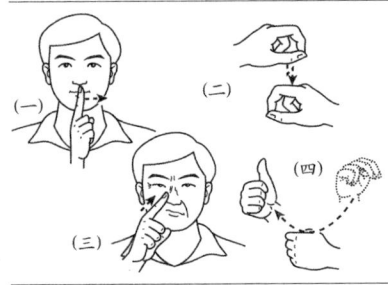

偏铝酸钠 piānlǚsuānnà

（一）一手食指直立，置于嘴中间，然后向一侧移动。
（二）双手拇、食指捏成圆形，虎口朝内，一上一下，左手向下碰两下右手。
（三）一手食指直立，在鼻翼一侧向上移动一下，同时耸鼻。
（四）左手握拳，虎口朝上；右手打手指字母"N"的指式，砸一下左手虎口后边向前移动边打手指字母"A"的指式，表示钠的元素符号和音节。

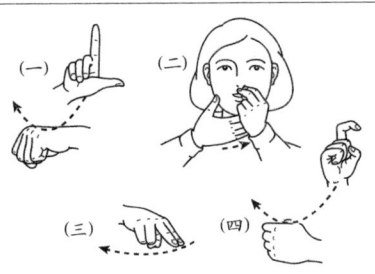

硫氰化钾 liúqínghuàjiǎ

（一）左手握拳，手背向上；右手打手指字母"L"的指式，碰一下左手背后向前移动，表示硫的声母。
（二）左手打手指字母"Q"的指式，指尖朝内，置于鼻孔处；右手横立，掌心向内，食、中、无名、小指并拢，在颏部从右向左摸一下。
（三）一手打手指字母"H"的指式，指尖朝前斜下方，平行划动一下。
（四）左手握拳，虎口朝上；右手打手指字母"J"的指式，砸一下左手虎口后向前移动，表示钾的声母。

白金 báijīn

（一）一手五指弯曲，掌心向外，指尖弯动两下。
（二）双手伸拇、食、中指，食、中指并拢，交叉相搭，右手中指蹭一下左手食指。

黄金　huángjīn

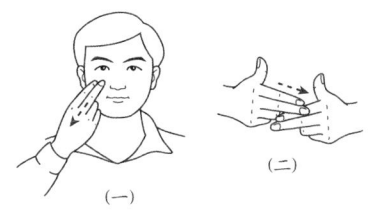

（一）一手打手指字母"H"的指式，摸一下脸颊。
（二）双手伸拇、食、中指，食、中指并拢，交叉相搭，右手中指蹭一下左手食指。

青铜　qīngtóng

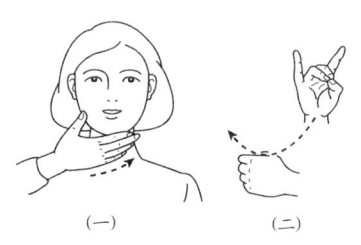

（一）一手横立，掌心向内，食、中、无名、小指并拢，在颏部从右向左摸一下。
（二）左手握拳，虎口朝上；右手打手指字母"T"的指式，砸一下左手虎口后向前移动，表示铜的声母。

黄铜　huángtóng

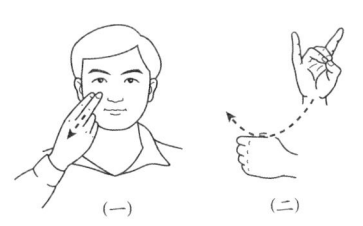

（一）一手打手指字母"H"的指式，摸一下脸颊。
（二）左手握拳，虎口朝上；右手打手指字母"T"的指式，砸一下左手虎口后向前移动，表示铜的声母。

冶炼（冶金）　yěliàn（yějīn）

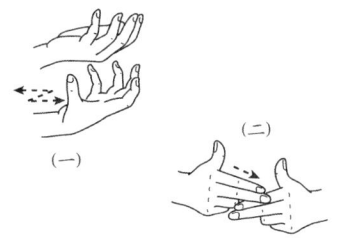

（一）双手平伸，五指微曲，指尖朝上，左手在上不动，右手在左手下前后移动两下。
（二）双手伸拇、食、中指，食、中指并拢，交叉相搭，右手中指蹭一下左手食指。

合金　héjīn

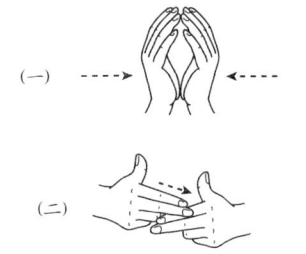

（一）双手直立，掌心左右相对，五指微曲，从两侧向中间移动。
（二）双手伸拇、食、中指，食、中指并拢，交叉相搭，右手中指蹭一下左手食指。

铝合金　lǚhéjīn

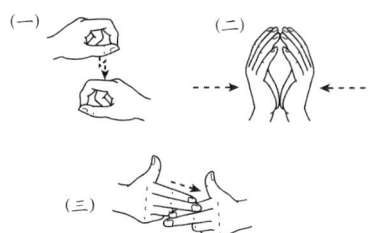

（一）双手拇、食指捏成圆形，虎口朝内，一上一下，左手向下碰两下右手。
（二）双手直立，掌心左右相对，五指微曲，从两侧向中间移动。
（三）双手伸拇、食、中指，食、中指并拢，交叉相搭，右手中指蹭一下左手食指。

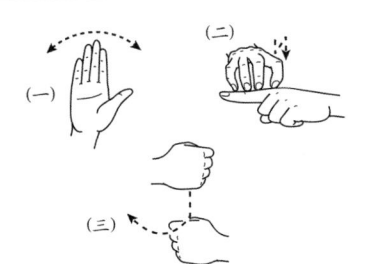

不锈钢 bùxiùgāng
（一）一手直立,掌心向外,左右摆动几下。
（二）左手食指横伸,手背向上;右手食、中、无名、小指微曲,指尖朝下,在左手食指上点动两下。
（三）双手握拳,虎口朝上,一上一下,右拳向下砸一下左拳,再向外移动。

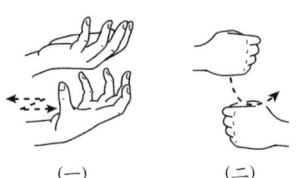

炼铁 liàntiě
（一）双手平伸,五指微曲,指尖朝上,左手在上不动,右手在左手下前后移动两下。
（二）双手握拳,虎口朝上,一上一下,右拳向下砸一下左拳,再向内移动。

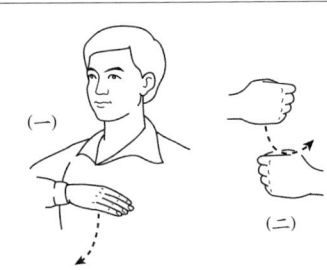

生铁① shēngtiě ①
（一）一手横伸,掌心向下,从胸前向前下方移动。
（二）双手握拳,虎口朝上,一上一下,右拳向下砸一下左拳,再向内移动。

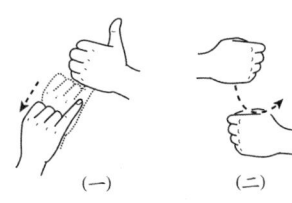

生铁② shēngtiě ②
（一）左手伸拇指,其他四指攥住右手小指,然后右手小指从左手掌心内向下移出一下。
（二）双手握拳,虎口朝上,一上一下,右拳向下砸一下左拳,再向内移动。

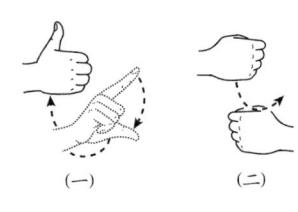

熟铁 shútiě
（一）一手伸拇、食指,食指尖朝上,然后食指缩回,拇指尖朝上,表示逐渐由生变熟的意思。
（二）双手握拳,虎口朝上,一上一下,右拳向下砸一下左拳,再向内移动。

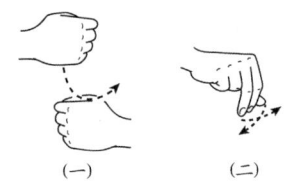

铁屑 tiěxiè
（一）双手握拳,虎口朝上,一上一下,右拳向下砸一下左拳,再向内移动。
（二）一手拇、食、中指相捏,指尖朝下,互捻几下。
（可根据实际表示铁屑）

二、无机化学

钢 gāng

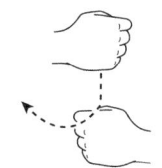

双手握拳，虎口朝上，一上一下，右拳向下砸一下左拳，再向外移动。

炼钢 liàngāng

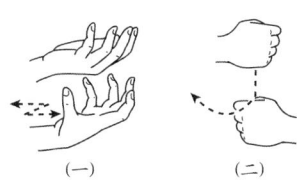

（一）双手平伸，五指微曲，指尖朝上，左手在上不动，右手在左手下前后移动两下。

（二）双手握拳，虎口朝上，一上一下，右拳向下砸一下左拳，再向外移动。

合金钢 héjīngāng

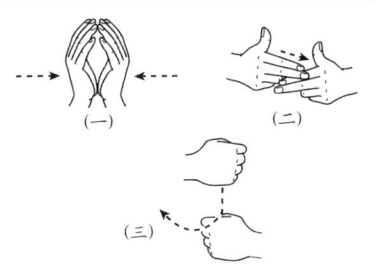

（一）双手直立，掌心左右相对，五指微曲，从两侧向中间移动。

（二）双手伸拇、食、中指，食、中指并拢，交叉相搭，右手中指蹭一下左手食指。

（三）双手握拳，虎口朝上，一上一下，右拳向下砸一下左拳，再向外移动。

矿物 kuàngwù

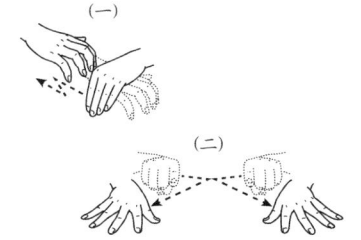

（一）左手横伸，手背拱起；右手五指微曲，掌心向下，在左手掌心下向后刨动两下，表示采矿。

（二）双手食指指尖朝前，手背向上，先互碰一下，再分开并张开五指。

黄铜矿 huángtóngkuàng

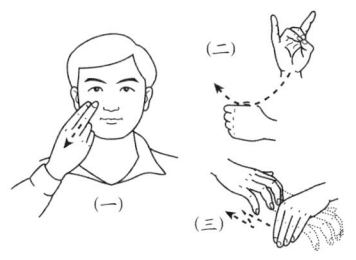

（一）一手打手指字母"H"的指式，摸一下脸颊。

（二）左手握拳，虎口朝上；右手打手指字母"T"的指式，砸一下左手虎口后向前移动，表示铜的声母。

（三）左手横伸，手背拱起；右手五指微曲，掌心向下，在左手掌心下向后刨动两下，表示采矿。

赤铁矿 chìtiěkuàng

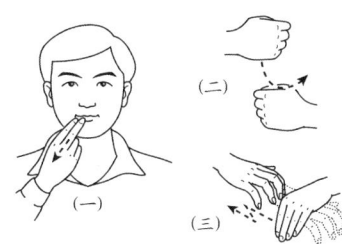

（一）一手打手指字母"H"的指式，摸一下嘴唇。

（二）双手握拳，虎口朝上，一上一下，右拳向下砸一下左拳，再向内移动。

（三）左手横伸，手背拱起；右手五指微曲，掌心向下，在左手掌心下向后刨动两下，表示采矿。

菱铁矿 língtiěkuàng

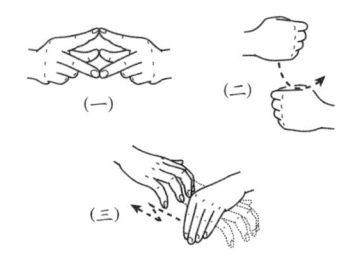

（一）双手拇、食、中指叉开，指尖相抵，仿菱形的形状。
（二）双手握拳，虎口朝上，一上一下，右拳向下砸一下左拳，再向内移动。
（三）左手横伸，手背拱起；右手五指微曲，掌心向下，在左手掌心下向后刨动两下，表示采矿。

辉铁矿 huītiěkuàng

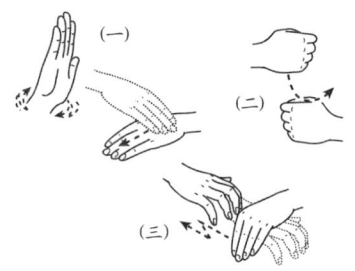

（一）左手横伸；右手五指并拢，摸一下左手背，然后直立，掌心向左，晃动几下，表示辉铁矿石表面有光泽。
（二）双手握拳，虎口朝上，一上一下，右拳向下砸一下左拳，再向内移动。
（三）左手横伸，手背拱起；右手五指微曲，掌心向下，在左手掌心下向后刨动两下，表示采矿。

银矿 yínkuàng

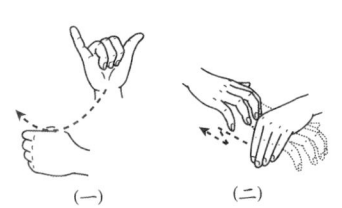

（一）左手握拳，虎口朝上；右手打手指字母"Y"的指式，砸一下左手虎口后向前移动，表示银的声母。
（二）左手横伸，手背拱起；右手五指微曲，掌心向下，在左手掌心下向后刨动两下，表示采矿。

铝土矿 lǔtǔkuàng

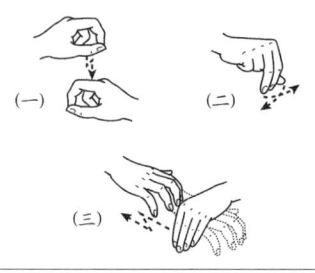

（一）双手拇、食指捏成圆形，虎口朝内，一上一下，左手向下碰两下右手。
（二）一手拇、食、中指相捏，指尖朝下，互捻几下。
（三）左手横伸，手背拱起；右手五指微曲，掌心向下，在左手掌心下向后刨动两下，表示采矿。

花岗岩 huāgāngyán

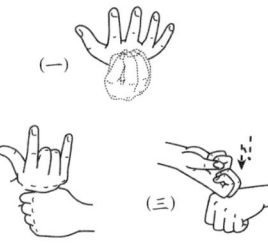

（一）一手五指撮合，指尖朝上，然后张开。
（二）左手握拳，手背向外；右手拇、食、小指直立，手背贴于左手虎口上。
（三）左手握拳；右手食、中指弯曲，以指关节在左手背上敲两下。

大理石 dàlǐshí

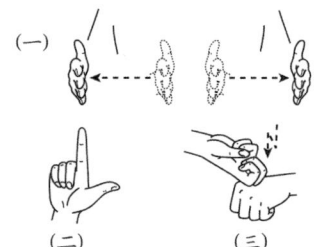

（一）双手侧立，掌心相对，同时向两侧移动，幅度要大些。
（二）一手打手指字母"L"的指式。
（三）左手握拳；右手食、中指弯曲，以指关节在左手背上敲两下。

二、无机化学

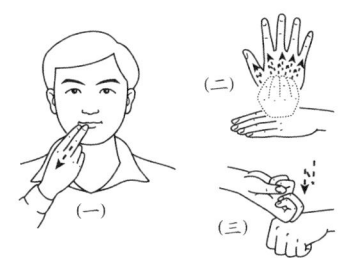

红宝石 hóngbǎoshí
（一）一手打手指字母"H"的指式，摸一下嘴唇。
（二）左手横伸；右手五指撮合，指尖朝上，置于左手背上，然后开合两下，表示宝石闪烁的光。
（三）左手握拳；右手食、中指弯曲，以指关节在左手背上敲两下。

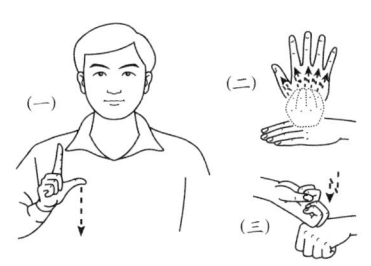

蓝宝石 lánbǎoshí
（一）一手打手指字母"L"的指式，沿胸的一侧划下。
（二）左手横伸；右手五指撮合，指尖朝上，置于左手背上，然后开合两下，表示宝石闪烁的光。
（三）左手握拳；右手食、中指弯曲，以指关节在左手背上敲两下。

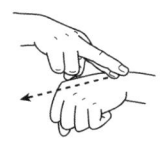

硝 xiāo
左手握拳，手背向上；右手打手指字母"X"的指式，指尖朝前，在左手背上向右划动一下，表示硝的声母。

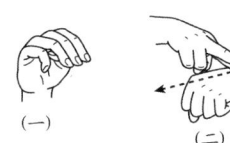

芒硝 mángxiāo
（一）一手打手指字母"M"的指式。
（二）左手握拳，手背向上；右手打手指字母"X"的指式，指尖朝前，在左手背上向右划动一下，表示硝的声母。

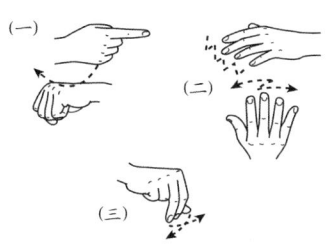

硅藻土 guīzǎotǔ
（一）左手握拳，手背向上；右手打手指字母"G"的指式，碰一下左手背后向前移动，表示硅的声母。
（二）左手横伸，五指张开，交替点动几下；右手直立，手背向外，五指张开，在左手掌心下随意晃动几下。
（三）一手拇、食、中指相捏，指尖朝下，互捻几下。

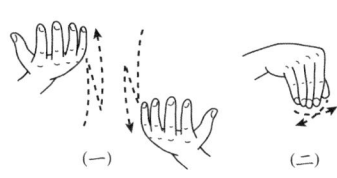

火药 huǒyào
（一）双手五指微曲，指尖朝上，上下交替动几下，如火苗跳动状。
（二）一手五指撮合，指尖朝下，互捻几下。
（可根据实际表示火药的样式）

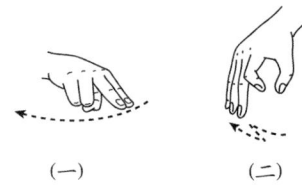

化肥 huàféi

（一）一手打手指字母"H"的指式，指尖朝前斜下方，平行划动一下。
（二）一手拇、食指弯曲，其他三指伸出，指尖朝下，虎口朝外，微晃几下。

氮肥 dànféi

（一）一手打手指字母"N"的指式，置于鼻前，转动一小圈，表示氮的元素符号"N"。
（二）一手拇、食指弯曲，其他三指伸出，指尖朝下，虎口朝外，微晃几下。

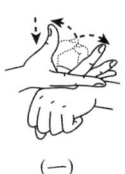 

磷肥 línféi

（一）左手握拳，手背向上；右手拇、中指相捏，边手背碰向左手背边弹开，表示磷可以发光。
（二）一手拇、食指弯曲，其他三指伸出，指尖朝下，虎口朝外，微晃几下。

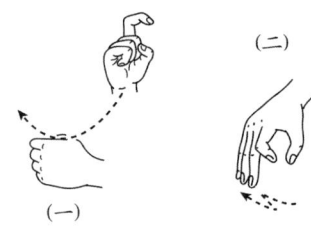

钾肥 jiǎféi

（一）左手握拳，虎口朝上；右手打手指字母"J"的指式，砸一下左手虎口后向前移动，表示钾的声母。
（二）一手拇、食指弯曲，其他三指伸出，指尖朝下，虎口朝外，微晃几下。

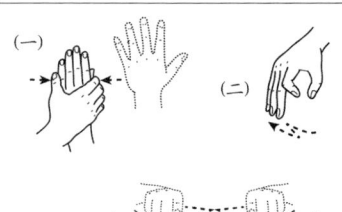

复合肥料 fùhé féiliào

（一）左手直立，手背向外，五指张开；右手将左手五指捏合。
（二）一手拇、食指弯曲，其他三指伸出，指尖朝下，虎口朝外，微晃几下。
（三）双手食指指尖朝前，手背向上，先互碰一下，再分开并张开五指。

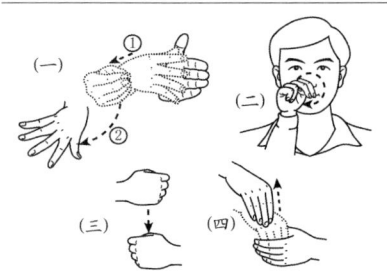

脱氮作用 tuōdàn-zuòyòng

（一）左手侧立；右手五指张开，指尖抵于左手掌心，然后边向右微移边撮合，再向下一甩，五指张开。
（二）一手打手指字母"N"的指式，置于鼻前，转动一小圈，表示氮的元素符号"N"。
（三）双手握拳，一上一下，右拳向下砸一下左拳。
（四）左手五指成"匚"形，虎口朝上；右手五指撮合，指尖朝下，从左手虎口内抽出。

三、有机化学

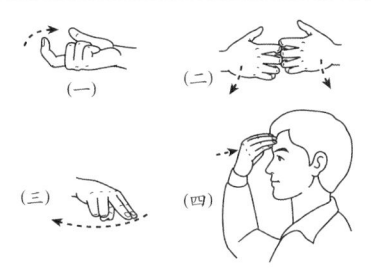

有机化学　yǒujī huàxué
（一）一手伸拇、食指，手背向下，拇指不动，食指向内弯动一下。
（二）双手五指弯曲，食、中、无名、小指关节交错相触，向下转动一下。
（三）一手打手指字母"H"的指式，指尖朝前斜下方，平行划动一下。
（四）一手五指撮合，指尖朝内，按向前额。

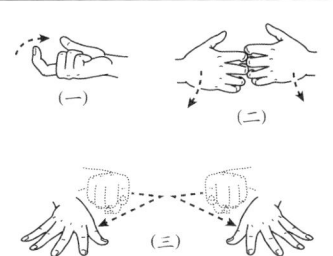

有机物　yǒujīwù
（一）一手伸拇、食指，手背向下，拇指不动，食指向内弯动一下。
（二）双手五指弯曲，食、中、无名、小指关节交错相触，向下转动一下。
（三）双手食指指尖朝前，手背向上，先互碰一下，再分开并张开五指。

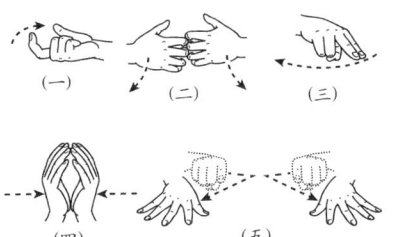

有机化合物　yǒujī huàhéwù
（一）一手伸拇、食指，手背向下，拇指不动，食指向内弯动一下。
（二）双手五指弯曲，食、中、无名、小指关节交错相触，向下转动一下。
（三）一手打手指字母"H"的指式，指尖朝前斜下方，平行划动一下。
（四）双手直立，掌心左右相对，五指微曲，从两侧向中间移动。
（五）双手食指指尖朝前，手背向上，先互碰一下，再分开并张开五指。

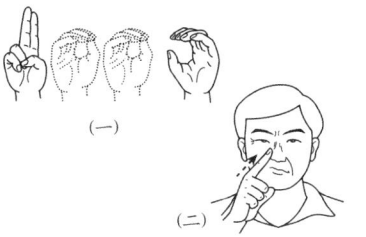

羧酸　suōsuān
（一）左手打手指字母"C"的指式；右手先连续打两次手指字母"O"的指式，再打手指字母"H"的指式，表示化学符号"COOH"。
（二）一手食指直立，在鼻翼一侧向上移动一下，同时耸鼻。

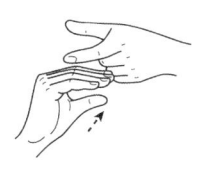

醇　chún
左手拇、食指成半圆形，虎口朝上；右手打手指字母"CH"的指式，碰一下左手无名、小指指背。

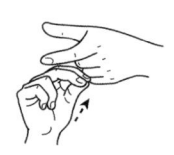

醛 quán

左手拇、食指成半圆形,虎口朝上;右手打手指字母"Q"的指式,碰一下左手无名、小指指背。

酮 tóng

左手拇、食指成半圆形,虎口朝上;右手打手指字母"T"的指式,碰一下左手无名、小指指背。

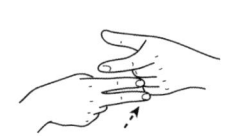

酚 fēn

左手拇、食指成半圆形,虎口朝上;右手打手指字母"F"的指式,碰一下左手无名、小指指背。

醚 mí

左手拇、食指成半圆形,虎口朝上;右手打手指字母"M"的指式,碰一下左手无名、小指指背。

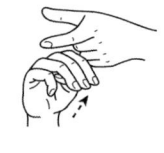

酯 zhǐ

左手拇、食指成半圆形,虎口朝上;右手打手指字母"ZH"的指式,碰一下左手无名、小指指背。

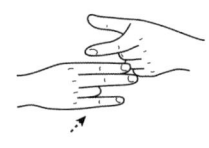

烃 tīng

左手五指微曲,指尖朝上,向上动几下;右手打手指字母"T"的指式,置于左手旁,分别表示烃的部首和声母。

三、有机化学　99

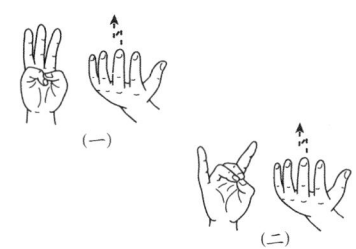

烷烃　wántīng
（一）左手五指微曲，指尖朝上，向上动几下；右手打手指字母"W"的指式，置于左手旁，分别表示烷的部首和声母。
（二）左手五指微曲，指尖朝上，向上动几下；右手打手指字母"T"的指式，置于左手旁，分别表示烃的部首和声母。

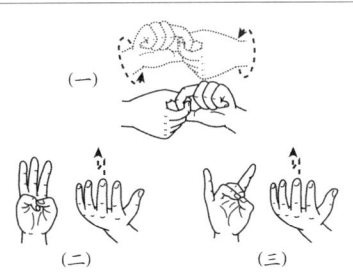

环烷烃　huánwántīng
（一）双手边转腕边拇、食指连续相互套环。
（二）左手五指微曲，指尖朝上，向上动几下；右手打手指字母"W"的指式，置于左手旁，分别表示烷的部首和声母。
（三）左手五指微曲，指尖朝上，向上动几下；右手打手指字母"T"的指式，置于左手旁，分别表示烃的部首和声母。

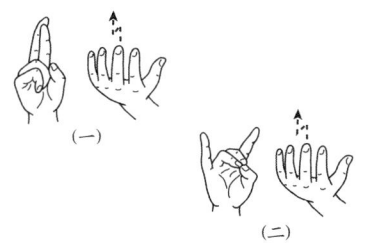

烯烃　xītīng
（一）左手五指微曲，指尖朝上，向上动几下；右手打手指字母"X"的指式，置于左手旁，分别表示烯的部首和声母。
（二）左手五指微曲，指尖朝上，向上动几下；右手打手指字母"T"的指式，置于左手旁，分别表示烃的部首和声母。

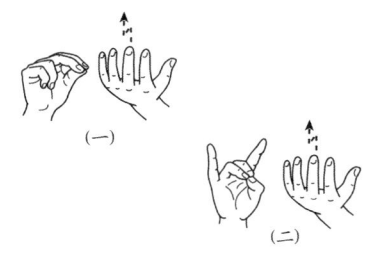

炔烃　quētīng
（一）左手五指微曲，指尖朝上，向上动几下；右手打手指字母"Q"的指式，置于左手旁，分别表示炔的部首和声母。
（二）左手五指微曲，指尖朝上，向上动几下；右手打手指字母"T"的指式，置于左手旁，分别表示烃的部首和声母。

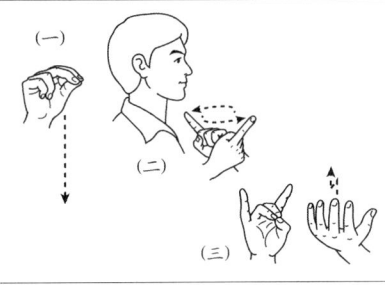

卤代烃　lǔdàitīng
（一）一手拇、食、中指相捏，指尖朝斜前方，虎口朝斜后方，表示数字"七"的手势，然后向下移动。
（二）双手伸食指，手腕交叉相贴，然后前后转动，互换位置。
（三）左手五指微曲，指尖朝上，向上动几下；右手打手指字母"T"的指式，置于左手旁，分别表示烃的部首和声母。

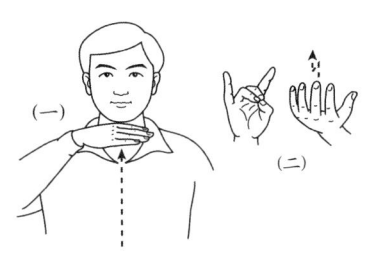

饱和烃　bǎohétīng
（一）一手横伸，掌心向下，从腹部向颏部移动。
（二）左手五指微曲，指尖朝上，向上动几下；右手打手指字母"T"的指式，置于左手旁，分别表示烃的部首和声母。

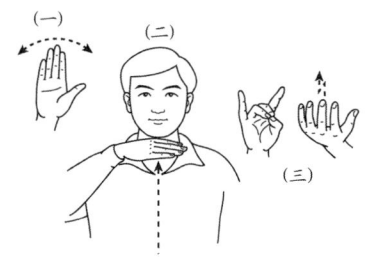

不饱和烃 bùbǎohétīng

（一）一手直立，掌心向外，左右摆动几下。
（二）一手横伸，掌心向下，从腹部向颏部移动。
（三）左手五指微曲，指尖朝上，向上动几下；右手打手指字母"T"的指式，置于左手旁，分别表示烃的部首和声母。

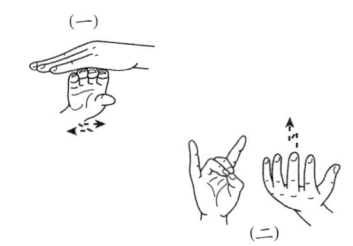

脂肪烃 zhīfángtīng

（一）左手横伸，掌心向下；右手五指成"⊐"形，指尖朝前，贴于左手掌心，然后左右微动几下，表示皮下脂肪。
（二）左手五指微曲，指尖朝上，向上动几下；右手打手指字母"T"的指式，置于左手旁，分别表示烃的部首和声母。

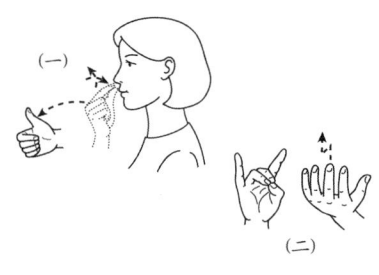

芳香烃 fāngxiāngtīng

（一）一手拇、食指在鼻孔前捻动，然后伸出拇指。
（二）左手五指微曲，指尖朝上，向上动几下；右手打手指字母"T"的指式，置于左手旁，分别表示烃的部首和声母。

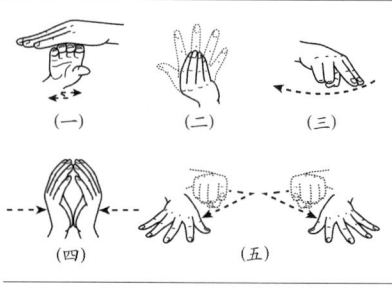

脂肪族化合物 zhīfángzú-huàhéwù

（一）左手横伸，掌心向下；右手五指成"⊐"形，指尖朝前，贴于左手掌心，然后左右微动几下，表示皮下脂肪。
（二）一手五指张开，指尖朝上，然后撮合。
（三）一手打手指字母"H"的指式，指尖朝前斜下方，平行划动一下。
（四）双手直立，掌心左右相对，五指微曲，从两侧向中间移动。
（五）双手食指指尖朝前，手背向上，先互碰一下，再分开并张开五指。

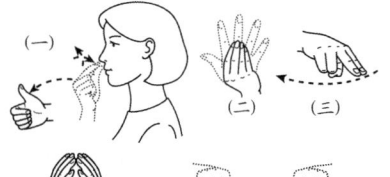

芳香族化合物 fāngxiāngzú-huàhéwù

（一）一手拇、食指在鼻孔前捻动，然后伸出拇指。
（二）一手五指张开，指尖朝上，然后撮合。
（三）一手打手指字母"H"的指式，指尖朝前斜下方，平行划动一下。
（四）双手直立，掌心左右相对，五指微曲，从两侧向中间移动。
（五）双手食指指尖朝前，手背向上，先互碰一下，再分开并张开五指。

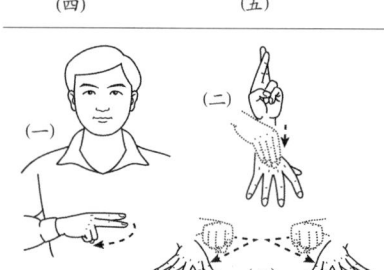

同系物 tóngxìwù

（一）一手食、中指横伸分开，手背向上，向前移动一下。
（二）左手打手指字母"X"的指式，在上不动；右手五指撮合，指尖朝下，边从左手腕向下移动边张开，表示系统。
（三）双手食指指尖朝前，手背向上，先互碰一下，再分开并张开五指。

衍生物　yǎnshēngwù

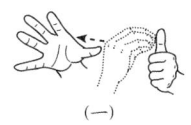
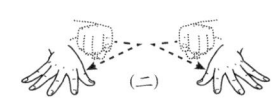

（一）左手伸拇指；右手五指撮合，指尖抵于左手拇指背，然后边向外移动边张开。

（二）双手食指指尖朝前，手背向上，先互碰一下，再分开并张开五指。

同分异构体　tóngfēn-yìgòutǐ

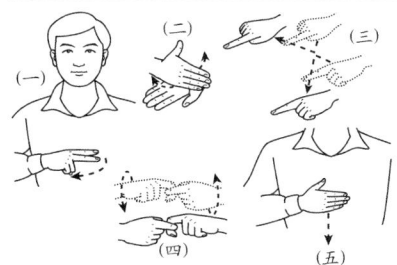

（一）一手食、中指横伸分开，手背向上，向前移动一下。

（二）左手横伸；右手侧立，置于左手掌心上，并左右拨动一下。

（三）双手伸食指，指尖朝前，手背向上，先互碰一下，再分别向两侧移动。

（四）双手食指弯曲，互勾两下。

（五）一手掌心贴于胸部，向下移动一下。

同分异构现象　tóngfēn-yìgòu xiànxiàng

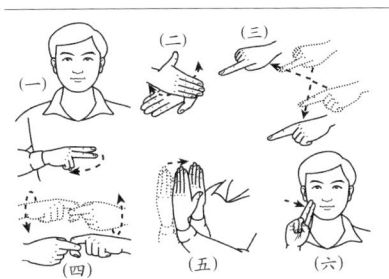

（一）一手食、中指横伸分开，手背向上，向前移动一下。

（二）左手横伸；右手侧立，置于左手掌心上，并左右拨动一下。

（三）双手伸食指，指尖朝前，手背向上，先互碰一下，再分别向两侧移动。

（四）双手食指弯曲，互勾两下。

（五）双手直立，掌心向内，左手不动，右手向内移动一下。

（六）一手食、中指直立并拢，掌心向斜前方，朝脸颊碰一下。

碳碳双键　tàntàn-shuāngjiàn

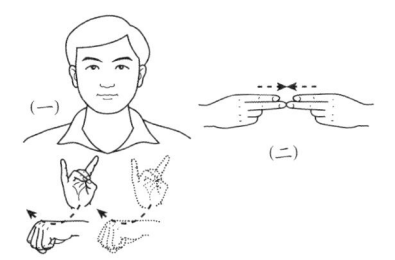

（一）左手握拳，手背向上；右手打手指字母"T"的指式，碰一下左手背后向前移动，重复一次。

（二）双手食、中指横伸并拢，手背向外，从两侧向中间移动，指尖相抵。

（可根据实际表示双键）

键线式　jiànxiànshì

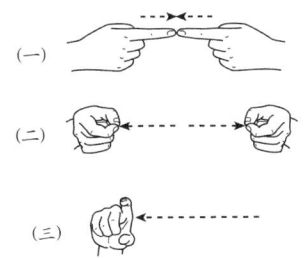

（一）双手食指横伸，手背向外，从两侧向中间移动，指尖相抵。

（二）双手拇、食指相捏，虎口朝上，从中间向两侧拉开。

（三）一手拇、食指张开，指尖朝前，向一侧移动一下。

主链　zhǔliàn

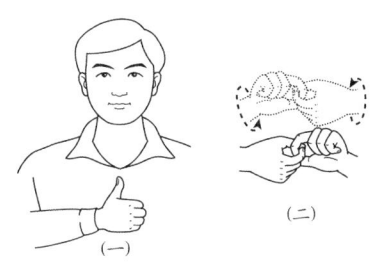

（一）一手伸拇指，贴于胸部。

（二）双手边转腕边拇、食指连续相互套环。

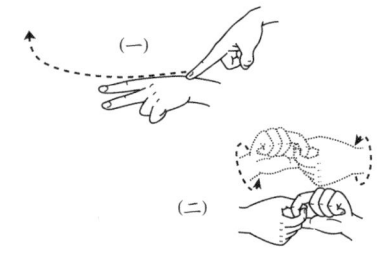

支链（侧链） zhīliàn (cèliàn)

（一）左手食、中指分开，指尖朝前，手背向上；右手伸食指，指尖朝下，从左手背移至食指根部，再沿食指向右移动。

（二）双手边转腕边拇、食指连续相互套环。

取代基 qǔdàijī

（一）双手伸食指，手腕交叉相贴，然后前后转动，互换位置。

（二）左手握拳，手背向上；右手拇、食指张开，指尖朝下，插向左手腕两侧。

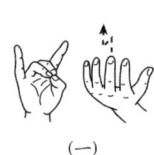 

烃基 tīngjī

（一）左手五指微曲，指尖朝上，向上动几下；右手打手指字母"T"的指式，置于左手旁，分别表示烃的部首和声母。

（二）左手握拳，手背向上；右手拇、食指张开，指尖朝下，插向左手腕两侧。

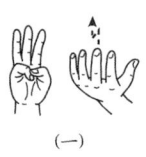 

烷基 wánjī

（一）左手五指微曲，指尖朝上，向上动几下；右手打手指字母"W"的指式，置于左手旁，分别表示烷的部首和声母。

（二）左手握拳，手背向上；右手拇、食指张开，指尖朝下，插向左手腕两侧。

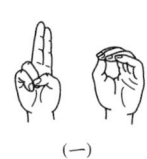 

羟基 qiǎngjī

（一）左手打手指字母"O"的指式；右手打手指字母"H"的指式，表示化学符号"OH"。

（二）左手握拳，手背向上；右手拇、食指张开，指尖朝下，插向左手腕两侧。

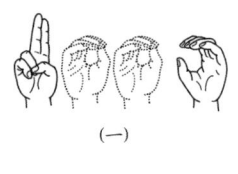 

羧基 suōjī

（一）左手打手指字母"C"的指式；右手先连续打两次手指字母"O"的指式，再打手指字母"H"的指式，表示化学符号"COOH"。

（二）左手握拳，手背向上；右手拇、食指张开，指尖朝下，插向左手腕两侧。

醛基 quánjī

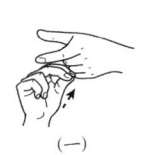

（一）左手拇、食指成半圆形，虎口朝上；右手打手指字母"Q"的指式，碰一下左手无名、小指指背。
（二）左手握拳，手背向上；右手拇、食指张开，指尖朝下，插向左手腕两侧。

酮基 tóngjī

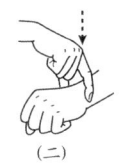

（一）左手拇、食指成半圆形，虎口朝上；右手打手指字母"T"的指式，碰一下左手无名、小指指背。
（二）左手握拳，手背向上；右手拇、食指张开，指尖朝下，插向左手腕两侧。

酯基 zhǐjī

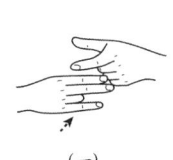

（一）左手拇、食指成半圆形，虎口朝上；右手打手指字母"ZH"的指式，碰一下左手无名、小指指背。
（二）左手握拳，手背向上；右手拇、食指张开，指尖朝下，插向左手腕两侧。

配合物（络合物） pèihéwù (luòhéwù)

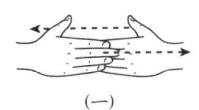

（一）双手横立，掌心向内，指尖相对，从两侧向中间交错移动至双手相叠。
（二）双手食指指尖朝前，手背向上，先互碰一下，再分开并张开五指。

螯合物 áohéwù

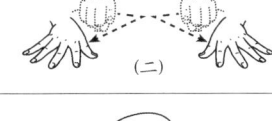
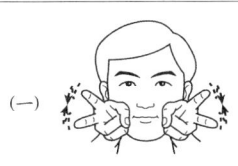

（一）双手食、中指斜伸，掌心左右相对，置于嘴角两侧，夹动两下。
（二）双手食指指尖朝前，手背向上，先互碰一下，再分开并张开五指。

高分子化合物（高分子） gāofēnzǐ huàhéwù (gāofēnzǐ)

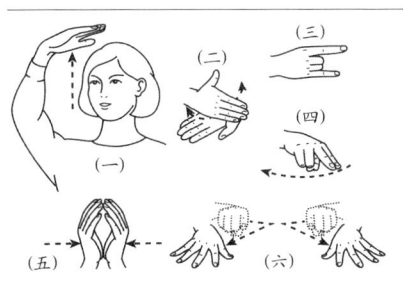

（一）一手横伸，掌心向下，向上移过头顶。
（二）左手横伸；右手侧立，置于左手掌心上，并左右拨动一下。
（三）一手打手指字母"Z"的指式。
（四）一手打手指字母"H"的指式，指尖朝前斜下方，平行划动一下。
（五）双手直立，掌心左右相对，五指微曲，从两侧向中间移动。
（六）双手食指指尖朝前，手背向上，先互碰一下，再分开并张开五指。

高聚物 gāojùwù

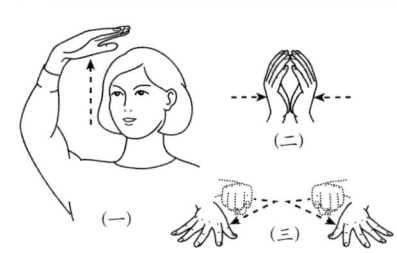

（一）一手横伸，掌心向下，向上移过头顶。
（二）双手直立，掌心左右相对，五指微曲，从两侧向中间移动。
（三）双手食指指尖朝前，手背向上，先互碰一下，再分开并张开五指。

聚合物 jùhéwù

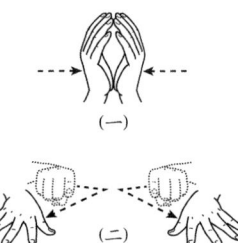

（一）双手直立，掌心左右相对，五指微曲，从两侧向中间移动。
（二）双手食指指尖朝前，手背向上，先互碰一下，再分开并张开五指。

碳水化合物 tànshuǐ-huàhéwù

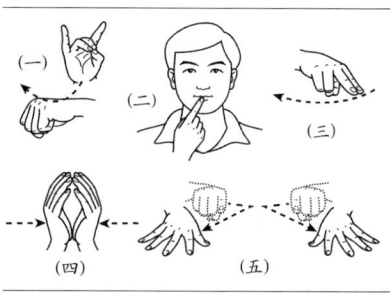

（一）左手握拳，手背向上；右手打手指字母"T"的指式，碰一下左手背后向前移动，表示碳的声母。
（二）一手伸食指，指尖贴于下嘴唇。
（三）一手打手指字母"H"的指式，指尖朝前斜下方，平行划动一下。
（四）双手直立，掌心左右相对，五指微曲，从两侧向中间移动。
（五）双手食指指尖朝前，手背向上，先互碰一下，再分开并张开五指。

有机溶剂 yǒujī róngjì

（一）一手伸拇、食指，手背向下，拇指不动，食指向内弯动一下。
（二）双手五指弯曲，食、中、无名、小指关节交错相触，向下转动一下。
（三）左手五指成半圆形，虎口朝上；右手伸食指，指尖朝下，在左手虎口内转动一下。
（四）右手五指弯曲，虎口朝左下方，做从瓶子中挤液体的动作。

甲烷 jiǎwán

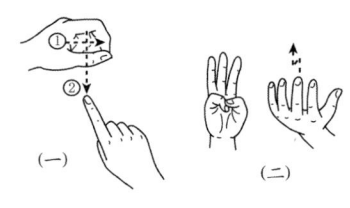

（一）左手拇、食指捏成圆形，虎口朝内；右手伸食指，在左手虎口上先横划一下，再竖划一下，仿"甲"字形。
（二）左手五指微曲，指尖朝上，向上动几下；右手打手指字母"W"的指式，置于左手旁，分别表示烷的部首和声母。

乙烷 yǐwán

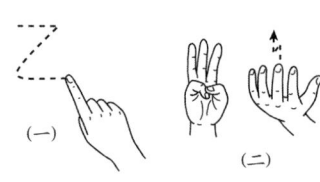

（一）一手伸食指，指尖朝前，书空"乙"字形。
（二）左手五指微曲，指尖朝上，向上动几下；右手打手指字母"W"的指式，置于左手旁，分别表示烷的部首和声母。

丙烷　bǐngwán

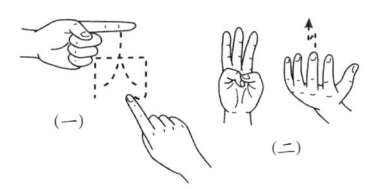

（一）左手食指横伸，手背向外；右手伸食指，指尖朝前，在左手食指下书空"丙"字的其他笔画。
（二）左手五指微曲，指尖朝上，向上动几下；右手打手指字母"W"的指式，置于左手旁，分别表示烷的部首和声母。

丁烷　dīngwán

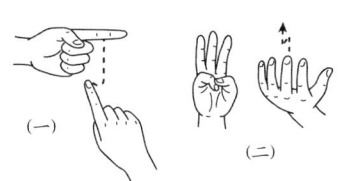

（一）左手食指横伸，手背向外；右手伸食指，指尖朝前，在左手食指下书空"亅"，仿"丁"字形。
（二）左手五指微曲，指尖朝上，向上动几下；右手打手指字母"W"的指式，置于左手旁，分别表示烷的部首和声母。

戊烷　wùwán

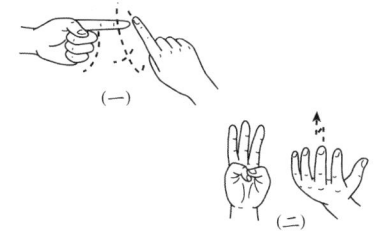

（一）左手食指横伸，手背向外；右手伸食指，指尖朝前，在左手食指上书空"戊"字的其他笔画。
（二）左手五指微曲，指尖朝上，向上动几下；右手打手指字母"W"的指式，置于左手旁，分别表示烷的部首和声母。

己烷　jǐwán

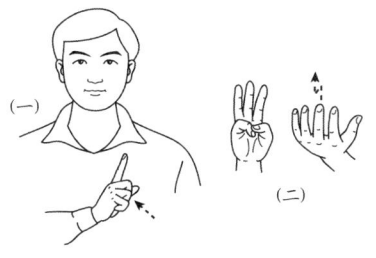

（一）右手食指直立，虎口朝内，贴向左胸部。
（二）左手五指微曲，指尖朝上，向上动几下；右手打手指字母"W"的指式，置于左手旁，分别表示烷的部首和声母。

氯代物　lǜdàiwù

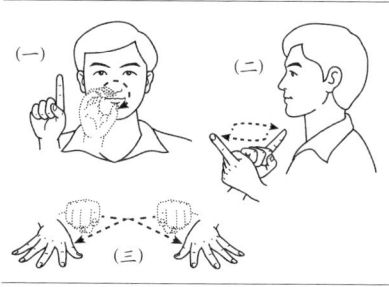

（一）一手打手指字母"C"的指式，置于鼻前，转动一小圈，然后食指直立，掌心向外，仿英文字母"L"的小写形式，表示氯的元素符号"Cl"。
（二）双手伸食指，手腕交叉相贴，然后前后转动，互换位置。
（三）双手食指指尖朝前，手背向上，先互碰一下，再分开并张开五指。

一氯甲烷　yīlǜjiǎwán

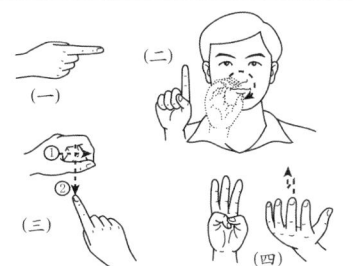

（一）一手食指横伸，手背向外。
（二）一手打手指字母"C"的指式，置于鼻前，转动一小圈，然后食指直立，掌心向外，仿英文字母"L"的小写形式，表示氯的元素符号"Cl"。
（三）左手拇、食指捏成圆形，虎口朝内；右手伸食指，在左手虎口上先横划一下，再竖划一下，仿"甲"字形。
（四）左手五指微曲，指尖朝上，向上动几下；右手打手指字母"W"的指式，置于左手旁，分别表示烷的部首和声母。

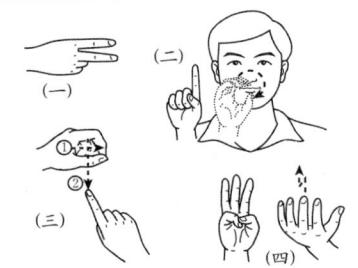

二氯甲烷　èrlǜjiǎwán

（一）一手食、中指横伸分开，手背向外。

（二）一手打手指字母"C"的指式，置于鼻前，转动一小圈，然后食指直立，掌心向外，仿英文字母"L"的小写形式，表示氯的元素符号"Cl"。

（三）左手拇、食指捏成圆形，虎口朝内；右手伸食指，在左手虎口上先横划一下，再竖划一下，仿"甲"字形。

（四）左手五指微曲，指尖朝上，向上动几下；右手打手指字母"W"的指式，置于左手旁，分别表示烷的部首和声母。

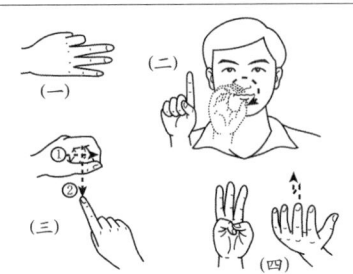

三氯甲烷　sānlǜjiǎwán

（一）一手中、无名、小指横伸分开，手背向外。

（二）一手打手指字母"C"的指式，置于鼻前，转动一小圈，然后食指直立，掌心向外，仿英文字母"L"的小写形式，表示氯的元素符号"Cl"。

（三）左手拇、食指捏成圆形，虎口朝内；右手伸食指，在左手虎口上先横划一下，再竖划一下，仿"甲"字形。

（四）左手五指微曲，指尖朝上，向上动几下；右手打手指字母"W"的指式，置于左手旁，分别表示烷的部首和声母。

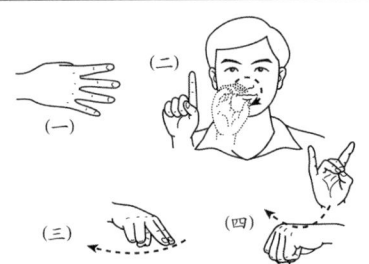

四氯化碳　sìlǜhuàtàn

（一）一手食、中、无名、小指横伸分开，手背向外。

（二）一手打手指字母"C"的指式，置于鼻前，转动一小圈，然后食指直立，掌心向外，仿英文字母"L"的小写形式，表示氯的元素符号"Cl"。

（三）一手打手指字母"H"的指式，指尖朝前斜下方，平行划动一下。

（四）左手握拳，手背向上；右手打手指字母"T"的指式，碰一下左手背后向前移动，表示碳的声母。

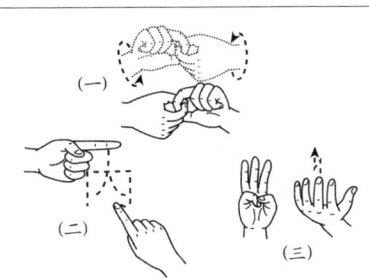

环丙烷　huánbǐngwán

（一）双手边转腕边拇、食指连续相互套环。

（二）左手食指横伸，手背向外；右手伸食指，指尖朝前，在左手食指下书空"丙"字的其他笔画。

（三）左手五指微曲，指尖朝上，向上动几下；右手打手指字母"W"的指式，置于左手旁，分别表示烷的部首和声母。

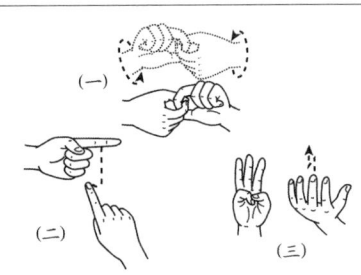

环丁烷　huándīngwán

（一）双手边转腕边拇、食指连续相互套环。

（二）左手食指横伸，手背向外；右手伸食指，指尖朝前，在左手食指下书空"亅"，仿"丁"字形。

（三）左手五指微曲，指尖朝上，向上动几下；右手打手指字母"W"的指式，置于左手旁，分别表示烷的部首和声母。

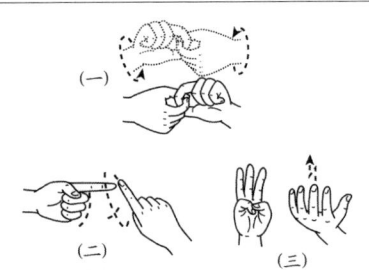

环戊烷　huánwùwán

（一）双手边转腕边拇、食指连续相互套环。

（二）左手食指横伸，手背向外；右手伸食指，指尖朝前，在左手食指上书空"戊"字的其他笔画。

（三）左手五指微曲，指尖朝上，向上动几下；右手打手指字母"W"的指式，置于左手旁，分别表示烷的部首和声母。

环己烷　huánjǐwán

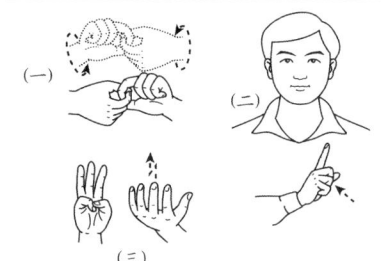

（一）双手边转腕边拇、食指连续相互套环。
（二）右手食指直立，虎口朝内，贴向左胸部。
（三）左手五指微曲，指尖朝上，向上动几下；右手打手指字母"W"的指式，置于左手旁，分别表示烷的部首和声母。

乙烯　yǐxī

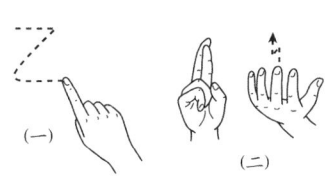

（一）一手伸食指，指尖朝前，书空"乙"字形。
（二）左手五指微曲，指尖朝上，向上动几下；右手打手指字母"X"的指式，置于左手旁，分别表示烯的部首和声母。

丙烯　bǐngxī

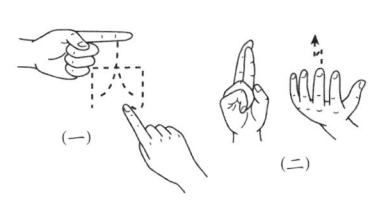

（一）左手食指横伸，手背向外；右手伸食指，指尖朝前，在左手食指下书空"丙"字的其他笔画。
（二）左手五指微曲，指尖朝上，向上动几下；右手打手指字母"X"的指式，置于左手旁，分别表示烯的部首和声母。

丁烯　dīngxī

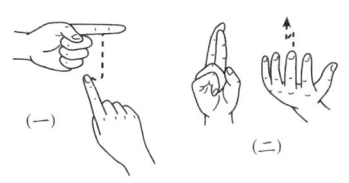

（一）左手食指横伸，手背向外；右手伸食指，指尖朝前，在左手食指下书空"亅"，仿"丁"字形。
（二）左手五指微曲，指尖朝上，向上动几下；右手打手指字母"X"的指式，置于左手旁，分别表示烯的部首和声母。

乙炔　yǐquē

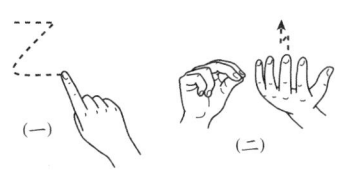

（一）一手伸食指，指尖朝前，书空"乙"字形。
（二）左手五指微曲，指尖朝上，向上动几下；右手打手指字母"Q"的指式，置于左手旁，分别表示炔的部首和声母。

丙炔　bǐngquē

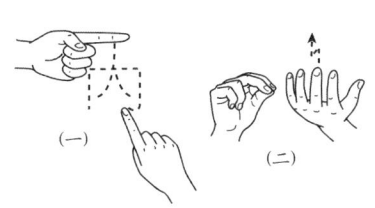

（一）左手食指横伸，手背向外；右手伸食指，指尖朝前，在左手食指下书空"丙"字的其他笔画。
（二）左手五指微曲，指尖朝上，向上动几下；右手打手指字母"Q"的指式，置于左手旁，分别表示炔的部首和声母。

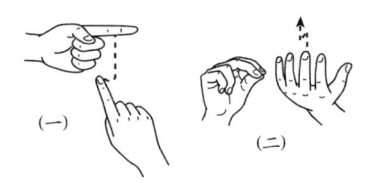

丁炔 dīngquē

（一）左手食指横伸，手背向外；右手伸食指，指尖朝前，在左手食指下书空"丨"，仿"丁"字形。

（二）左手五指微曲，指尖朝上，向上动几下；右手打手指字母"Q"的指式，置于左手旁，分别表示炔的部首和声母。

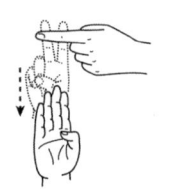

苯 běn

左手食指横伸，手背向外；右手食、中指直立分开，掌心向外，贴于左手食指，然后边向下移动边打手指字母"B"的指式，分别表示苯的部首和声母。

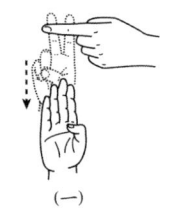 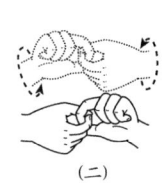

苯环 běnhuán

（一）左手食指横伸，手背向外；右手食、中指直立分开，掌心向外，贴于左手食指，然后边向下移动边打手指字母"B"的指式，分别表示苯的部首和声母。

（二）双手边转腕边拇、食指连续相互套环。

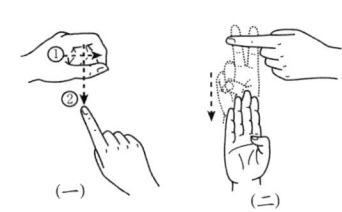

甲苯 jiǎběn

（一）左手拇、食指捏成圆形，虎口朝内；右手伸食指，在左手虎口上先横划一下，再竖划一下，仿"甲"字形。

（二）左手食指横伸，手背向外；右手食、中指直立分开，掌心向外，贴于左手食指，然后边向下移动边打手指字母"B"的指式，分别表示苯的部首和声母。

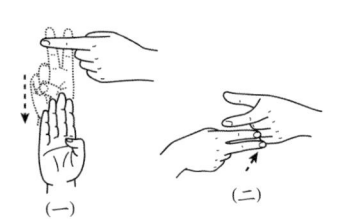

苯酚 běnfēn

（一）左手食指横伸，手背向外；右手食、中指直立分开，掌心向外，贴于左手食指，然后边向下移动边打手指字母"B"的指式，分别表示苯的部首和声母。

（二）左手拇、食指成半圆形，虎口朝上；右手打手指字母"F"的指式，碰一下左手无名、小指指背。

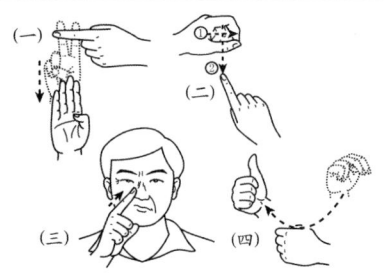

苯甲酸钠 běnjiǎsuānnà

（一）左手食指横伸，手背向外；右手食、中指直立分开，掌心向外，贴于左手食指，然后边向下移动边打手指字母"B"的指式，分别表示苯的部首和声母。

（二）左手拇、食指捏成圆形，虎口朝内；右手伸食指，在左手虎口上先横划一下，再竖划一下，仿"甲"字形。

（三）一手食指直立，在鼻翼一侧向上移动一下，同时耸鼻。

（四）左手握拳，虎口朝上；右手打手指字母"N"的指式，砸一下左手虎口后边向前移动边打手指字母"A"的指式，表示钠的元素符号和音节。

苯并芘　běnbìngbǐ

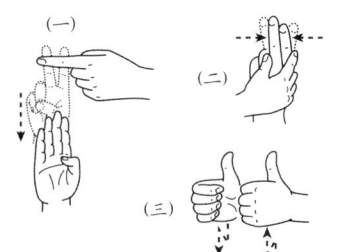

（一）左手食指横伸，手背向外；右手食、中指直立分开，掌心向外，贴于左手食指，然后边向下移动边打手指字母"B"的指式，分别表示苯的部首和声母。
（二）左手食、中指直立分开，手背向外；右手拇、食指将左手食、中指捏合。
（三）双手伸拇指，上下交替动两下。"比"与"芘"音同形近，借代。

甲酸（蚁酸①）　jiǎsuān（yǐsuān①）

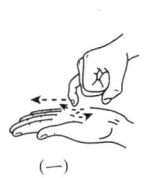 

（一）左手拇、食指捏成圆形，虎口朝内；右手伸食指，在左手虎口上先横划一下，再竖划一下，仿"甲"字形。
（二）一手食指直立，在鼻翼一侧向上移动一下，同时耸鼻。

蚁酸②　yǐsuān②

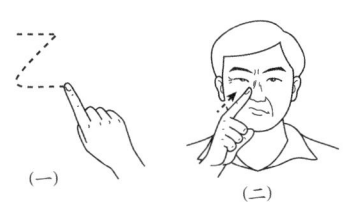

（一）左手平伸；右手伸小指，指尖朝下，在左手掌心上边弯动边向前移动。
（二）一手食指直立，在鼻翼一侧向上移动一下，同时耸鼻。

乙酸（醋酸）　yǐsuān（cùsuān）

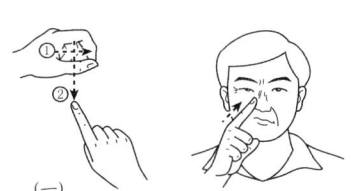

（一）一手伸食指，指尖朝前，书空"乙"字形。
（二）一手食指直立，在鼻翼一侧向上移动一下，同时耸鼻。

乙二酸（草酸①）　yǐ'èrsuān（cǎosuān①）

（一）一手伸食指，指尖朝前，书空"乙"字形。
（二）一手食、中指横伸分开，手背向外。
（三）一手食指直立，在鼻翼一侧向上移动一下，同时耸鼻。

草酸②　cǎosuān②

（一）双手食指直立，手背向内，上下交替动几下。
（二）一手食指直立，在鼻翼一侧向上移动一下，同时耸鼻。

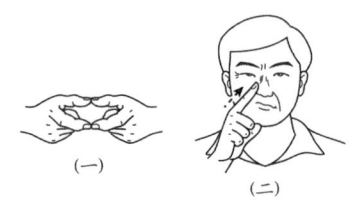

果酸 guǒsuān

（一）双手拇、食指搭成圆形，虎口朝上。
（二）一手食指直立，在鼻翼一侧向上移动一下，同时耸鼻。

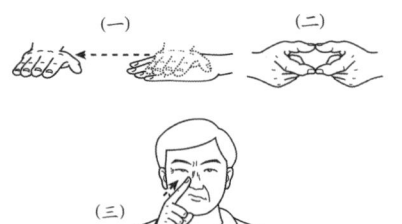

苹果酸 píngguǒsuān

（一）左手横伸；右手平伸，掌心向下，在左手背上向右移动一下。
（二）双手拇、食指搭成圆形，虎口朝上。
（三）一手食指直立，在鼻翼一侧向上移动一下，同时耸鼻。

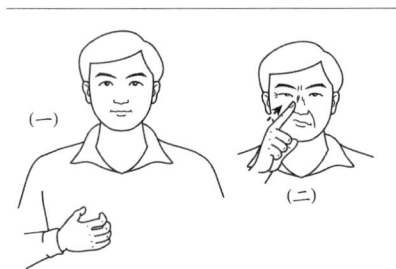

乳酸① rǔsuān ①

（一）一手五指微曲，指尖朝内，置于胸部一侧。
（二）一手食指直立，在鼻翼一侧向上移动一下，同时耸鼻。

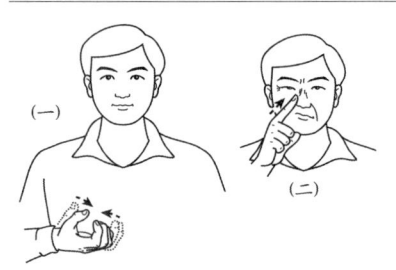

乳酸② rǔsuān ②

（一）一手五指微曲，掌心向上，置于胸部一侧，然后捏动一下。
（二）一手食指直立，在鼻翼一侧向上移动一下，同时耸鼻。

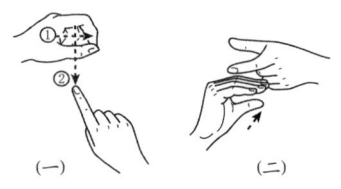

甲醇 jiǎchún

（一）左手拇、食指捏成圆形，虎口朝内；右手伸食指，在左手虎口上先横划一下，再竖划一下，仿"甲"字形。
（二）左手拇、食指成半圆形，虎口朝上；右手打手指字母"CH"的指式，碰一下左手无名、小指指背。

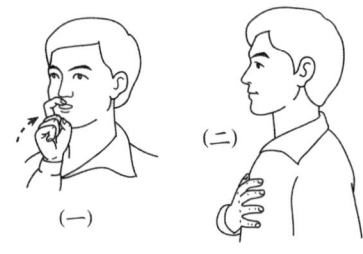

乙醇（酒精） yǐchún (jiǔjīng)

（一）一手打手指字母"J"的指式，移向嘴部，如喝酒状。
（二）一手五指微曲张开，掌心贴于胸部。

乙二醇　yǐ'èrchún

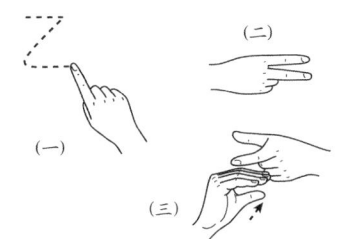

（一）一手伸食指，指尖朝前，书空"乙"字形。
（二）一手食、中指横伸分开，手背向外。
（三）左手拇、食指成半圆形，虎口朝上；右手打手指字母"CH"的指式，碰一下左手无名、小指指背。

丙三醇（甘油①）　bǐngsānchún (gānyóu①)

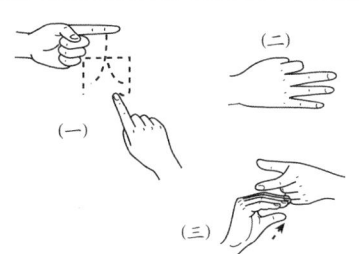

（一）左手食指横伸，手背向外；右手伸食指，指尖朝前，在左手食指下书空"丙"字的其他笔画。
（二）一手中、无名、小指横伸分开，手背向外。
（三）左手拇、食指成半圆形，虎口朝上；右手打手指字母"CH"的指式，碰一下左手无名、小指指背。

甘油②　gānyóu②

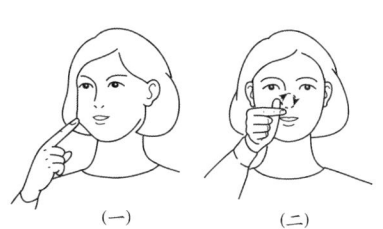

（一）一手食指指腮部，同时用舌顶起腮部，表示嘴里含着的糖。
（二）一手拇、食指搭成"十"字形，置于鼻翼一侧，微转两下。

硫醇　liúchún

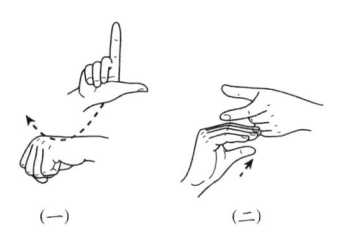

（一）左手握拳，手背向上；右手打手指字母"L"的指式，碰一下左手背后向前移动，表示硫的声母。
（二）左手拇、食指成半圆形，虎口朝上；右手打手指字母"CH"的指式，碰一下左手无名、小指指背。

乙醚　yǐmí

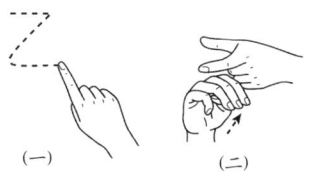

（一）一手伸食指，指尖朝前，书空"乙"字形。
（二）左手拇、食指成半圆形，虎口朝上；右手打手指字母"M"的指式，碰一下左手无名、小指指背。

甲醛（福尔马林、蚁醛）　jiǎquán (fú'ěrmǎlín、yǐquán)

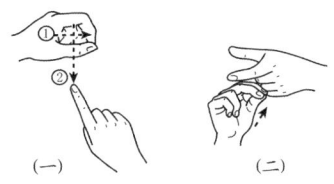

（一）左手拇、食指捏成圆形，虎口朝内；右手伸食指，在左手虎口上先横划一下，再竖划一下，仿"甲"字形。
（二）左手拇、食指成半圆形，虎口朝上；右手打手指字母"Q"的指式，碰一下左手无名、小指指背。

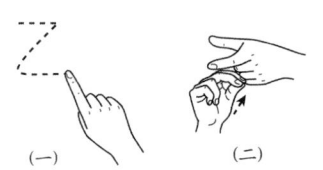

乙醛（醋醛） yǐquán (cùquán)

（一）一手伸食指，指尖朝前，书空"乙"字形。

（二）左手拇、食指成半圆形，虎口朝上；右手打手指字母"Q"的指式，碰一下左手无名、小指指背。

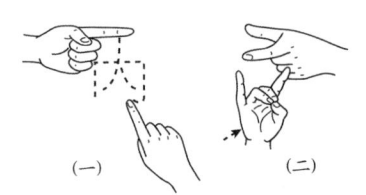

丙酮 bǐngtóng

（一）左手食指横伸，手背向外；右手伸食指，指尖朝前，在左手食指下书空"丙"字的其他笔画。

（二）左手拇、食指成半圆形，虎口朝上；右手打手指字母"T"的指式，碰一下左手无名、小指指背。

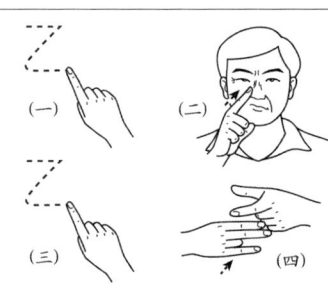

乙酸乙酯 yǐsuān-yǐzhǐ

（一）一手伸食指，指尖朝前，书空"乙"字形。

（二）一手食指直立，在鼻翼一侧向上移动一下，同时耸鼻。

（三）一手伸食指，指尖朝前，书空"乙"字形。

（四）左手拇、食指成半圆形，虎口朝上；右手打手指字母"ZH"的指式，碰一下左手无名、小指指背。

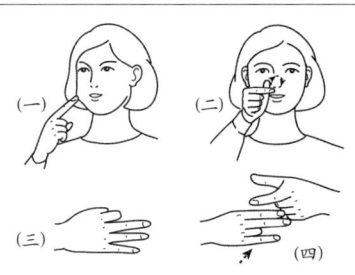

甘油三酯 gānyóu-sānzhǐ

（一）一手食指指腮部，同时用舌顶起腮部，表示嘴里含着的糖。

（二）一手拇、食指搭成"十"字形，置于鼻翼一侧，微转两下。

（三）一手中、无名、小指横伸分开，手背向外。

（四）左手拇、食指成半圆形，虎口朝上；右手打手指字母"ZH"的指式，碰一下左手无名、小指指背。

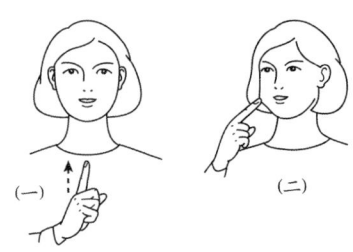

单糖 dāntáng

（一）一手食指直立，虎口贴于胸部，向上移动少许。

（二）一手食指指腮部，同时用舌顶起腮部，表示嘴里含着的糖。

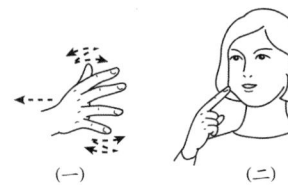

多糖 duōtáng

（一）一手侧立，五指张开，边抖动边向一侧移动。

（二）一手食指指腮部，同时用舌顶起腮部，表示嘴里含着的糖。

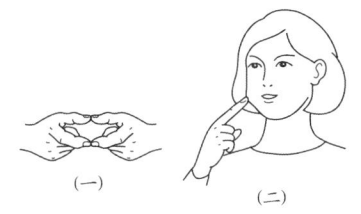

果糖 guǒtáng
（一）双手拇、食指搭成圆形，虎口朝上。
（二）一手食指指腮部，同时用舌顶起腮部，表示嘴里含着的糖。

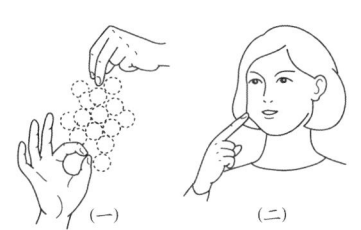

葡萄糖 pú·taotáng
（一）左手拇、食、中指相捏，指尖朝下，如提物状；右手拇、食指捏成圆形，其他三指直立分开，在左手下随意点动几下。
（二）一手食指指腮部，同时用舌顶起腮部，表示嘴里含着的糖。

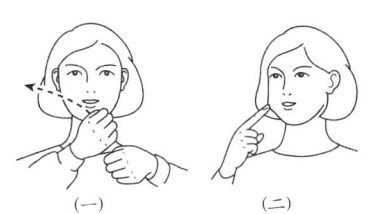

蔗糖 zhètáng
（一）双手虚握，一上一下，置于嘴边并向上移动，口微张，如啃甘蔗皮状。
（二）一手食指指腮部，同时用舌顶起腮部，表示嘴里含着的糖。

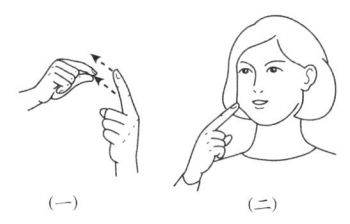

麦芽糖 màiyátáng
（一）左手食指直立微曲；右手拇、食指相捏，在左手食指不同位置向斜上方移动两下，如麦芒状。
（二）一手食指指腮部，同时用舌顶起腮部，表示嘴里含着的糖。

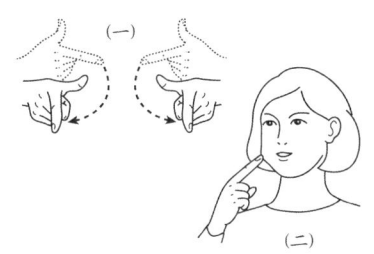

木糖 mùtáng
（一）双手伸拇、食指，虎口朝上，手腕向前转动一下。
（二）一手食指指腮部，同时用舌顶起腮部，表示嘴里含着的糖。

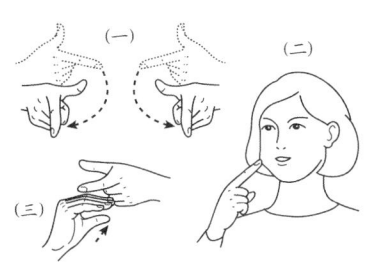

木糖醇 mùtángchún
（一）双手伸拇、食指，虎口朝上，手腕向前转动一下。
（二）一手食指指腮部，同时用舌顶起腮部，表示嘴里含着的糖。
（三）左手拇、食指成半圆形，虎口朝上；右手打手指字母"CH"的指式，碰一下左手无名、小指指背。

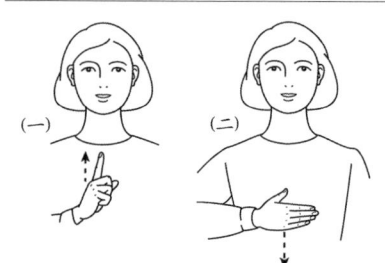

单体　dāntǐ

（一）一手食指直立，虎口贴于胸部，向上移动少许。
（二）一手掌心贴于胸部，向下移动一下。
（可根据实际表示单体）

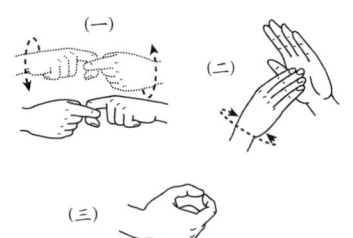

结构单元　jiégòu dānyuán

（一）双手食指弯曲，互勾两下。
（二）双手斜伸，右手指尖抵于左手掌心，并转动两下。
（三）一手拇、食指捏成圆形，虎口朝上。

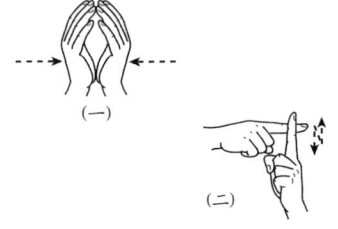

聚合度　jùhédù

（一）双手直立，掌心左右相对，五指微曲，从两侧向中间移动。
（二）左手食指直立；右手食指横贴在左手食指上，然后上下微动几下。

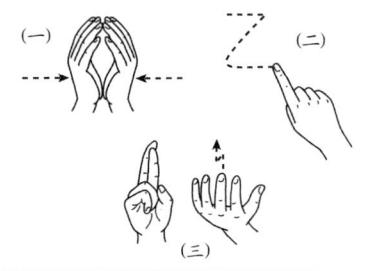

聚乙烯　jùyǐxī

（一）双手直立，掌心左右相对，五指微曲，从两侧向中间移动。
（二）一手伸食指，指尖朝前，书空"乙"字形。
（三）左手五指微曲，指尖朝上，向上动几下；右手打手指字母"X"的指式，置于左手旁，分别表示烯的部首和声母。

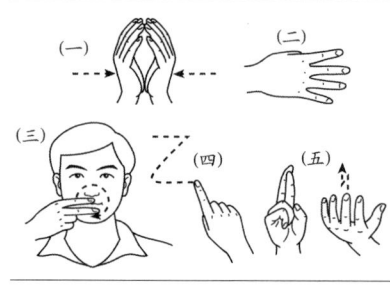

聚四氟乙烯（特氟龙①）　jùsìfú-yǐxī（tèfúlóng①）

（一）双手直立，掌心左右相对，五指微曲，从两侧向中间移动。
（二）一手食、中、无名、小指横伸分开，手背向外。
（三）一手打手指字母"F"的指式，置于鼻前，转动一小圈，表示氟的元素符号"F"。
（四）一手伸食指，指尖朝前，书空"乙"字形。
（五）左手五指微曲，指尖朝上，向上动几下；右手打手指字母"X"的指式，置于左手旁，分别表示烯的部首和声母。

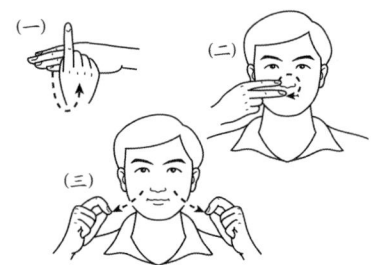

特氟龙②　tèfúlóng②

（一）左手横伸，手背向上；右手伸食指，从左手小指外侧向上伸出。
（二）一手打手指字母"F"的指式，置于鼻前，转动一小圈，表示氟的元素符号"F"。
（三）双手拇、食指相捏，从鼻下向两侧斜前方拉出，表示龙的两条长须。

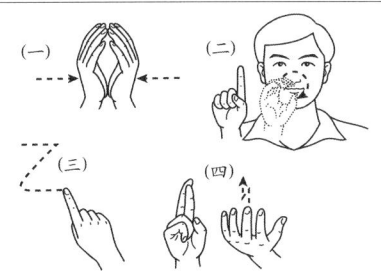

聚氯乙烯　jùlǜyǐxī

（一）双手直立，掌心左右相对，五指微曲，从两侧向中间移动。

（二）一手打手指字母"C"的指式，置于鼻前，转动一小圈，然后食指直立，掌心向外，仿英文字母"L"的小写形式，表示氯的元素符号"Cl"。

（三）一手伸食指，指尖朝前，书空"乙"字形。

（四）左手五指微曲，指尖朝上，向上动几下；右手打手指字母"X"的指式，置于左手旁，分别表示烯的部首和声母。

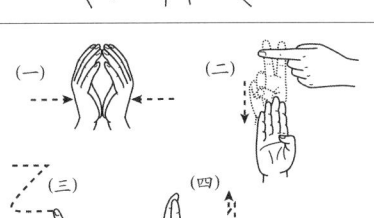

聚苯乙烯　jùběnyǐxī

（一）双手直立，掌心左右相对，五指微曲，从两侧向中间移动。

（二）左手食指横伸，手背向外；右手食、中指直立分开，掌心向外，贴于左手食指，然后边向下移动边打手指字母"B"的指式，分别表示苯的部首和声母。

（三）一手伸食指，指尖朝前，书空"乙"字形。

（四）左手五指微曲，指尖朝上，向上动几下；右手打手指字母"X"的指式，置于左手旁，分别表示烯的部首和声母。

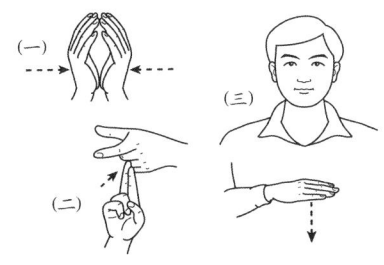

聚酰胺（尼龙①、锦纶）　jùxiān'àn (nílóng①、jǐnlún)

（一）双手直立，掌心左右相对，五指微曲，从两侧向中间移动。

（二）左手拇、食指成半圆形，虎口朝上；右手打手指字母"X"的指式，碰一下左手无名、小指指背。

（三）一手横伸，掌心向下，自胸部向下一按。"安"与"胺"音形相近，借代。

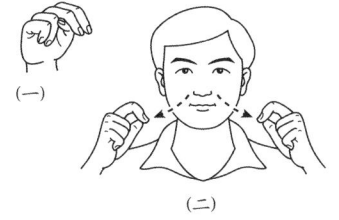

尼龙②　nílóng②

（一）一手打手指字母"N"的指式。

（二）双手拇、食指相捏，从鼻下向两侧斜前方拉出，表示龙的两条长须。

尼龙纤维　nílóng xiānwéi

（一）一手打手指字母"N"的指式。

（二）双手拇、食指相捏，从鼻下向两侧斜前方拉出，表示龙的两条长须。

（三）双手食、中、无名、小指横伸分开，拇指弯回，手背向外，边从中间向两侧移动边并拢，表示纤维的细丝。

腈纶　jīnglún

（一）左手横伸；右手五指在左手背上轻捋一下，如摸毛絮状。

（二）双手食、中、无名、小指横伸分开，拇指弯回，手背向外，边从中间向两侧移动边并拢，表示纤维的细丝。

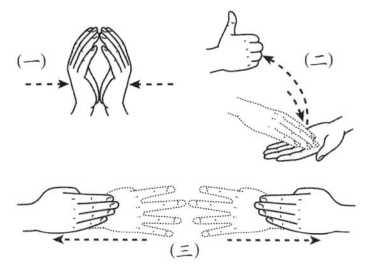

合成纤维　héchéng xiānwéi
（一）双手直立，掌心左右相对，五指微曲，从两侧向中间移动。
（二）左手横伸，掌心向上；右手先拍一下左手掌，再伸出拇指。
（三）双手食、中、无名、小指横伸分开，拇指弯回，手背向外，边从中间向两侧移动边并拢，表示纤维的细丝。

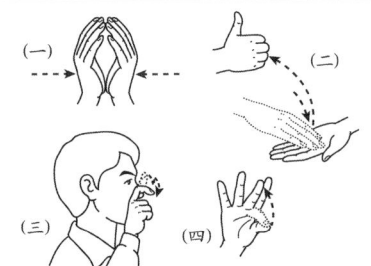

合成橡胶　héchéng xiàngjiāo
（一）双手直立，掌心左右相对，五指微曲，从两侧向中间移动。
（二）左手横伸，掌心向上；右手先拍一下左手掌，再伸出拇指。
（三）右手食指直立，置于鼻翼一侧，然后向左弯动两下。
（四）一手拇、中指相捏，指尖朝前，然后缓慢张开。

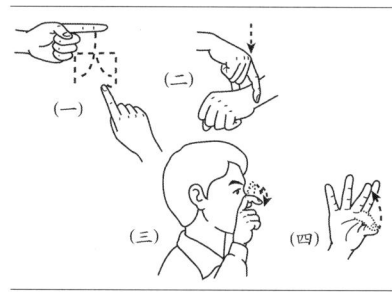

丙基橡胶　bǐngjī xiàngjiāo
（一）左手食指横伸，手背向外；右手伸食指，指尖朝前，在左手食指下书空"丙"字的其他笔画。
（二）左手握拳，手背向上；右手拇、食指张开，指尖朝下，插向左手腕两侧。
（三）右手食指直立，置于鼻翼一侧，然后向左弯动两下。
（四）一手拇、中指相捏，指尖朝前，然后缓慢张开。

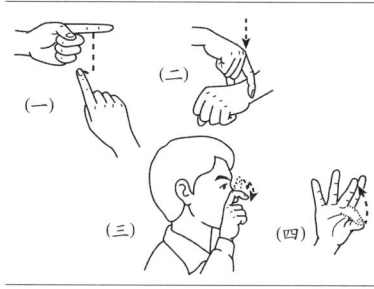

丁基橡胶　dīngjī xiàngjiāo
（一）左手食指横伸，手背向外；右手伸食指，指尖朝前，在左手食指下书空"亅"，仿"丁"字形。
（二）左手握拳，手背向上；右手拇、食指张开，指尖朝下，插向左手腕两侧。
（三）右手食指直立，置于鼻翼一侧，然后向左弯动两下。
（四）一手拇、中指相捏，指尖朝前，然后缓慢张开。

塑料（橡胶）　sùliào（xiàngjiāo）
右手食指直立，置于鼻翼一侧，然后向左弯动两下。

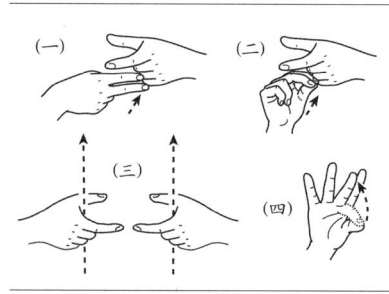

酚醛树脂　fēnquán shùzhī
（一）左手拇、食指成半圆形，虎口朝上；右手打手指字母"F"的指式，碰一下左手无名、小指指背。
（二）左手拇、食指成半圆形，虎口朝上；右手打手指字母"Q"的指式，碰一下左手无名、小指指背。
（三）双手拇、食指成大圆形，虎口朝上，同时向上移动。
（四）一手拇、中指相捏，指尖朝前，然后缓慢张开。

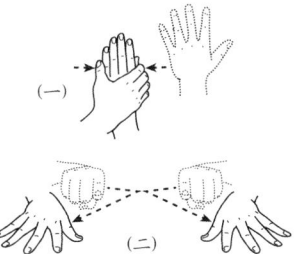

复合材料 fùhé cáiliào

（一）左手直立,手背向外,五指张开;右手将左手五指捏合。

（二）双手食指指尖朝前,手背向上,先互碰一下,再分开并张开五指。

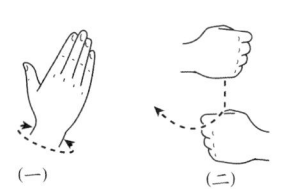

玻璃钢 bō·ligāng

（一）右手直立,掌心向左,食、中、无名、小指并拢,手腕微转几下,表示玻璃的闪光。

（二）双手握拳,虎口朝上,一上一下,右拳向下砸一下左拳,再向外移动。

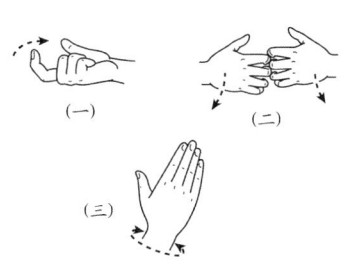

有机玻璃 yǒujī bō·li

（一）一手伸拇、食指,手背向下,拇指不动,食指向内弯动一下。

（二）双手五指弯曲,食、中、无名、小指关节交错相触,向下转动一下。

（三）右手直立,掌心向左,食、中、无名、小指并拢,手腕微转几下,表示玻璃的闪光。

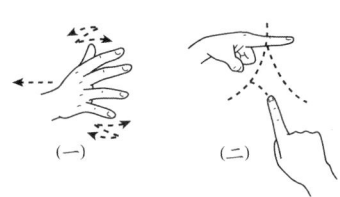

多肽 duōtài

（一）一手侧立,五指张开,边抖动边向一侧移动。

（二）左手食指横伸,手背向上;右手伸食指,指尖朝前,在左手食指上先书空"人"字,再书空"、",仿"太"字形。"太"与"肽"音同形近,借代。

氨基酸 ānjīsuān

（一）左手打手指字母"Q"的指式,指尖朝内,置于鼻孔处;右手横伸,掌心向下,自胸部向下一按。

（二）左手握拳,手背向上;右手拇、食指张开,指尖朝下,插向左手腕两侧。

（三）一手食指直立,在鼻翼一侧向上移动一下,同时耸鼻。

尿素 niàosù

（一）一手小指直立,弯动两下。

（二）一手打手指字母"S"的指式。

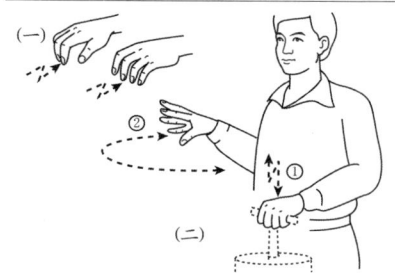

农药①　nóngyào ①

（一）双手五指弯曲，掌心向下，一前一后，向后移动两下，模仿耙地的动作。

（二）左手虚握，先在腰部上下移动，如打气状，然后右手五指微曲张开，指尖朝前，左右来回做弧形移动，如喷药水状。

农药②　nóngyào ②

（一）双手五指弯曲，掌心向下，一前一后，向后移动两下，模仿耙地的动作。

（二）口张开，一手拇、食指捏成小圆形，从嘴部移向喉部。

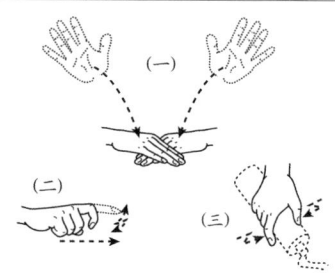

杀虫剂　shāchóngjì

（一）双手五指张开，掌心向外，边交叉向下移动边撮合，右手掌压住左手背。

（二）一手食指横伸，手背向上，边弯动边向一侧移动。

（三）右手五指弯曲，虎口朝左下方，做从瓶子中挤液体的动作。

（可根据实际表示杀虫剂的样式）

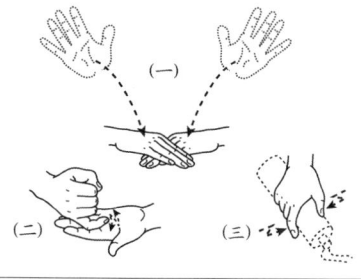

杀菌剂　shājūnjì

（一）双手五指张开，掌心向外，边交叉向下移动边撮合，右手掌压住左手背。

（二）左手横伸；右手伸小指，小指外侧贴于左手掌心上，弯动几下，表示细菌。

（三）右手五指弯曲，虎口朝左下方，做从瓶子中挤液体的动作。

（可根据实际表示杀菌剂的样式）

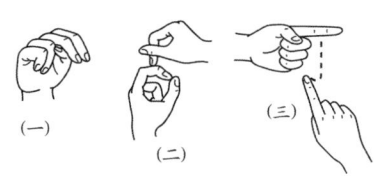

尼古丁　nígǔdīng

（一）一手打手指字母"N"的指式。

（二）双手拇、食指搭成"古"字形。

（三）左手食指横伸，手背向外；右手伸食指，指尖朝前，在左手食指下书空"亅"，仿"丁"字形。

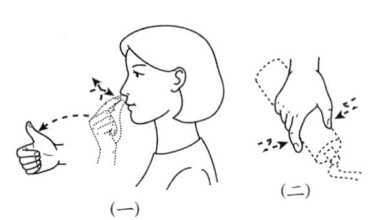

芳香剂　fāngxiāngjì

（一）一手拇、食指在鼻孔前捻动，然后伸出拇指。

（二）右手五指弯曲，虎口朝左下方，做从瓶子中挤液体的动作。

（可根据实际表示芳香剂的样式）

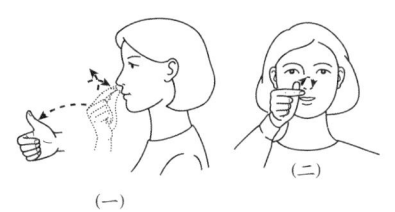

芳香油 fāngxiāngyóu

（一）一手拇、食指在鼻孔前捻动，然后伸出拇指。

（二）一手拇、食指搭成"十"字形，置于鼻翼一侧，微转两下。

（此手势也表示"香油"，可根据语境区分）

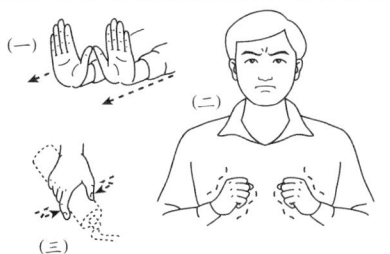

防冻剂 fángdòngjì

（一）双手直立，掌心向外一推。

（二）双手握拳屈肘，小臂颤动几下，如哆嗦状，表示冷。

（三）右手五指弯曲，虎口朝左下方，做从瓶子中挤液体的动作。

防腐剂 fángfǔjì

（一）双手直立，掌心向外一推。

（二）一手在鼻前左右扇动几下，面露厌恶的表情。

（三）一手伸小指，指尖朝上，手背向外，左右晃动几下，面露厌恶的表情。

（四）右手五指弯曲，虎口朝左下方，做从瓶子中挤液体的动作。

石蜡 shílà

（一）左手握拳；右手食、中指弯曲，以指关节在左手背上敲两下。

（二）左手握拳，虎口朝上；右手食指直立，置于左手虎口上，晃动几下，表示蜡烛的火苗。

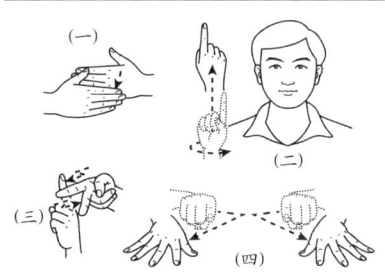

表面活性物质 biǎomiàn huóxìng wùzhì

（一）左手横立，手背向外；右手摸一下左手背。

（二）一手食指直立，边转动手腕边向上移动。

（三）左手食指直立；右手食、中指横伸，指背交替弹左手食指背。

（四）双手食指指尖朝前，手背向上，先互碰一下，再分开并张开五指。

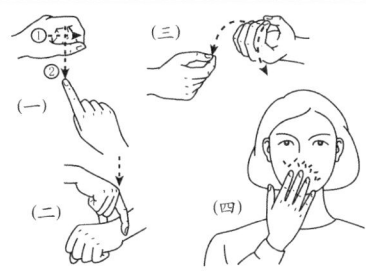

甲基橙 jiǎjīchéng

（一）左手拇、食指捏成圆形，虎口朝内；右手伸食指，在左手虎口上先横划一下，再竖划一下，仿"甲"字形。

（二）左手握拳，手背向上；右手拇、食指张开，指尖朝下，插向左手腕两侧。

（三）左手虚握，指尖朝上；右手沿左手指背向下扯，如剥橘子皮状。

（四）一手直立，掌心向内，五指张开，在嘴唇部交替点动。

甲基红　jiǎjīhóng

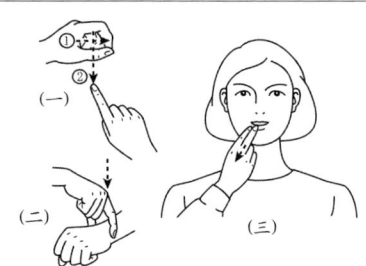

（一）左手拇、食指捏成圆形，虎口朝内；右手伸食指，在左手虎口上先横划一下，再竖划一下，仿"甲"字形。

（二）左手握拳，手背向上；右手拇、食指张开，指尖朝下，插向左手腕两侧。

（三）一手打手指字母"H"的指式，摸一下嘴唇。

石蕊　shíruǐ

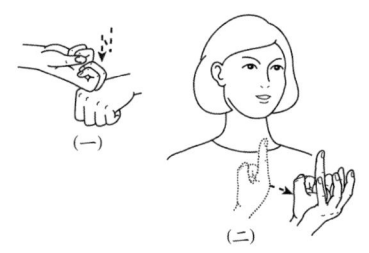

（一）左手握拳；右手食、中指弯曲，以指关节在左手背上敲两下。

（二）左手五指弯曲，指尖朝上；右手食指直立，手背贴向左手掌心。

酚酞　fēntài

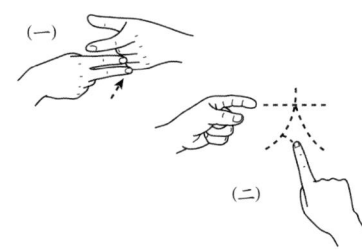

（一）左手拇、食指成半圆形，虎口朝上；右手打手指字母"F"的指式，碰一下左手无名、小指指背。

（二）左手拇、食指成半圆形，虎口朝上；右手伸食指，指尖朝前，在左手旁书空"太"字。

炸药　zhàyào

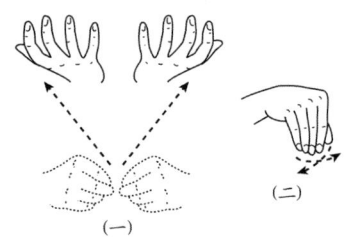

（一）双手虚握，虎口朝上，然后迅速向上弹起并张开五指，口同时张开，动作幅度要大。

（二）一手五指撮合，指尖朝下，互捻几下。

（可根据实际表示炸药的式样）

硝酸甘油　xiāosuān gānyóu

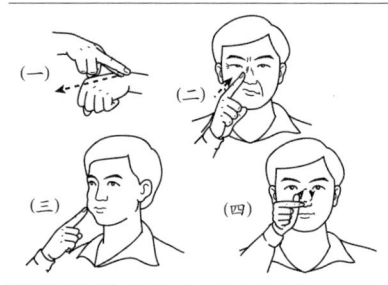

（一）左手握拳，手背向上；右手打手指字母"X"的指式，指尖朝前，在左手背上向右划动一下，表示硝的声母。

（二）一手食指直立，在鼻翼一侧向上移动一下，同时耸鼻。

（三）一手食指指腮部，同时用舌顶起腮部，表示嘴里含着的糖。

（四）一手拇、食指搭成"十"字形，置于鼻翼一侧，微转两下。

油脂　yóuzhī

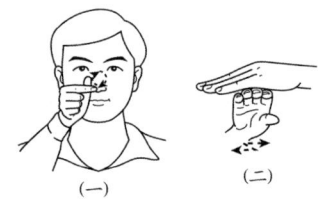

（一）一手拇、食指搭成"十"字形，置于鼻翼一侧，微转两下。

（二）左手横伸，掌心向下；右手五指成"冂"形，指尖朝前，贴于左手掌心，然后左右微动几下，表示皮下脂肪。

四、化学实验

1. 一般词汇

实验① shíyàn ①
　　一手伸拇、小指，指尖朝上，拇指置于鼻翼一侧，小指弯动两下。
　　（"实验"的手语存在地域差异，可根据实际选择使用）

实验② shíyàn ②
　　一手直立，掌心向内，置于面前，五指张开，交替点动几下。
　　（"实验"的手语存在地域差异，可根据实际选择使用）

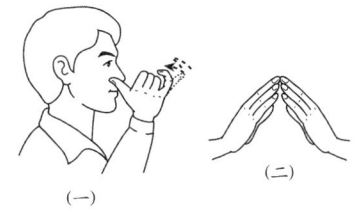

实验室 shíyànshì
　　（一）一手伸拇、小指，指尖朝上，拇指置于鼻翼一侧，小指弯动两下。
　　（二）双手搭成"∧"形。

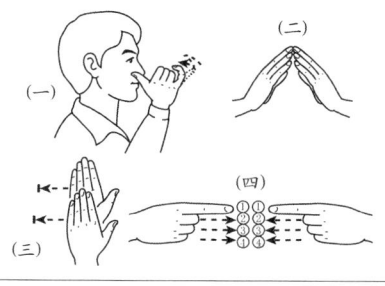

实验室规则 shíyànshì guīzé
　　（一）一手伸拇、小指，指尖朝上，拇指置于鼻翼一侧，小指弯动两下。
　　（二）双手搭成"∧"形。
　　（三）双手直立，掌心左右相对，向前一顿。
　　（四）双手握拳，手背向外，虎口朝上，同时依次伸出食、中、无名、小指。

实验设计 shíyàn shèjì
　　（一）一手伸拇、小指，指尖朝上，拇指置于鼻翼一侧，小指弯动两下。
　　（二）左手横伸，掌心向下；右手伸拇、食、中指，食、中指并拢，指尖朝下，沿左手小指外侧划动两下。

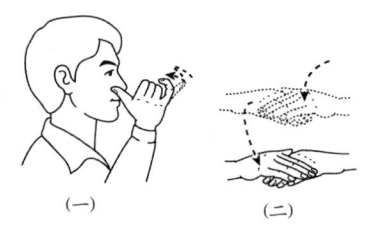

实验技能 shíyàn jìnéng

（一）一手伸拇、小指，指尖朝上，拇指置于鼻翼一侧，小指弯动两下。

（二）双手横伸，掌心向下，互拍手背。

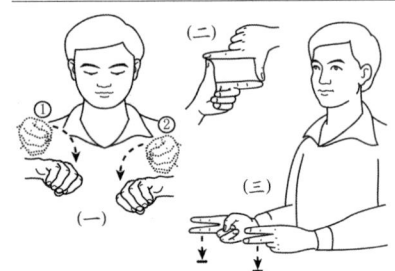

操作方法 cāozuò fāngfǎ

（一）双手虚握，虎口朝斜上方，交替向下转腕，如倒试剂做化学实验状。

（二）双手拇、食指搭成"□"形。

（三）双手打手指字母"F"的指式，指尖朝前，向下一顿。

（可根据实际表示化学实验的操作方法）

试剂 shìjì

（一）一手伸拇、小指，指尖朝上，拇指置于鼻翼一侧，小指弯动一下。

（二）右手五指弯曲，虎口朝左下方，做从瓶子中挤液体的动作。

（可根据实际表示试剂的样式）

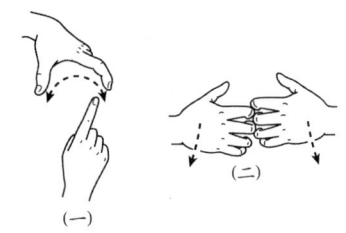

仪器 yíqì

（一）左手拇、食指成"∩"形，虎口朝右前方；右手伸食指，在左手虎口下左右摆动，如仪表指针显示状。

（二）双手五指弯曲，食、中、无名、小指关节交错相触，向下转动一下。

（可根据实际表示仪器的形状）

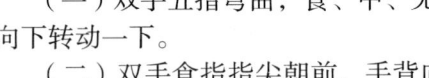

器材（设备） qìcái (shèbèi)

（一）双手五指弯曲，食、中、无名、小指关节交错相触，向下转动一下。

（二）双手食指指尖朝前，手背向上，先互碰一下，再分开并张开五指。

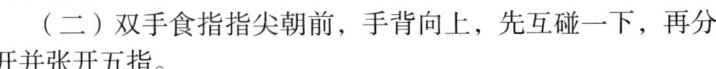

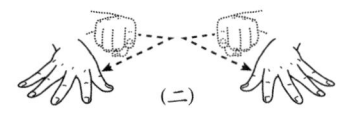

设施 shèshī

（一）双手食指指尖朝前，手背向上，先互碰一下，再分开并张开五指。

（二）一手五指弯曲，掌心向下，在腹前任意移动几下。

（可根据实际表示具体的设施）

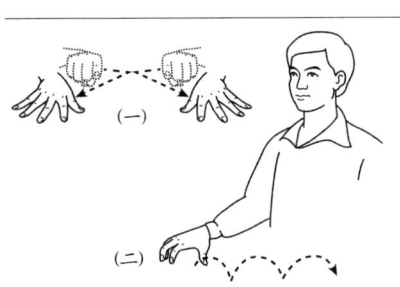

防护用具 fánghù yòngjù

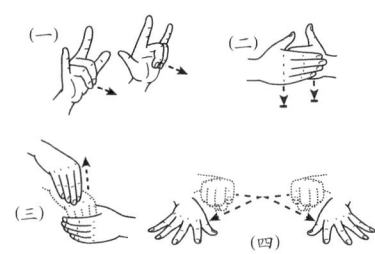

（一）双手拇、食、小指直立，掌心向外一推。
（二）左手伸拇指；右手横立，掌心向内，五指微曲，置于左手前，然后双手同时向下一顿。
（三）左手五指成"⊂"形，虎口朝上；右手五指撮合，指尖朝下，从左手虎口内抽出。
（四）双手食指指尖朝前，手背向上，先互碰一下，再分开并张开五指。

护目镜 hùmùjìng

双手五指成"⊂⊃"形，虎口朝内，置于双眼，仿护目镜的外形。

安全图标 ānquán túbiāo

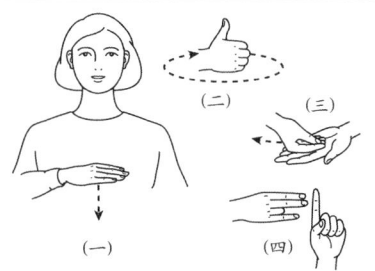

（一）一手横伸，掌心向下，自胸部向下一按。
（二）一手伸拇指，顺时针平行转动一圈。
（三）左手横伸；右手五指撮合，指背在左手掌心上抹一下。
（四）左手食指直立；右手打手指字母"ZH"的指式，指向左手食指。
（可根据实际表示安全图标的样式和内容）

可燃物 kěránwù

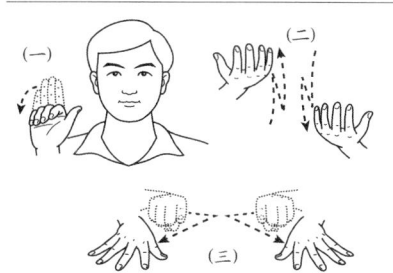

（一）一手直立，掌心向外，然后食、中、无名、小指弯动一下。
（二）双手五指微曲，指尖朝上，上下交替动几下，如火苗跳动状。
（三）双手食指指尖朝前，手背向上，先互碰一下，再分开并张开五指。

易燃物 yìránwù

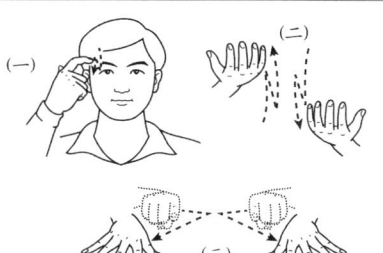

（一）一手伸拇、食指，食指尖在太阳穴向下弯动两下。
（二）双手五指微曲，指尖朝上，上下交替动几下，如火苗跳动状。
（三）双手食指指尖朝前，手背向上，先互碰一下，再分开并张开五指。

易爆物 yìbàowù

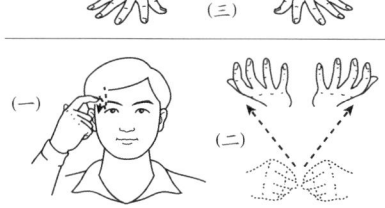
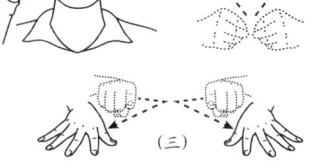

（一）一手伸拇、食指，食指尖在太阳穴向下弯动两下。
（二）双手虚握，虎口朝上，然后迅速向上弹起并张开五指，口同时张开，动作幅度要大。
（三）双手食指指尖朝前，手背向上，先互碰一下，再分开并张开五指。

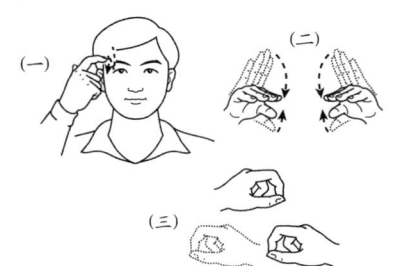

易耗品 yìhàopǐn

（一）一手伸拇、食指，食指尖在太阳穴向下弯动两下。

（二）双手直立，掌心向斜前方，拇指张开，其他四指向下弯动，表示减少。

（三）双手拇、食指捏成圆形，虎口朝内，左手在上不动，右手在下连打两下，仿"品"字形。

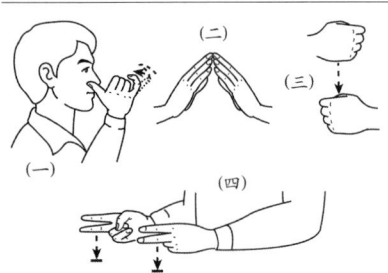

实验室制法 shíyànshì zhìfǎ

（一）一手伸拇、小指，指尖朝上，拇指置于鼻翼一侧，小指弯动两下。

（二）双手搭成"∧"形。

（三）双手握拳，一上一下，右拳向下砸一下左拳。

（四）双手打手指字母"F"的指式，指尖朝前，向下一顿。

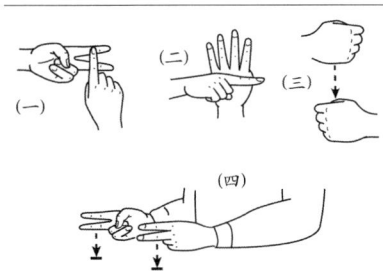

工业制法 gōngyè zhìfǎ

（一）左手食、中指与右手食指搭成"工"字形。

（二）左手食、中、无名、小指直立分开，手背向外；右手食指横伸，置于左手四指根部，仿"业"字形。

（三）双手握拳，一上一下，右拳向下砸一下左拳。

（四）双手打手指字母"F"的指式，指尖朝前，向下一顿。

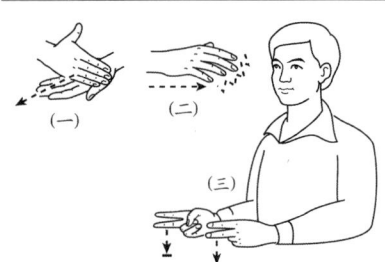

排水法（排水集气法） páishuǐfǎ (páishuǐ jíqìfǎ)

（一）左手横伸；右手侧立，置于左手掌心上，然后用力向左手指尖方向划动。

（二）一手横伸，掌心向下，五指张开，边交替点动边向一侧移动。

（三）双手打手指字母"F"的指式，指尖朝前，向下一顿。

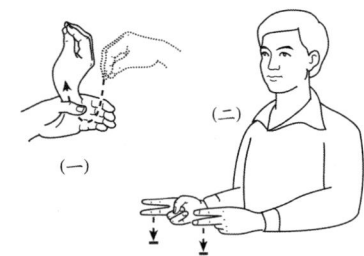

向上排空气法 xiàngshàng páikōngqìfǎ

（一）左手五指成半圆形，虎口朝上；右手打手指字母"Q"的指式，指尖朝下，从左手虎口右上部移入，再指尖朝上，从左手虎口左上部移出。

（二）双手打手指字母"F"的指式，指尖朝前，向下一顿。

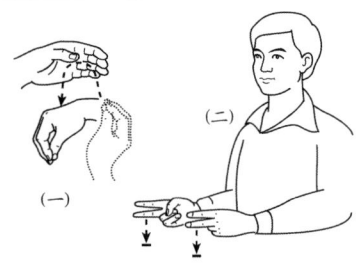

向下排空气法 xiàngxià páikōngqìfǎ

（一）左手五指成半圆形，虎口朝上；右手打手指字母"Q"的指式，指尖朝上，从左手虎口右下部移入，再指尖朝下，从左手虎口左下部移出。

（二）双手打手指字母"F"的指式，指尖朝前，向下一顿。

四、化学实验 125

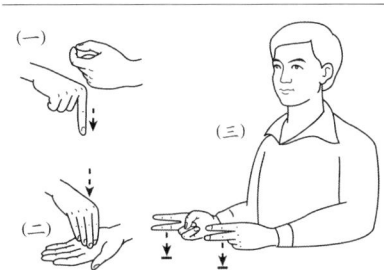

滴定法 dīdìngfǎ

（一）左手拇、食指捏成圆形，虎口朝上；右手伸食指，指尖朝下，在左手下向下点动一下。

（二）左手横伸；右手五指撮合，指尖朝下，按向左手掌心。

（三）双手打手指字母"F"的指式，指尖朝前，向下一顿。

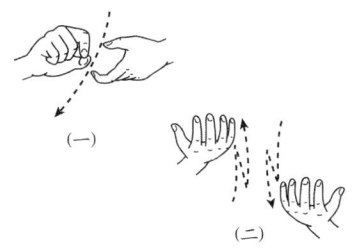

点燃（点火） diǎnrán（diǎnhuǒ）

（一）左手拇、食指张开，如捏火柴盒状；右手拇、食指相捏，做擦火柴的动作。

（二）双手五指微曲，指尖朝上，上下交替动几下，如火苗跳动状。

（可根据实际表示点火的方式）

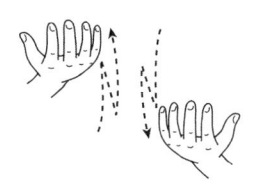

火（燃烧） huǒ（ránshāo）

双手五指微曲，指尖朝上，上下交替动几下，如火苗跳动状。

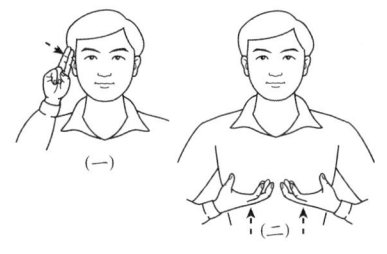

常温 chángwēn

（一）一手食、中指直立并拢，掌心向外，向太阳穴碰一下。

（二）双手横伸，掌心向上，五指微曲，从腹部缓慢上移。

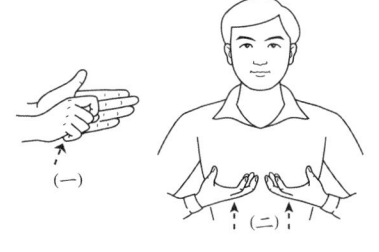

加热 jiārè

（一）左手侧立；右手拇、食指捏成圆形，虎口朝左，贴向左手掌心。

（二）双手横伸，掌心向上，五指微曲，从腹部缓慢上移。

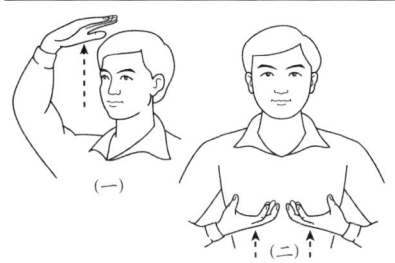

高温 gāowēn

（一）一手横伸，掌心向下，向上移过头顶。

（二）双手横伸，掌心向上，五指微曲，从腹部缓慢上移。

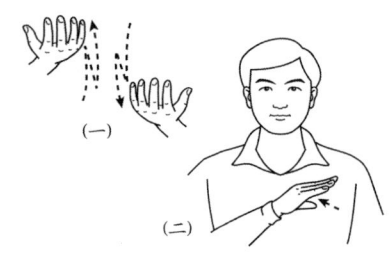

充分燃烧（完全燃烧）
chōngfèn ránshāo（wánquán ránshāo）

（一）双手五指微曲，指尖朝上，上下交替动几下，如火苗跳动状。
（二）右手五指成"⊿"形，虎口朝内，碰向左胸部。

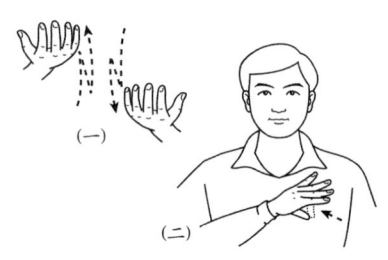

不充分燃烧（不完全燃烧）
bùchōngfèn ránshāo（bùwánquán ránshāo）

（一）双手五指微曲，指尖朝上，上下交替动几下，如火苗跳动状。
（二）一手拇、食指相捏，虎口朝内，边碰向左胸部边张开。

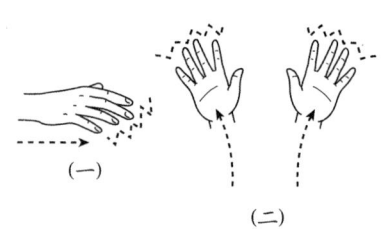

蒸发 zhēngfā

（一）一手横伸，掌心向下，五指张开，边交替点动边向一侧移动。
（二）双手直立，掌心向外，五指张开，边交替点动边向上移动，表示液体挥发。

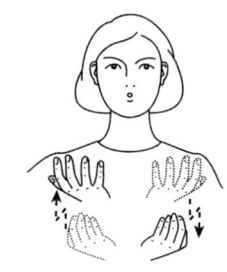

沸腾 fèiténg

双手五指撮合，指尖朝上，边上下微移边交替做开合的动作，嘴同时鼓起吹气，表示沸腾的液体在冒泡。

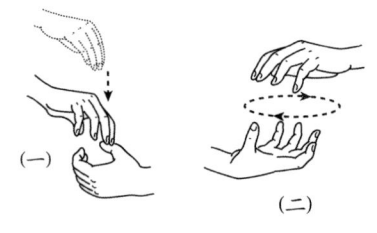

掺杂 chānzá

（一）左手五指成半圆形，虎口朝上；右手五指撮合，指尖朝下，向左手虎口做撒东西的动作。
（二）双手五指弯曲，指尖上下相对，交替平行转动两下。

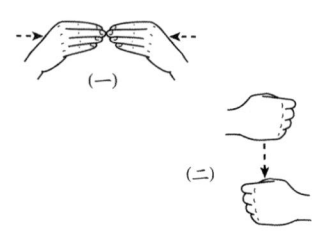

配制 pèizhì

（一）双手五指撮合，手背向外，指尖互碰一下。
（二）双手握拳，一上一下，右拳向下砸一下左拳。

四、化学实验　127

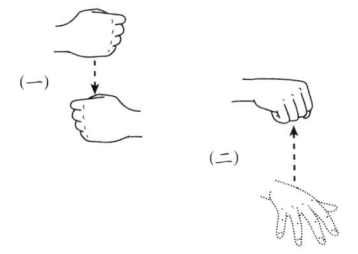

制取　zhìqǔ
（一）双手握拳，一上一下，右拳向下砸一下左拳。
（二）一手五指张开，指尖朝下，边向上移动边握拳。

提取（提炼）　tíqǔ（tíliàn）
左手横伸，五指微曲；右手五指张开，指尖朝下，边从左手掌心上向上移动边握拳。

提取物　tíqǔwù
（一）左手横伸，五指微曲；右手五指张开，指尖朝下，边从左手掌心上向上移动边握拳。
（二）双手食指指尖朝前，手背向上，先互碰一下，再分开并张开五指。

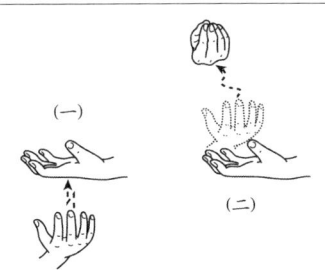

蒸馏　zhēngliú
（一）左手横伸，掌心向上，五指微曲；右手五指微曲，指尖朝上，在左手下方向上动几下。
（二）左手横伸，掌心向上，五指微曲；右手五指微曲，指尖朝上，从左手上边向上晃动边撮合，表示水蒸气逐渐冷却，凝聚成水。

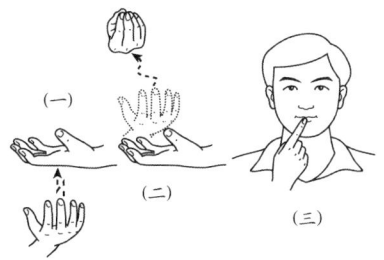

蒸馏水　zhēngliúshuǐ
（一）左手横伸，掌心向上，五指微曲；右手五指微曲，指尖朝上，在左手下方向上动几下。
（二）左手横伸，掌心向上，五指微曲；右手五指微曲，指尖朝上，从左手上边向上晃动边撮合，表示水蒸气逐渐冷却，凝聚成水。
（三）一手伸食指，指尖贴于下嘴唇。

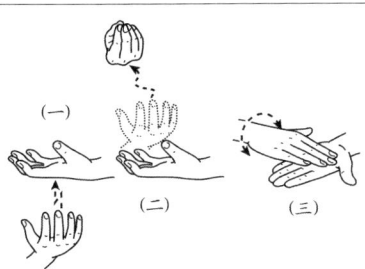

分馏　fēnliú
（一）左手横伸，掌心向上，五指微曲；右手五指微曲，指尖朝上，在左手下方向上动几下。
（二）左手横伸，掌心向上，五指微曲；右手五指微曲，指尖朝上，从左手上边向上晃动边撮合，表示水蒸气逐渐冷却，凝聚成水。
（三）左手横伸；右手平伸，掌心向下，贴于左手掌心，然后翻转几下。

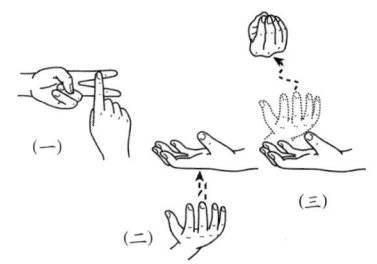

干馏 gānliú

（一）左手食、中指与右手食指搭成"干"字形。

（二）左手横伸，掌心向上，五指微曲；右手五指微曲，指尖朝上，在左手下方向上动几下。

（三）左手横伸，掌心向上，五指微曲；右手五指微曲，指尖朝上，从左手上边向上晃动边撮合，表示水蒸气逐渐冷却，凝聚成水。

振荡 zhèndàng

一手拇、食、中指虚捏，虎口朝上，微晃两下，模仿晃动试管中的液体的动作。

（可根据实际表示振荡的动作）

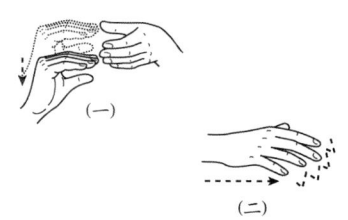

分液 fēnyè

（一）左手五指成半圆形，虎口朝上；右手五指成"⊐"形，虎口朝内，先与左手上端齐平，再向下移动一下。

（二）一手横伸，掌心向下，五指张开，边交替点动边向一侧移动。

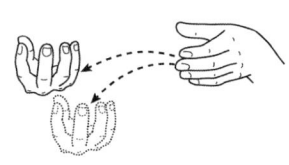

分离 fēnlí

左手五指成半圆形，虎口朝上；右手五指弯曲，指尖朝上，从左手旁向不同方向移动几下，表示从一种物质中分离出其他物质。

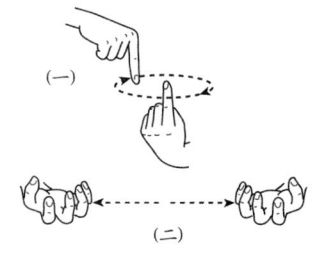

离心分离 líxīn fēnlí

（一）左手食指直立；右手伸食指，指尖朝下，绕左手食指快速转动几圈。

（二）双手五指弯曲，指尖朝上，从中间向两侧移动。

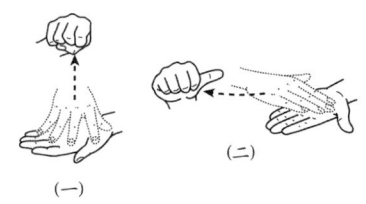

提纯 tíchún

（一）左手横伸，五指微曲；右手五指张开，指尖朝下，边从左手掌心上向上移动边握拳。

（二）左手横伸；右手平伸，掌心向下，贴于左手掌心，边向左手指尖方向移动边弯曲食、中、无名、小指，指尖抵于掌心。

分层① fēncéng①

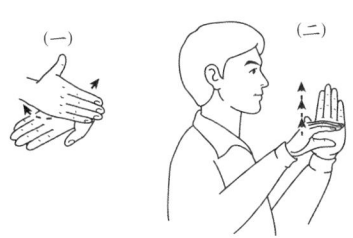

（一）左手横伸；右手侧立，置于左手掌心上，并左右拨动一下。

（二）左手直立，掌心向右；右手五指成"⊐"形，指尖朝前，虎口贴于左手掌心，向上一顿一顿移动几下。

分层② fēncéng②

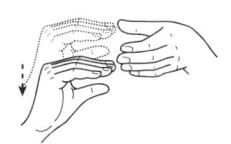

左手五指成半圆形，虎口朝上；右手五指成"⊐"形，虎口朝内，先与左手上端齐平，再向下移动一下。

萃取 cuìqǔ

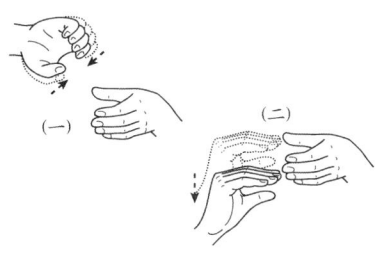

（一）左手五指成半圆形，虎口朝上；右手五指弯曲，虎口朝向左手虎口，捏动一下。

（二）左手五指成半圆形，虎口朝上；右手五指成"⊐"形，虎口朝内，先与左手上端齐平，再向下移动一下。

过滤 guòlǜ

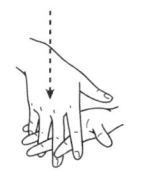

左手横伸，掌心向上，五指张开；右手五指张开，指尖朝下，插入左手各指指缝间。

滤液 lǜyè

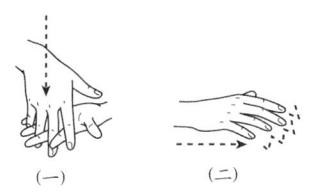

（一）左手横伸，掌心向上，五指张开；右手五指张开，指尖朝下，插入左手各指指缝间。

（二）一手横伸，掌心向下，五指张开，边交替点动边向一侧移动。

沉淀 chéndiàn

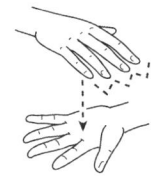

左手横伸，掌心向上，五指张开；右手平伸，手背向上，五指张开，在左手上方边交替点动边缓慢下移。

沉降　chénjiàng
左手横伸，掌心向下，五指张开，交替点动几下；右手五指张开，指尖朝上，在左手下方边向下移动边握拳。

稀释　xīshì
左手伸拇、食指，食指尖朝下，先向下点动一下；右手伸食指，指尖朝下，随之转动几下。

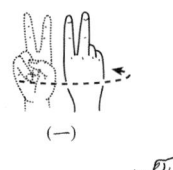

淡化　dànhuà
（一）一手食、中指直立分开，由掌心向外翻转为掌心向内。
（二）双手平伸，手背向下，拇、中指先相捏，再弹开。

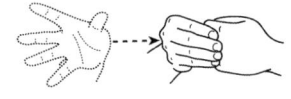

吸附　xīfù
左手握拳，手背向外，虎口朝上；右手五指张开，掌心向外，然后边移向左拳边撮合。

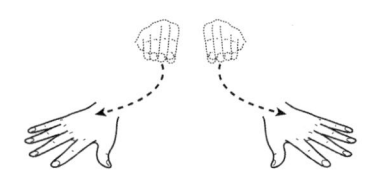

扩散　kuòsàn
双手五指撮合，指尖朝前，手背向上，边向两侧做弧形移动边张开。
（可根据实际表示扩散的意思）

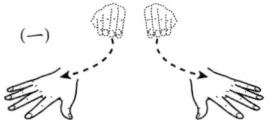

扩散过程　kuòsàn guòchéng
（一）双手五指撮合，指尖朝前，手背向上，边向两侧做弧形移动边张开。
（二）左手侧立，五指张开；右手伸拇、小指，从左手拇指转向左手小指。

四、化学实验　131

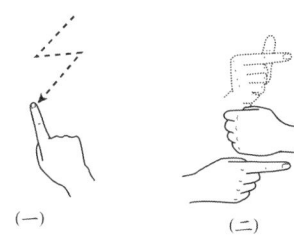

电极　diànjí
（一）一手食指书空"彡"形。
（二）左手握拳，手背向外，虎口朝上；右手拇、食指搭成"+"形，先置于左拳上方，再食指横伸，手背向外，置于左拳下方。

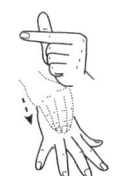

阳极　yángjí
左手拇、食指搭成"+"形；右手五指撮合，指尖朝下，置于左手下，然后边向斜下方移动边张开，表示在电解池中阳极与正极相连。

阴极　yīnjí
左手食指横伸，手背向外；右手小指直立，置于左手下，转动两圈，表示在电解池中阴极与负极相连。

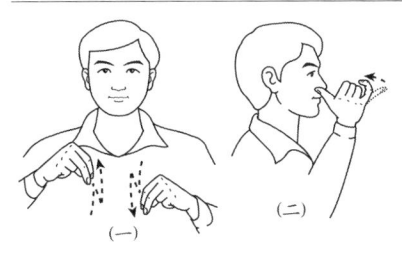

检测　jiǎncè
（一）双手拇、食、中指相捏，指尖朝下，上下交替动两下。
（二）一手伸拇、小指，指尖朝上，拇指置于鼻翼一侧，小指弯动一下。

 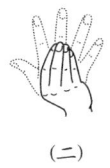

分类（分组）　fēnlèi (fēnzǔ)
（一）左手横伸；右手侧立，置于左手掌心上，并左右拨动一下。
（二）一手五指张开，指尖朝上，然后撮合。

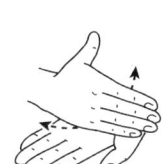

分析　fēnxī
左手横伸；右手侧立，置于左手掌心上，并左右拨动两下。

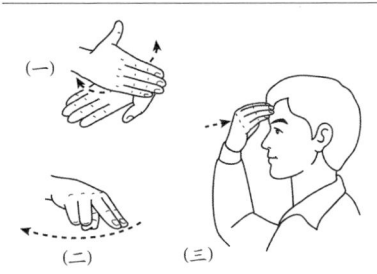

分析化学 fēnxī huàxué
（一）左手横伸；右手侧立，置于左手掌心上，并左右拨动两下。
（二）一手打手指字母"H"的指式，指尖朝前斜下方，平行划动一下。
（三）一手五指撮合，指尖朝内，按向前额。

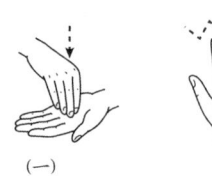

定量 dìngliàng
（一）左手横伸；右手五指撮合，指尖朝下，按向左手掌心。
（二）一手直立，掌心向内，五指张开，交替点动几下。

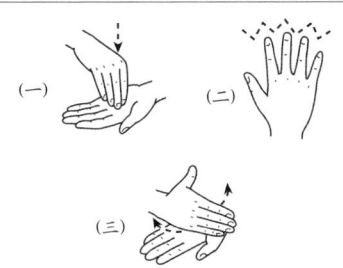

定量分析 dìngliàng fēnxī
（一）左手横伸；右手五指撮合，指尖朝下，按向左手掌心。
（二）一手直立，掌心向内，五指张开，交替点动几下。
（三）左手横伸；右手侧立，置于左手掌心上，并左右拨动两下。

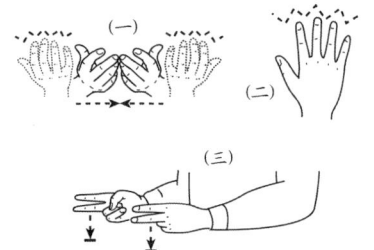

计量法 jìliàngfǎ
（一）双手五指微曲，掌心向上，边交替点动边互碰。
（二）一手直立，掌心向内，五指张开，交替点动几下。
（三）双手打手指字母"F"的指式，指尖朝前，向下一顿。

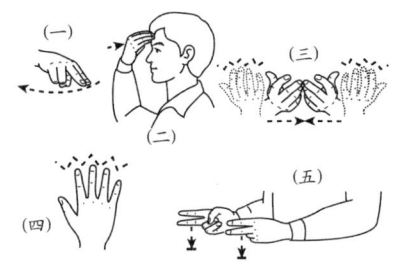

化学计量法 huàxué jìliàngfǎ
（一）一手打手指字母"H"的指式，指尖朝前斜下方，平行划动一下。
（二）一手五指撮合，指尖朝内，按向前额。
（三）双手五指微曲，掌心向上，边交替点动边互碰。
（四）一手直立，掌心向内，五指张开，交替点动几下。
（五）双手打手指字母"F"的指式，指尖朝前，向下一顿。

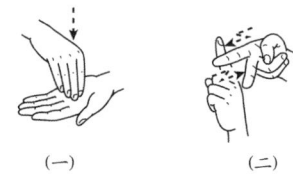

定性 dìngxìng
（一）左手横伸；右手五指撮合，指尖朝下，按向左手掌心。
（二）左手食指直立；右手食、中指横伸，指背交替弹左手食指背。

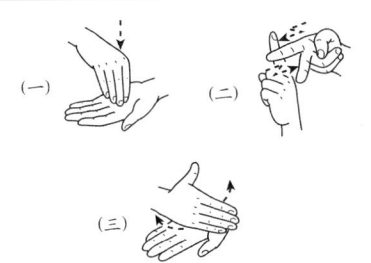

定性分析　dìngxìng fēnxī

（一）左手横伸；右手五指撮合，指尖朝下，按向左手掌心。

（二）左手食指直立；右手食、中指横伸，指背交替弹左手食指背。

（三）左手横伸；右手侧立，置于左手掌心上，并左右拨动两下。

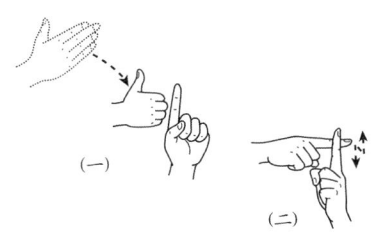

准确度　zhǔnquèdù

（一）左手食指直立；右手食、中、无名、小指并拢，指尖朝前上方，边向左手食指移动边缩回，拇指伸出。

（二）左手食指直立；右手食指横贴在左手食指上，然后上下微动几下。

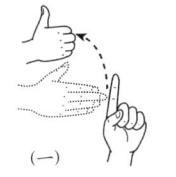 

精确度　jīngquèdù

（一）左手食指直立；右手食、中、无名、小指并拢，指尖对准左手食指，边向后一抬边缩回，拇指伸出。

（二）左手食指直立；右手食指横贴在左手食指上，然后上下微动几下。

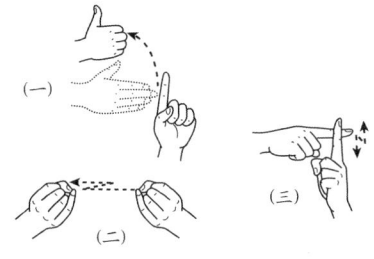

精密度　jīngmìdù

（一）左手食指直立；右手食、中、无名、小指并拢，指尖对准左手食指，边向后一抬边缩回，拇指伸出。

（二）双手拇、小指相捏，左手不动，右手向右拉动两下，表示非常细致。

（三）左手食指直立；右手食指横贴在左手食指上，然后上下微动几下。

废气　fèiqì

（一）右手伸小指，指尖朝左，向外甩动一下。

（二）一手打手指字母"Q"的指式，指尖朝内，置于鼻孔处。

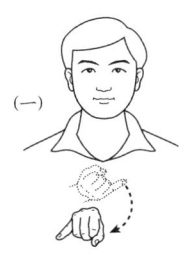 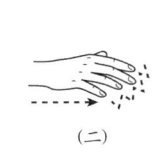

废水　fèishuǐ

（一）右手伸小指，指尖朝左，向外甩动一下。

（二）一手横伸，掌心向下，五指张开，边交替点动边向一侧移动。

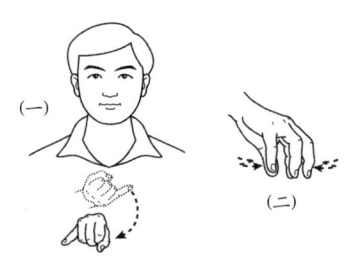

废渣 fèizhā

（一）右手伸小指，指尖朝左，向外甩动一下。
（二）一手五指弯曲，指尖朝下，捏动两下。
（可根据实际表示废渣）

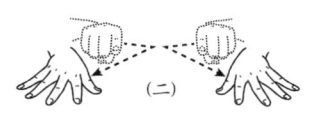

杂质 zázhì

（一）双手五指弯曲，指尖左右相对，前后交替转动几下。
（二）双手食指指尖朝前，手背向上，先互碰一下，再分开并张开五指。

2. 实验试剂与仪器

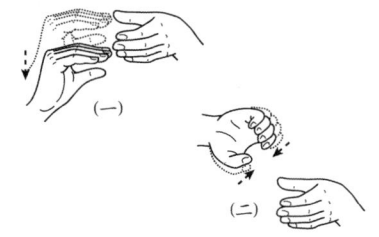

萃取剂 cuìqǔjì

（一）左手五指成半圆形，虎口朝上；右手五指成"⊐"形，虎口朝内，先与左手上端齐平，再向下移动一下。
（二）左手五指成半圆形，虎口朝上；右手五指弯曲，虎口朝向左手虎口，捏动一下。

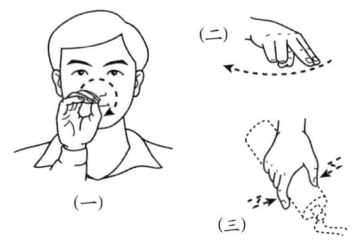

氧化剂 yǎnghuàjì

（一）一手打手指字母"O"的指式，置于鼻前，转动一小圈，表示氧的元素符号"O"。
（二）一手打手指字母"H"的指式，指尖朝前斜下方，平行划动一下。
（三）右手五指弯曲，虎口朝左下方，做从瓶子中挤液体的动作。
（可根据实际表示氧化剂的样式）

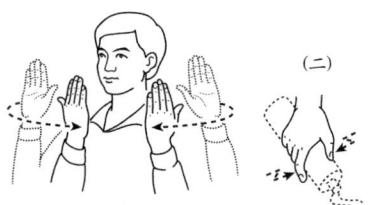

还原剂 huányuánjì

（一）双手直立，掌心向外，然后边向前做弧形移动边翻转为掌心向内。
（二）右手五指弯曲，虎口朝左下方，做从瓶子中挤液体的动作。
（可根据实际表示还原剂的样式）

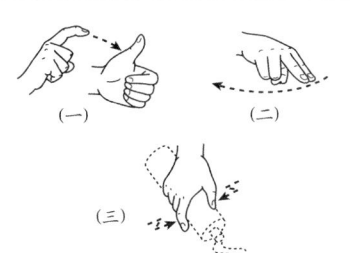

催化剂 cuīhuàjì

（一）左手伸拇指；右手食指微曲，指尖朝左手拇指点一下。
（二）一手打手指字母"H"的指式，指尖朝前斜下方，平行划动一下。
（三）右手五指弯曲，虎口朝左下方，做从瓶子中挤液体的动作。
（可根据实际表示催化剂的样式）

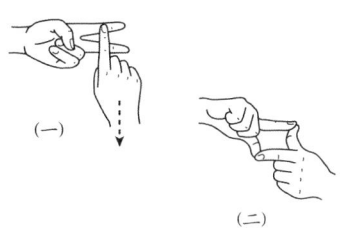

干燥剂 gānzàojì

（一）左手食、中指与右手食指搭成"干"字形，右手食指向下移动一下。
（二）双手拇、食指搭成小"口"形。
（可根据实际表示干燥剂的样式）

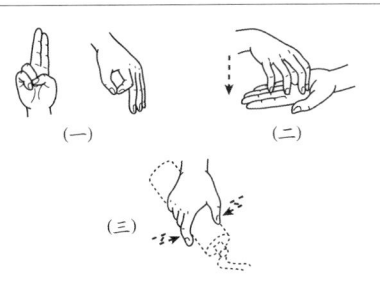

缓冲剂 huǎnchōngjì

（一）左手打手指字母"P"的指式；右手打手指字母"H"的指式。
（二）左手横伸；右手五指弯曲，指尖朝下，抵于左手掌心，向下一按。
（三）右手五指弯曲，虎口朝左下方，做从瓶子中挤液体的动作。
（可根据实际表示缓冲剂的样式）

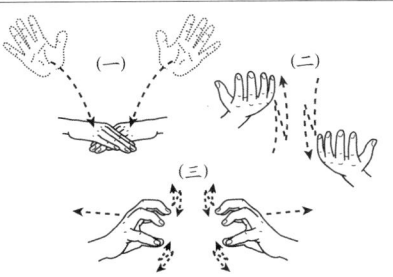

灭火剂 mièhuǒjì

（一）双手五指张开，掌心向外，边交叉向下移动边撮合，右手掌压住左手背。
（二）双手五指微曲，指尖朝上，上下交替动几下，如火苗跳动状。
（三）双手五指弯曲，指尖斜向相对，边弯动边向两侧移动，表示泡沫灭火剂。
（可根据实际表示灭火剂的样式）

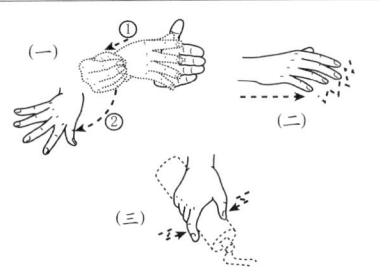

脱水剂 tuōshuǐjì

（一）左手侧立；右手五指张开，指尖抵于左手掌心，然后边向右微移边撮合，再向下一甩，五指张开。
（二）一手横伸，掌心向下，五指张开，边交替点动边向一侧移动。
（三）右手五指弯曲，虎口朝左下方，做从瓶子中挤液体的动作。
（可根据实际表示脱水剂的样式）

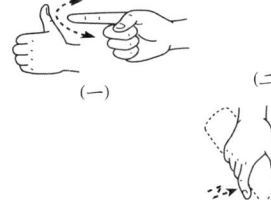

指示剂 zhǐshìjì

（一）左手伸拇指；右手伸食指，指尖朝前，在左手拇指后左右移动。
（二）右手五指弯曲，虎口朝左下方，做从瓶子中挤液体的动作。
（可根据实际表示指示剂的样式）

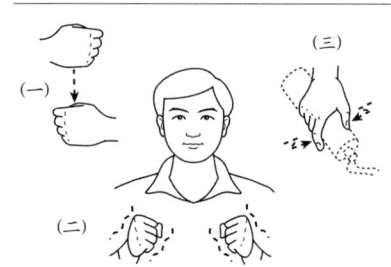

制冷剂 zhìlěngjì

（一）双手握拳，一上一下，右拳向下砸一下左拳。
（二）双手握拳屈肘，小臂颤动几下，如哆嗦状，表示冷。
（三）右手五指弯曲，虎口朝左下方，做从瓶子中挤液体的动作。
（可根据实际表示制冷剂的样式）

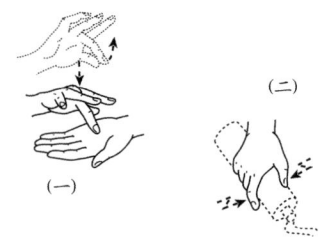

胶粘剂 jiāozhānjì

（一）左手横伸；右手拇、中指相捏，然后张开，中指贴一下左手掌心。
（二）右手五指弯曲，虎口朝左下方，做从瓶子中挤液体的动作。
（可根据实际表示胶粘剂的样式）

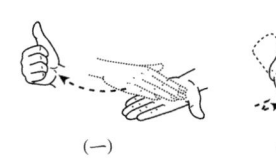

清洁剂 qīngjiéjì

（一）左手横伸；右手平伸，掌心向下，贴于左手掌心，边向左手指尖方向移动边弯曲食、中、无名、小指，指尖抵于掌心，拇指直立。
（二）右手五指弯曲，虎口朝左下方，做从瓶子中挤液体的动作。
（可根据实际表示清洁剂的样式）

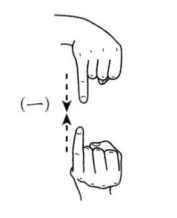

乳化剂 rǔhuàjì

（一）双手伸小指，指尖上下相对，然后对戳一下。
（二）右手五指弯曲，虎口朝左下方，做从瓶子中挤液体的动作。
（可根据实际表示乳化剂的样式）

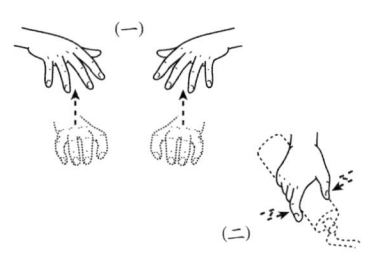

疏松剂 shūsōngjì

（一）双手五指弯曲，指尖朝下，边向上移动边张开。
（二）右手五指弯曲，虎口朝左下方，做从瓶子中挤液体的动作。
（可根据实际表示疏松剂的样式）

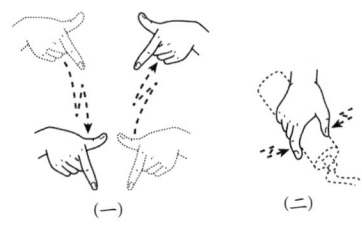

添加剂 tiānjiājì

（一）双手伸拇、食指，食指尖朝下，向下交替点动几下。
（二）右手五指弯曲，虎口朝左下方，做从瓶子中挤液体的动作。
（可根据实际表示添加剂的样式）

四、化学实验　137

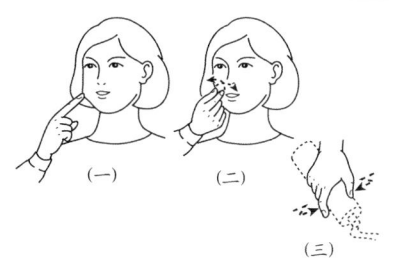

甜味剂　tiánwèijì
（一）一手食指指腮部，同时用舌顶起腮部，表示嘴里含着的糖。
（二）一手拇、食指在嘴边捻动，指尖朝上，表示有滋味。
（三）右手五指弯曲，虎口朝左下方，做从瓶子中挤液体的动作。
（可根据实际表示甜味剂的样式）

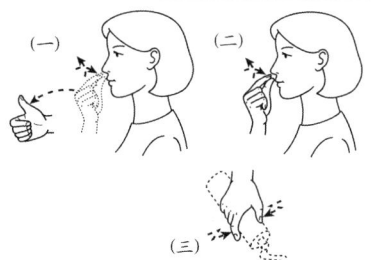

香味剂　xiāngwèijì
（一）一手拇、食指在鼻孔前捻动，然后伸出拇指。
（二）一手拇、食指在鼻孔前捻动。
（三）右手五指弯曲，虎口朝左下方，做从瓶子中挤液体的动作。
（可根据实际表示香味剂的样式）

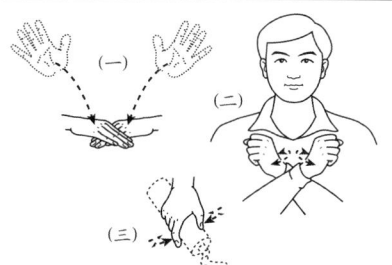

消毒液　xiāodúyè
（一）双手五指张开，掌心向外，边交叉向下移动边撮合，右手掌压住左手背。
（二）双手握拳屈肘，手腕交叉相搭，置于身前，前后微转两下。
（三）右手五指弯曲，虎口朝左下方，做从瓶子中挤液体的动作。
（可根据实际表示消毒液的样式）

表面皿　biǎomiànmǐn
（一）左手拇、食指成半圆形，虎口朝上；右手平伸，掌心向下，在左手虎口稍向右做弧形移动，表示表面皿盆底浅的特点。
（二）双手拇、食指搭成圆形，虎口朝上。

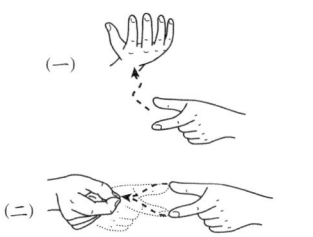

蒸发皿　zhēngfāmǐn
（一）左手拇、食指成半圆形，虎口朝上；右手五指微曲，指尖朝上，从左手上边晃动边向上移动。
（二）双手拇、食指搭成圆形，虎口朝上，左手不动，右手边向右移动少许边相捏，仿蒸发皿的形状。

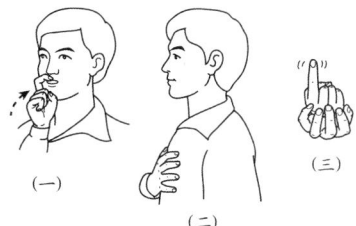

酒精灯　jiǔjīngdēng
（一）一手打手指字母"J"的指式，移向嘴部，如喝酒状。
（二）一手五指微曲张开，掌心贴于胸部。
（三）左手五指弯曲，掌心向上；右手食指直立，在左手上晃动几下。

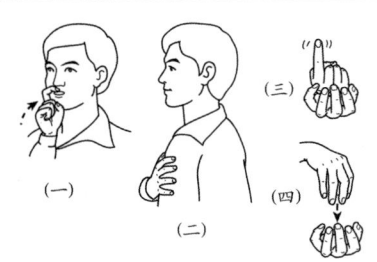

酒精灯罩 jiǔjīngdēngzhào

（一）一手打手指字母"J"的指式，移向嘴部，如喝酒状。
（二）一手五指微曲张开，掌心贴于胸部。
（三）左手五指弯曲，掌心向上；右手食指直立，在左手上晃动几下。
（四）左手五指弯曲，掌心向上；右手五指聚拢，指尖朝下，在左手上向下移动一下。

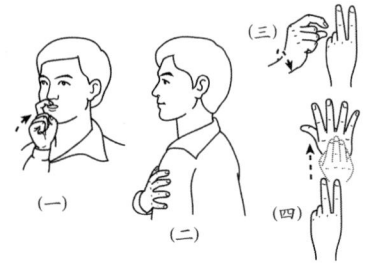

酒精喷灯 jiǔjīng-pēndēng

（一）一手打手指字母"J"的指式，移向嘴部，如喝酒状。
（二）一手五指微曲张开，掌心贴于胸部。
（三）左手食、中指直立分开，掌心向内；右手拇、食指弯曲，指尖朝左，在左手旁向前转腕。
（四）左手食、中指直立分开，掌心向内；右手五指撮合，指尖朝上，在左手食指上边向上移动边张开。

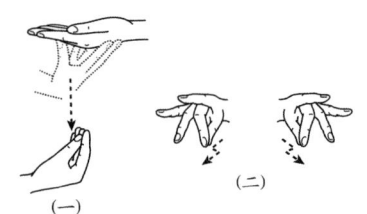

滤纸 lǜzhǐ

（一）左手横伸，掌心向上；右手五指张开，指尖抵于左手背，然后边向下移动边撮合。
（二）双手拇、中指相捏，指尖朝下，微抖几下。

试纸 shìzhǐ

（一）一手伸拇、小指，指尖朝上，拇指置于鼻翼一侧，小指弯动一下。
（二）双手拇、中指相捏，指尖朝下，微抖几下。

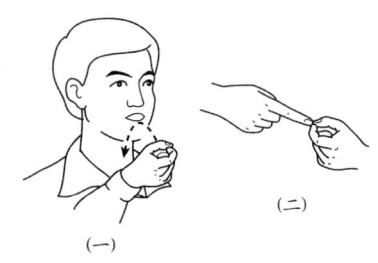

药匙 yàochí

（一）口张开，一手拇、食指捏成小圆形，从嘴部移向喉部。
（二）左手拇、食指捏成圆形；右手伸食指，指尖抵于左手拇、食指指尖。

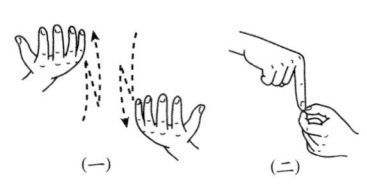

燃烧匙 ránshāochí

（一）双手五指微曲，指尖朝上，上下交替动几下，如火苗跳动状。
（二）左手拇、食指捏成圆形，虎口朝上；右手伸食指，指尖朝下，指尖贴于左手拇、食指指尖，仿燃烧匙的样式。

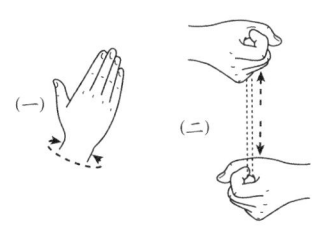

玻璃棒　bō·libàng

（一）右手直立，掌心向左，食、中、无名、小指并拢，手腕微转几下，表示玻璃的闪光。

（二）双手拇、食指捏成小圆形，虎口朝上，上下相搭，然后分别向上下方向移动一下。

洗耳球　xǐ'ěrqiú

右手五指弯曲，指尖朝左下方，捏动几下，嘴闭拢，同时做鼓气的动作。

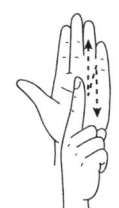

温度计①（温度①）　wēndùjì①（wēndù①）

左手直立，掌心向外；右手食指直立，贴于左手掌心，上下移动两下。

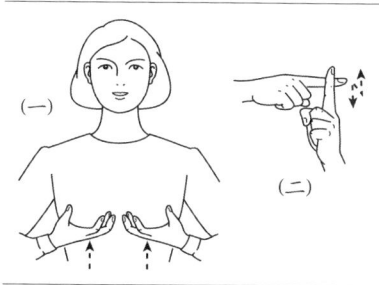

温度计②（温度②）　wēndùjì②（wēndù②）

（一）双手横伸，掌心向上，五指微曲，从腹部缓慢上移。

（二）左手食指直立；右手食指横贴在左手食指上，然后上下微动几下。

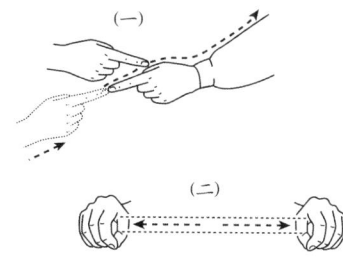

导管①　dǎoguǎn①

（一）双手伸食指，指尖左右相对，左手不动，右手食指移动并触到左手食指，然后向左手臂方向移动。

（二）双手虚握，虎口左右相对，从中间向两侧移动，表示口径粗的管。

（可根据实际表示导管的样式）

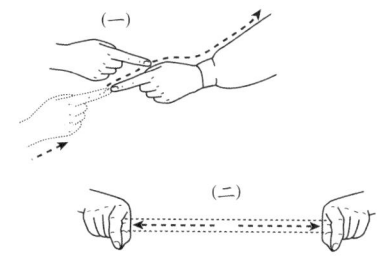

导管②　dǎoguǎn②

（一）双手伸食指，指尖左右相对，左手不动，右手食指移动并触到左手食指，然后向左手臂方向移动。

（二）双手拇、食指捏成圆形，虎口左右相对，从中间向两侧移动，表示口径细的管。

（可根据实际表示导管的样式）

玻璃管 bō·liguǎn

（一）右手直立，掌心向左，食、中、无名、小指并拢，手腕微转几下，表示玻璃的闪光。

（二）双手拇、食指捏成圆形，虎口左右相对，从中间向两侧移动。

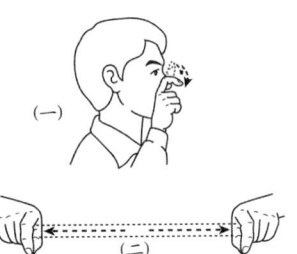

橡胶管 xiàngjiāoguǎn

（一）右手食指直立，置于鼻翼一侧，然后向左弯动两下。

（二）双手拇、食指捏成圆形，虎口左右相对，从中间向两侧移动。

橡胶塞（橡皮塞） xiàngjiāosāi（xiàngpísāi）

（一）右手食指直立，置于鼻翼一侧，然后向左弯动两下。

（二）左手五指捏成圆形，虎口朝上；右手五指撮合，指尖朝下，插入左手虎口内。

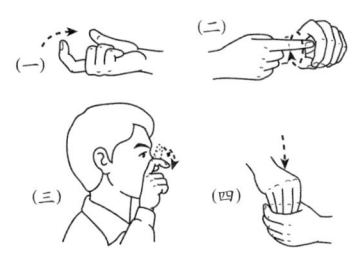

有孔橡胶塞 yǒukǒng-xiàngjiāosāi

（一）一手伸拇、食指，手背向下，拇指不动，食指向内弯动一下。

（二）左手五指捏成圆形，虎口朝内；右手伸食指，在左手虎口内转动一圈。

（三）右手食指直立，置于鼻翼一侧，然后向左弯动两下。

（四）左手五指捏成圆形，虎口朝上；右手五指撮合，指尖朝下，插入左手虎口内。

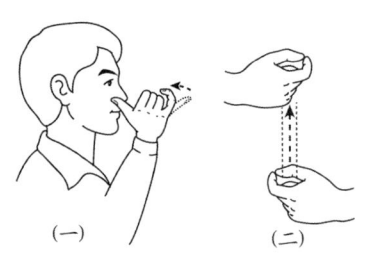

试管 shìguǎn

（一）一手伸拇、小指，指尖朝上，拇指置于鼻翼一侧，小指弯动一下。

（二）双手拇、食指捏成圆形，虎口朝上，一上一下，左手在下不动，右手向上移动。

（可根据实际表示试管的样式）

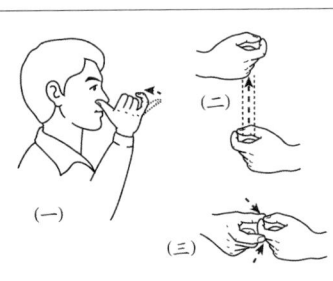

试管夹 shìguǎnjiā

（一）一手伸拇、小指，指尖朝上，拇指置于鼻翼一侧，小指弯动一下。

（二）双手拇、食指捏成圆形，虎口朝上，一上一下，左手在下不动，右手向上移动。

（三）左手拇、食指捏成圆形，虎口朝上；右手拇、食指张开，夹一下左手拇、食指。

四、化学实验　141

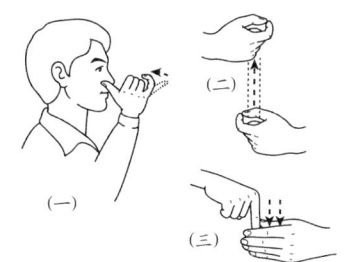

试管架　shìguǎnjià

（一）一手伸拇、小指，指尖朝上，拇指置于鼻翼一侧，小指弯动一下。

（二）双手拇、食指捏成圆形，虎口朝上，一上一下，左手在下不动，右手向上移动。

（三）左手五指成"匚"形，虎口朝上；右手伸食指，指尖朝下，边在左手虎口内向右移动边插几下。

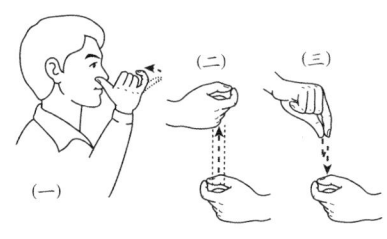

试管刷　shìguǎnshuā

（一）一手伸拇、小指，指尖朝上，拇指置于鼻翼一侧，小指弯动一下。

（二）双手拇、食指捏成圆形，虎口朝上，一上一下，左手在下不动，右手向上移动。

（三）左手拇、食指捏成圆形，虎口朝上；右手拇、食指相捏，指尖朝下，在左手虎口上方向下动两下，模仿刷试管的动作。

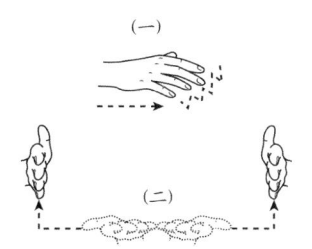

水槽　shuǐcáo

（一）一手横伸，掌心向下，五指张开，边交替点动边向一侧移动。

（二）双手平伸相挨，掌心向上，先向两侧平移，再折而上移，掌心左右相对。

（可根据实际表示水槽的样式）

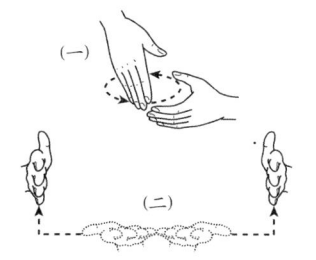

洗涤槽　xǐdícáo

（一）左手五指成半圆形，虎口朝上；右手食、中、无名、小指并拢，指尖朝下，在左手虎口内转动两下。

（二）双手平伸相挨，掌心向上，先向两侧平移，再折而上移，掌心左右相对。

（可根据实际表示洗涤槽的样式）

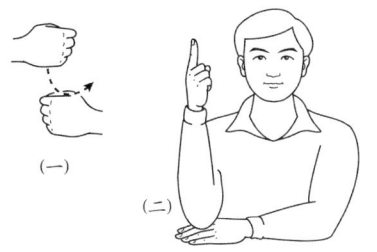

铁架台　tiějiàtái

（一）双手握拳，虎口朝上，一上一下，右拳向下砸一下左拳，再向内移动。

（二）左手横伸；右手食指直立，手背向右，肘部置于左手背上，仿铁架台的形状。

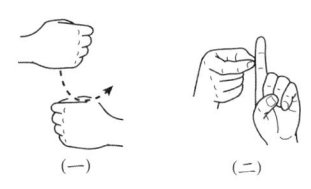

铁圈　tiěquān

（一）双手握拳，虎口朝上，一上一下，右拳向下砸一下左拳，再向内移动。

（二）左手食指直立，手背向内；右手拇、食指捏成圆形，虎口朝上，抵于左手食指中部，表示铁架台上的铁圈。

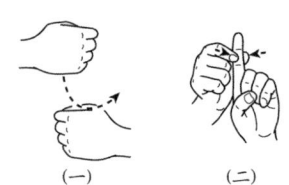

铁夹 tiějiā

（一）双手握拳，虎口朝上，一上一下，右拳向下砸一下左拳，再向内移动。

（二）左手食指直立，手背向内；右手拇、食指张开，捏一下左手食指，表示铁架台上的铁夹。

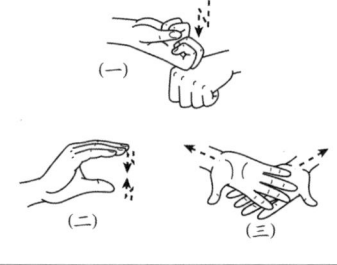

石棉网 shímiánwǎng

（一）左手握拳；右手食、中指弯曲，以指关节在左手背上敲两下。

（二）一手五指成"⊐"形，虎口朝内，轻捏几下。

（三）双手五指张开，掌心向上，交叉相搭，同时向两侧斜后方移动一下。

泥三角 nísānjiǎo

（一）一手拇、中指相捏两下，指尖朝前。

（二）双手拇、食指搭成"△"形，虎口朝上。

三脚架 sānjiǎojià

（一）双手拇、食指搭成圆形，虎口朝上。

（二）左手拇、食指成半圆形，虎口朝上；右手食、中、无名指叉开，指尖朝下，置于左手虎口下。

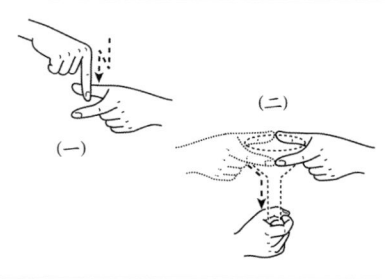

漏斗 lòudǒu

（一）左手拇、食指成半圆形，虎口朝上；右手伸食指，指尖朝下，在左手虎口点动两下。

（二）双手拇、食指搭成圆形，虎口朝上，左手不动，右手边向下移动边拇、食指相捏，仿漏斗的形状。

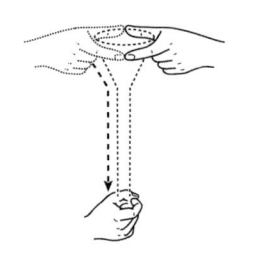

长颈漏斗 chángjǐng-lòudǒu

双手拇、食指搭成圆形，虎口朝上，左手不动，右手边向下做较长距离的移动边拇、食指相捏，仿长颈漏斗的形状。

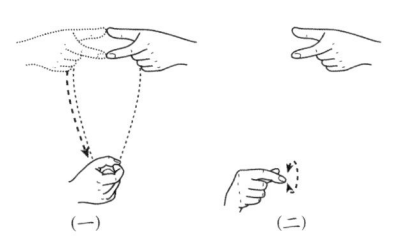

分液漏斗　fēnyè-lòudǒu

（一）双手拇、食指搭成圆形，虎口朝上，左手不动，右手边向下做弧形移动边拇、食指相捏，仿分液漏斗的形状。

（二）左手拇、食指成半圆形，虎口朝上；右手拇、食指弯曲，指尖朝左，在左手下方（第一个动作右手的停止处）前后转动两下。

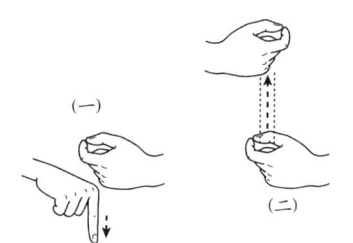

滴管　dīguǎn

（一）左手拇、食指捏成圆形，虎口朝上；右手伸食指，指尖朝下，在左手下向下点动一下。

（二）双手拇、食指捏成圆形，虎口朝上，一上一下，左手在下不动，右手向上移动。

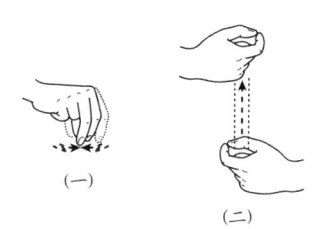

胶头滴管　jiāotóu-dīguǎn

（一）一手拇、食、中指弯曲，指尖朝下，捏动两下。

（二）双手拇、食指捏成圆形，虎口朝上，一上一下，左手在下不动，右手向上移动。

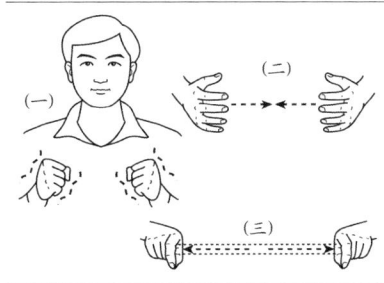

冷凝管　lěngníngguǎn

（一）双手握拳屈肘，小臂颤动几下，如哆嗦状，表示冷。

（二）双手五指弯曲，指尖左右相对，虎口朝上，从两侧向中间移动。

（三）双手拇、食指捏成圆形，虎口左右相对，从中间向两侧移动。

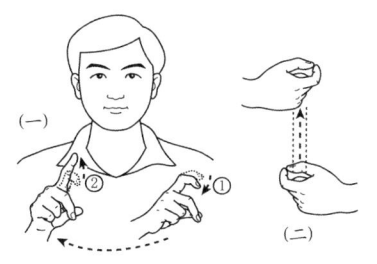

移液管　yíyèguǎn

（一）一手拇、中指相捏，置于身体左侧，食指向下按动，再移至身体右侧，食指抬起。

（二）双手拇、食指捏成圆形，虎口朝上，一上一下，左手在下不动，右手向上移动。

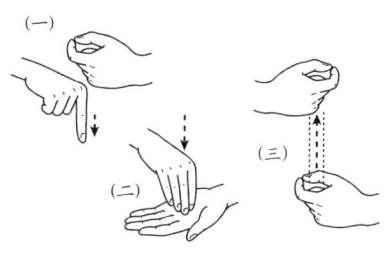

滴定管　dīdìngguǎn

（一）左手拇、食指捏成圆形，虎口朝上；右手伸食指，指尖朝下，在左手下向下点动一下。

（二）左手横伸；右手五指撮合，指尖朝下，按向左手掌心。

（三）双手拇、食指捏成圆形，虎口朝上，一上一下，左手在下不动，右手向上移动。

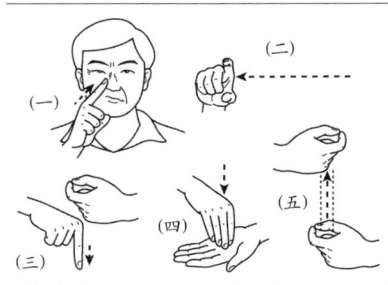

酸式滴定管　suānshì-dīdìngguǎn

（一）一手食指直立，在鼻翼一侧向上移动一下，同时耸鼻。
（二）一手拇、食指张开，指尖朝前，向一侧移动一下。
（三）左手拇、食指捏成圆形，虎口朝上；右手伸食指，指尖朝下，在左手下向下点动一下。
（四）左手横伸；右手五指撮合，指尖朝下，按向左手掌心。
（五）双手拇、食指捏成圆形，虎口朝上，一上一下，左手在下不动，右手向上移动。

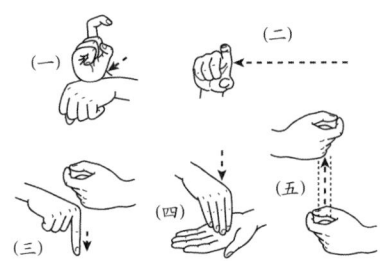

碱式滴定管　jiǎnshì-dīdìngguǎn

（一）左手握拳，手背向上；右手打手指字母"J"的指式，手腕碰一下左手背，表示碱的声母。
（二）一手拇、食指张开，指尖朝前，向一侧移动一下。
（三）左手拇、食指捏成圆形，虎口朝上；右手伸食指，指尖朝下，在左手下向下点动一下。
（四）左手横伸；右手五指撮合，指尖朝下，按向左手掌心。
（五）双手拇、食指捏成圆形，虎口朝上，一上一下，左手在下不动，右手向上移动。

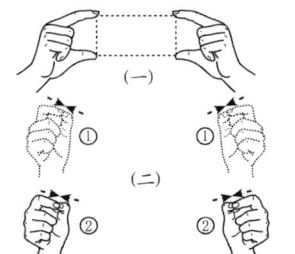

滴定管夹　dīdìngguǎnjiā

（一）双手拇、食指成"⊏⊐"形，虎口朝内。
（二）双手拇、食指张开，指尖朝前，捏合一下，然后下移，再捏合一下。

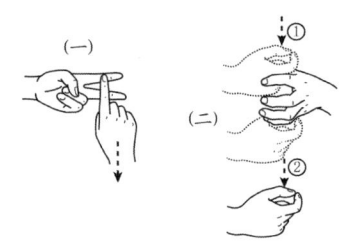

球形干燥管　qiúxíng-gānzàoguǎn

（一）左手食、中指与右手食指搭成"干"字形，右手食指向下移动一下。
（二）左手五指弯曲张开，虎口朝上；右手拇、食指捏成圆形，虎口朝上，先从上向下移至左手虎口，再从左手下向下移动，仿球形干燥管的外形。

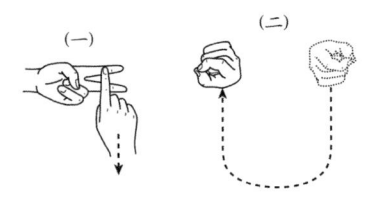

U 形干燥管　U xíng-gānzàoguǎn

（一）左手食、中指与右手食指搭成"干"字形，右手食指向下移动一下。
（二）一手拇、食指捏成圆形，做"U"形移动，仿 U 形干燥管的外形。

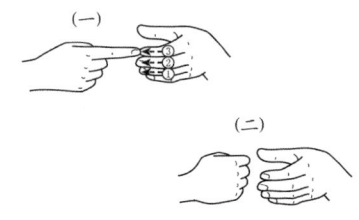

量杯　liángbēi

（一）左手五指成半圆形，虎口朝上；右手食指横伸，手背向外，在左手指背从下向上横划几下，表示量杯上的刻度。
（二）左手五指成半圆形，虎口朝上，表示量杯的杯体；右手虚握，虎口朝上，置于左手旁，表示量杯的握把。

四、化学实验　145

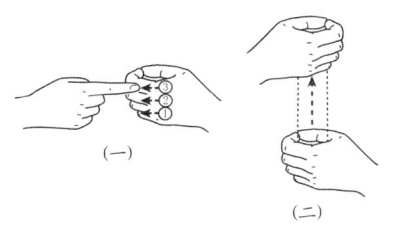

量筒　liángtǒng
（一）左手虚握，虎口朝上；右手食指横伸，手背向外，在左手的掌骨节处从下向上横划几下，表示量筒上的刻度。
（二）双手虚握，虎口朝上，一上一下，左手在下不动，右手向上移动。

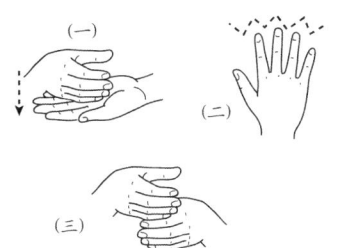

称量瓶　chēngliàngpíng
（一）左手横伸；右手五指成半圆形，虎口朝上，置于左手掌心上，并向下一按。
（二）一手直立，掌心向内，五指张开，交替点动几下。
（三）双手五指成半圆形，虎口朝上，上下相叠，仿称量瓶的外形。

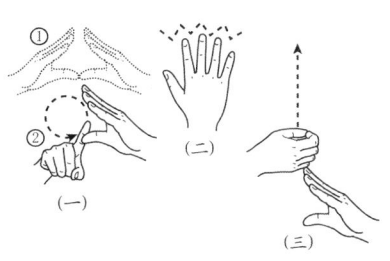

容量瓶　róngliàngpíng
（一）双手五指成"∠∠"形，拇指相抵，其他四指斜向相对，虎口朝内，然后右手伸食指，指尖朝前，在左手虎口转动一圈。
（二）一手直立，掌心向内，五指张开，交替点动几下。
（三）左手五指成"∠"形，虎口朝内；右手虚握，虎口朝上，从左手上向上移动，仿容量瓶的外形。

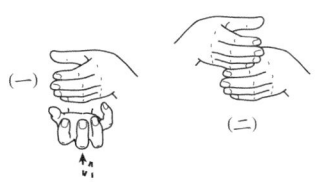

烧杯　shāobēi
（一）左手五指成半圆形，虎口朝上；右手五指微曲，指尖朝上，在左手下方向上动几下。
（二）双手五指成半圆形，虎口朝上，上下相叠。

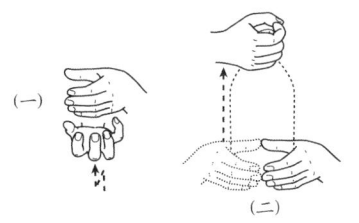

烧瓶　shāopíng
（一）左手五指成半圆形，虎口朝上；右手五指微曲，指尖朝上，在左手下方向上动几下。
（二）双手五指搭成圆形，虎口朝上，左手不动，右手边向上移动边虚握，仿腹大口小的瓶子外形。
（可根据实际表示烧瓶的样式）

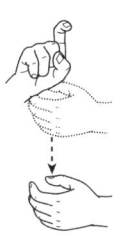

洗瓶　xǐpíng
左手五指成半圆形，虎口朝上；右手食指弯曲，指尖朝前，置于左手上，然后左手向下移动一下，仿洗瓶的外形。

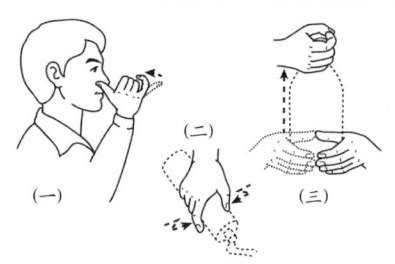

试剂瓶　shìjìpíng

（一）一手伸拇、小指，指尖朝上，拇指置于鼻翼一侧，小指弯动一下。

（二）右手五指弯曲，虎口朝左下方，做从瓶子中挤液体的动作。

（三）双手五指搭成圆形，虎口朝上，左手不动，右手边向上移动边虚握，仿腹大口小的瓶子外形。

（可根据实际表示试剂瓶的样式）

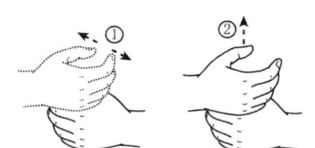

广口瓶　guǎngkǒupíng

双手五指成半圆形，虎口朝上，上下相叠，左手在下不动，右手在上张开一下，表示瓶口粗，然后向上移动少许。

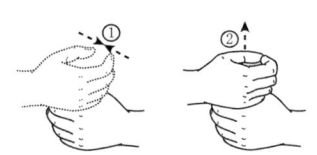

细口瓶　xìkǒupíng

双手五指成半圆形，虎口朝上，上下相叠，左手在下不动，右手在上捏动一下，五指虚握，表示瓶口细，然后向上移动少许。

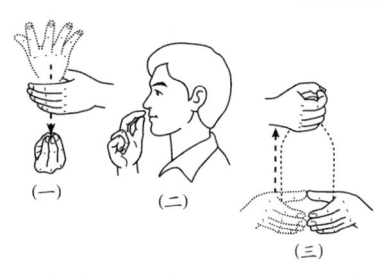

集气瓶　jíqìpíng

（一）左手五指成半圆形，虎口朝上；右手五指张开，指尖朝上，边从上向下移入左手虎口内边撮合。

（二）一手打手指字母"Q"的指式，指尖朝内，置于鼻孔处。

（三）双手五指搭成圆形，虎口朝上，左手不动，右手边向上移动边虚握，仿腹大口小的瓶子外形。

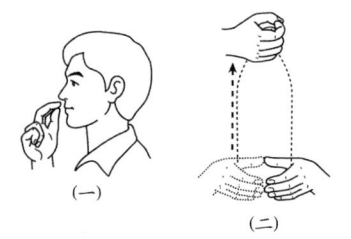

气瓶（储气瓶）　qìpíng（chǔqìpíng）

（一）一手打手指字母"Q"的指式，指尖朝内，置于鼻孔处。

（二）双手五指搭成圆形，虎口朝上，左手不动，右手边向上移动较长距离边虚握，仿气瓶的外形。

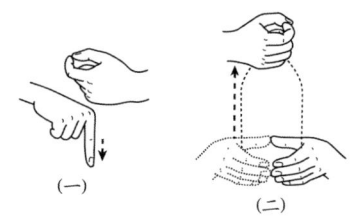

滴瓶　dīpíng

（一）左手拇、食指捏成圆形，虎口朝上；右手伸食指，指尖朝下，在左手下向下点动一下。

（二）双手五指搭成圆形，虎口朝上，左手不动，右手边向上移动边虚握，仿滴瓶的外形。

四、化学实验　147

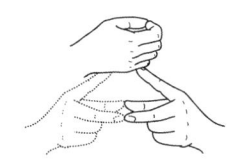

锥形瓶　zhuīxíngpíng
　　双手拇、中指指尖左右相抵，食指尖朝上，斜向相对，虎口朝内，左手不动，右手虚握，虎口朝上，置于左手食指尖处，仿锥形瓶的外形。

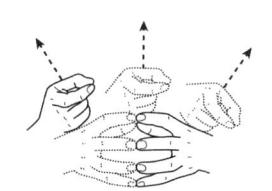

三颈瓶　sānjǐngpíng
　　双手五指搭成球形，虎口朝上，左手不动，右手拇、食指捏成圆形，在上方向左上方、正上方、右上方移动三下，仿三颈瓶的外形。

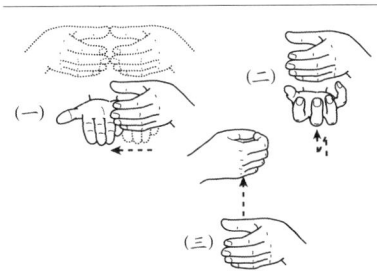

平底烧瓶　píngdǐ-shāopíng
　　（一）双手五指搭成圆形，虎口朝上，左手不动，右手平伸，掌心向上，在左手下向右划动一下。
　　（二）左手五指成半圆形，虎口朝上；右手五指微曲，指尖朝上，在左手下方向上动几下。
　　（三）左手五指成半圆形，虎口朝上；右手虚握，虎口朝上，在左手上向上移动一下，仿平底烧瓶的外形。

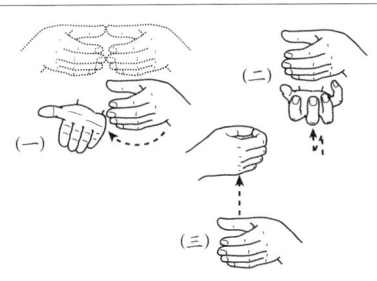

圆底烧瓶　yuándǐ-shāopíng
　　（一）双手五指搭成圆形，虎口朝上，左手不动，右手平伸，掌心向上，在左手下向右做弧形移动。
　　（二）左手五指成半圆形，虎口朝上；右手五指微曲，指尖朝上，在左手下方向上动几下。
　　（三）左手五指成半圆形，虎口朝上；右手虚握，虎口朝上，在左手上向上移动一下，仿圆底烧瓶的外形。

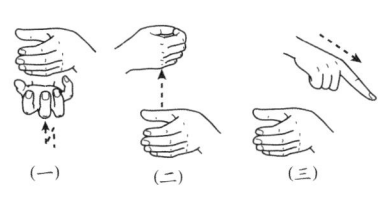

蒸馏烧瓶　zhēngliú shāopíng
　　（一）左手五指成半圆形，虎口朝上；右手五指微曲，指尖朝上，在左手下方向上动几下。
　　（二）左手五指成半圆形，虎口朝上；右手虚握，虎口朝上，在左手上向上移动一下。
　　（三）左手五指成半圆形，虎口朝上；右手食指斜伸，向左下方移动一下，仿蒸馏烧瓶的外形。

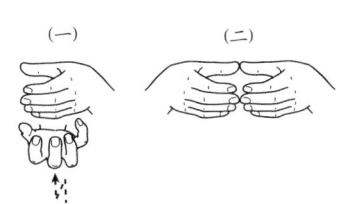

坩埚　gānguō
　　（一）左手五指成半圆形，虎口朝上；右手五指微曲，指尖朝上，在左手下方向上动几下。
　　（二）双手五指搭成圆形，虎口朝上。

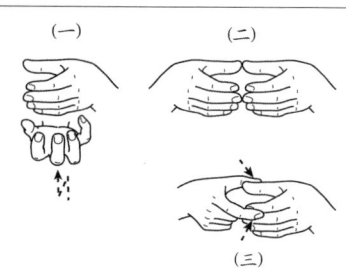

坩埚钳　gānguōqián
（一）左手五指成半圆形，虎口朝上；右手五指微曲，指尖朝上，在左手下方向上动几下。
（二）双手五指搭成圆形，虎口朝上。
（三）左手五指成半圆形，虎口朝上；右手拇、食指张开，夹一下左手拇、食指。

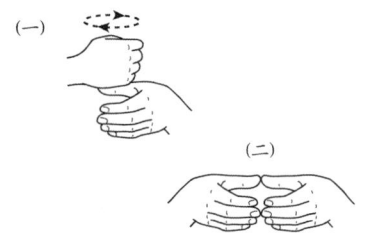

研钵　yánbō
（一）左手五指成半圆形，虎口朝上；右手握拳，虎口朝上，在左手上转动两下。
（二）双手五指搭成圆形，虎口朝上。

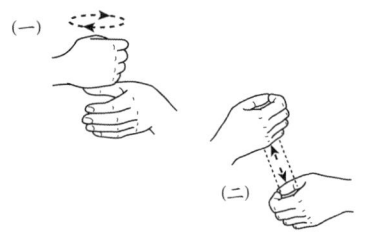

研钵棒　yánbōbàng
（一）左手五指成半圆形，虎口朝上；右手握拳，虎口朝上，在左手上转动两下。
（二）双手虚握，斜向相搭，分别向斜上下方向移动少许。

镊子　niè·zi
一手拇、食指微张，指尖朝下，然后相捏。

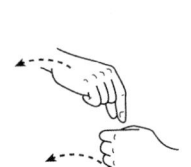

砝码　fǎmǎ
左手握拳，手背向外，虎口朝上；右手拇、食指微张，指尖朝下，置于左手虎口上方，双手同时向一侧微移，表示用镊子夹住砝码放在托盘上。

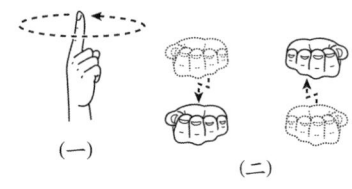

天平（托盘天平）　tiānpíng (tuōpán tiānpíng)
（一）一手食指直立，在头一侧上方转动一圈。
（二）双手平伸，掌心凹进，上下交替微动两下，表示天平的两个称重托盘。

四、化学实验　149

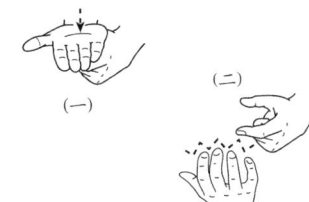

电子天平　diànzǐ tiānpíng
（一）左手拇、食指成半圆形，虎口朝上；右手平伸，手背向下，移至左手上。
（二）左手拇、食指成半圆形，虎口朝上；右手五指微曲，手背向下，在左手下边交替点动边从左向右移动。

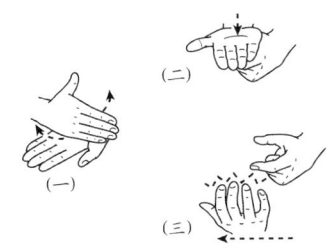

分析天平　fēnxī tiānpíng
（一）左手横伸；右手侧立，置于左手掌心上，并左右拨动两下。
（二）左手拇、食指成半圆形，虎口朝上；右手平伸，手背向下，移至左手上。
（三）左手拇、食指成半圆形，虎口朝上；右手五指微曲，手背向下，在左手下边交替点动边从左向右移动。

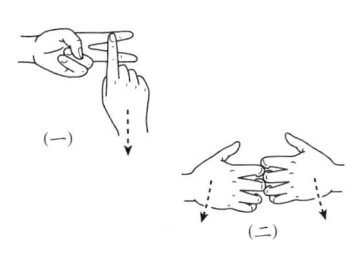

干燥器　gānzàoqì
（一）左手食、中指与右手食指搭成"干"字形，右手食指向下移动一下。
（二）双手五指弯曲，食、中、无名、小指关节交错相触，向下转动一下。

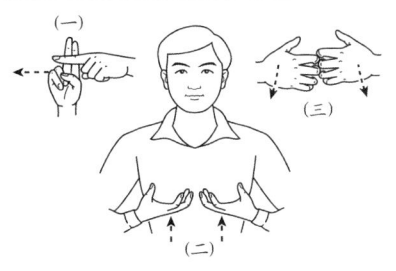

恒温器　héngwēnqì
（一）左手食指横伸，手背向上；右手打手指字母"H"的指式，贴于左手食指并向右移动。
（二）双手横伸，掌心向上，五指微曲，从腹部缓慢上移。
（三）双手五指弯曲，食、中、无名、小指关节交错相触，向下转动一下。

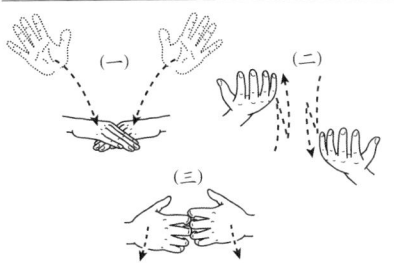

灭火器　mièhuǒqì
（一）双手五指张开，掌心向外，边交叉向下移动边撮合，右手掌压住左手背。
（二）双手五指微曲，指尖朝上，上下交替动几下，如火苗跳动状。
（三）双手五指弯曲，食、中、无名、小指关节交错相触，向下转动一下。

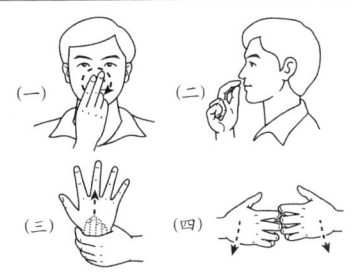

氢气发生器（启普发生器）
qīngqì fāshēngqì（qǐpǔ-fāshēngqì）
（一）一手打手指字母"H"的指式，掌心向内，置于鼻前，转动一小圈，表示氢的元素符号"H"。
（二）一手打手指字母"Q"的指式，指尖朝内，置于鼻孔处。
（三）左手五指成半圆形，虎口朝上；右手五指撮合，指尖朝上，手背向外，边从左手虎口内伸出边张开。
（四）双手五指弯曲，食、中、无名、小指关节交错相触，向下转动一下。

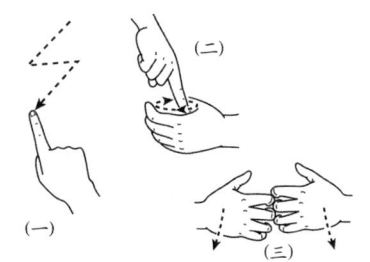

电搅拌器 diànjiǎobànqì

（一）一手食指书空"ㄣ"形。

（二）左手五指成半圆形，虎口朝上；右手伸食指，指尖朝下，在左手半圆形中搅拌几下。

（三）双手五指弯曲，食、中、无名、小指关节交错相触，向下转动一下。

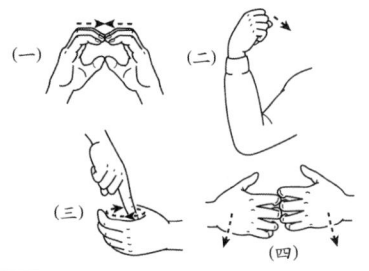

磁力搅拌器 cílì jiǎobànqì

（一）双手打手指字母"C"的指式，掌心左右相对，从两侧向中间移动，并突然相碰。

（二）一手握拳屈肘，用力向内弯动一下。

（三）左手五指成半圆形，虎口朝上；右手伸食指，指尖朝下，在左手半圆形中搅拌几下。

（四）双手五指弯曲，食、中、无名、小指关节交错相触，向下转动一下。

五、科学家

阿伏加德罗 Āfújiādéluó
（一）一手打手指字母"A"的指式。
（二）一手打手指字母"F"的指式。
（三）一手拇、食指搭成"+"形，仿加号形状。
（四）一手打手指字母"D"的指式。
（五）一手打手指字母"L"的指式。

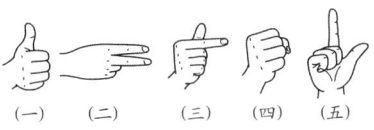

玻义耳（玻意耳） Bōyì'ěr (Bōyì'ěr)
（一）一手打手指字母"B"的指式。
（二）一手打手指字母"Y"的指式。
（三）一手伸食指，指一下耳朵。

戴维 Dàiwéi
（一）一手拇、食指张开，虎口朝上，在头顶上向下移动一下。
（二）一手打手指字母"W"的指式。

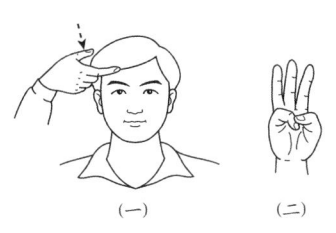

道尔顿 Dào'ěrdùn
（一）双手侧立，掌心相对，向前移动。
（二）一手打手指字母"E"的指式。
（三）一手打手指字母"D"的指式。

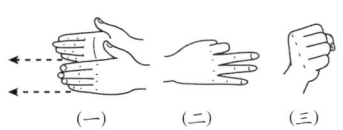

卡文迪许 Kǎwéndíxǔ
（一）一手打手指字母"K"的指式。
（二）一手五指撮合，指尖朝前，撇动一下，如执毛笔写字状。
（三）一手打手指字母"D"的指式。
（四）一手打手指字母"X"的指式。

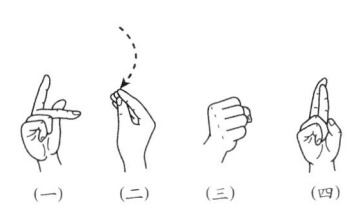

凯库勒　Kǎikùlè

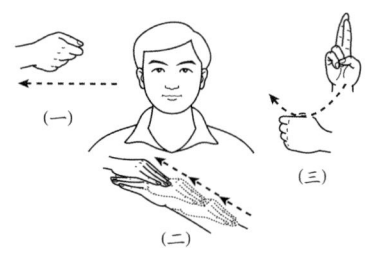

（一）一手打手指字母"K"的指式。
（二）一手打手指字母"K"的指式。
（三）一手打手指字母"L"的指式。

拉瓦锡　Lāwǎxī

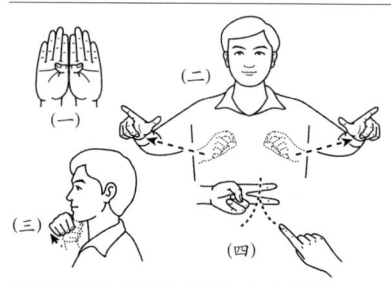

（一）一手虚握，向内拉动一下。
（二）双手斜伸，左手在下不动，指尖朝右上方，右手手背拱起，从左小臂向左手背方向一顿一顿移动几下，如铺房瓦状。
（三）左手握拳，虎口朝上；右手打手指字母"X"的指式，砸一下左手虎口后向前移动，表示锡的声母。

门捷列夫　Ménjiélièfū

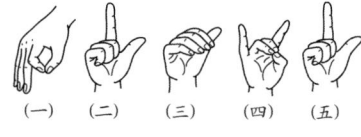

（一）双手并排直立，掌心向外，食、中、无名、小指并拢，拇指弯回。
（二）双手拇、食指相捏，虎口朝内，置于胸前，然后边向前移动边张开。
（三）一手虚握，虎口贴于颏部，再向上一翘。
（四）左手食、中指横伸分开，掌心向内；右手伸食指，在左手食、中指处书空"人"字，仿"夫"字形。

普利斯特里　Pǔlìsītèlǐ

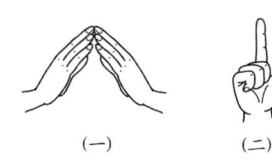

（一）一手打手指字母"P"的指式。
（二）一手打手指字母"L"的指式。
（三）一手打手指字母"S"的指式。
（四）一手打手指字母"T"的指式。
（五）一手打手指字母"L"的指式。

舍勒　Shělè

（一）双手搭成"∧"形。
（二）一手打手指字母"L"的指式。

侯德榜　Hóu Débǎng

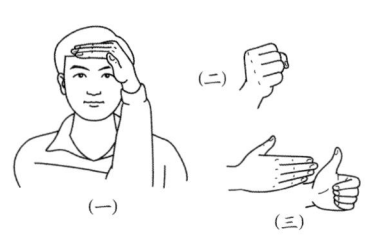

（一）一手手腕翻转，五指并拢，指面向下，小指外侧贴于前额。
（二）一手打手指字母"D"的指式。
（三）左手伸拇指；右手侧立，指向左手拇指。

五、科学家　153

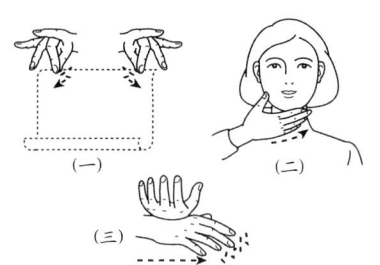

张青莲①　Zhāng Qīnglián ①

（一）双手拇、中指相捏，指尖朝下，微抖几下。

（二）一手横立，掌心向内，食、中、无名、小指并拢，在颏部从右向左摸一下。

（三）左手平伸，五指微曲，指尖朝上，置于右手背上；右手横伸，掌心向下，五指张开，边交替点动边向左移动。

（"张"的手语存在地域差异，可根据实际选择使用）

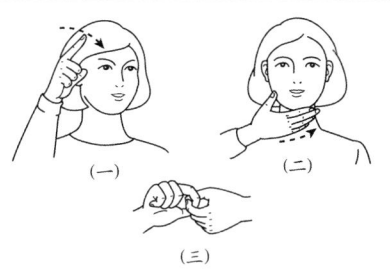

张青莲②　Zhāng Qīnglián ②

（一）一手食指直立，在头一侧向前一划。

（二）一手横立，掌心向内，食、中、无名、小指并拢，在颏部从右向左摸一下。

（三）双手拇、食指套环。

（"张"的手语存在地域差异，可根据实际选择使用）

附录 化学元素

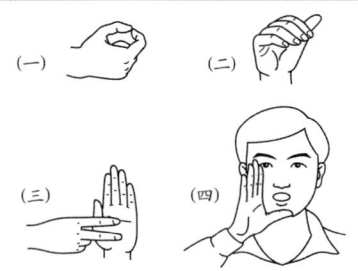

元素符号　yuánsù fúhào
　　（一）一手拇、食指捏成圆形，虎口朝上。
　　（二）一手打手指字母"S"的指式。
　　（三）左手直立，掌心向外；右手打手指字母"F"的指式，贴于左手掌心上。
　　（四）一手五指成"」"形，虎口贴于嘴边，口张开。

氢（H）　qīng
　　一手打手指字母"H"的指式，掌心向内，置于鼻前，转动一小圈，表示氢的元素符号"H"。

氦（He）　hài
　　一手打手指字母"H"的指式，掌心向内，置于鼻前，转动一小圈，然后打手指字母"E"的指式，表示氦的元素符号"He"。

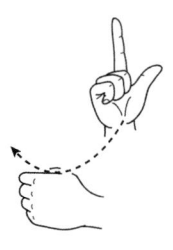

锂（Li）　lǐ
　　左手握拳，虎口朝上；右手打手指字母"L"的指式，砸一下左手虎口后向前移动，表示锂的声母。

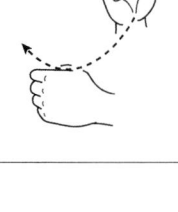

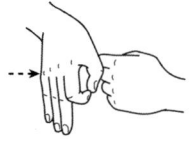

铍（Be）　pí
　　左手握拳，虎口朝上；右手打手指字母"P"的指式，碰一下左拳右侧，表示铍的声母。

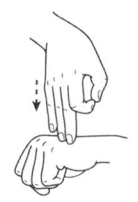

硼（B） péng
左手握拳，手背向上；右手打手指字母"P"的指式，中、无名、小指指尖在左手背上点一下，表示硼的声母。

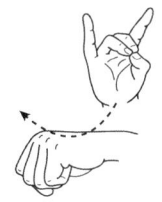

碳（C） tàn
左手握拳，手背向上；右手打手指字母"T"的指式，碰一下左手背后向前移动，表示碳的声母。

氮（N） dàn
一手打手指字母"N"的指式，置于鼻前，转动一小圈，表示氮的元素符号"N"。

氧（O） yǎng
一手打手指字母"O"的指式，置于鼻前，转动一小圈，表示氧的元素符号"O"。

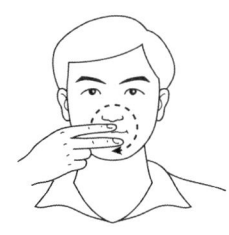

氟（F） fú
一手打手指字母"F"的指式，置于鼻前，转动一小圈，表示氟的元素符号"F"。

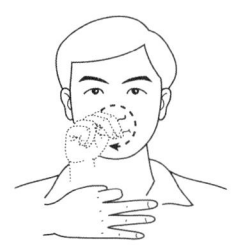

氖（Ne） nǎi
一手打手指字母"N"的指式，置于鼻前，转动一小圈，然后打手指字母"E"的指式，表示氖的元素符号"Ne"。

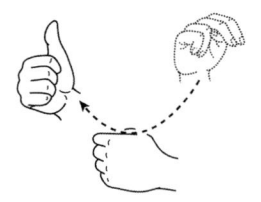

钠（Na） nà

左手握拳，虎口朝上；右手打手指字母"N"的指式，碰一下左手虎口后边向前移动边打手指字母"A"的指式，表示钠的元素符号和音节。

镁（Mg） měi

左手握拳，虎口朝上；右手打手指字母"M"的指式，碰一下左拳右侧，表示镁的声母。

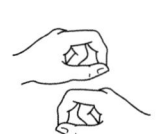

铝①（Al） lǚ①

双手拇、食指捏成圆形，虎口朝内，一上一下。"吕"与"铝"音同形近，借代。

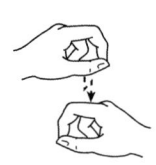

铝②（Al） lǚ②

双手拇、食指捏成圆形，虎口朝内，一上一下，左手向下碰两下右手。

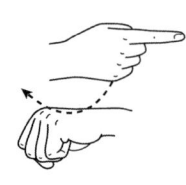

硅（Si） guī

左手握拳，手背向上；右手打手指字母"G"的指式，碰一下左手背后向前移动，表示硅的声母。

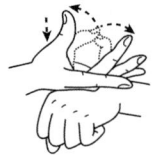

磷（P） lín

左手握拳，手背向上；右手拇、中指相捏，边手背碰向左手背边弹开，表示磷可以发光。

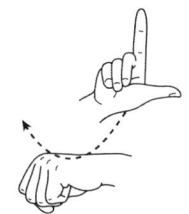

硫（硫磺）(S)　liú (liúhuáng)

左手握拳，手背向上；右手打手指字母"L"的指式，碰一下左手背后向前移动，表示硫的声母。

氯 (Cl)　lǜ

一手打手指字母"C"的指式，置于鼻前，转动一小圈，然后食指直立，掌心向外，仿英文字母"L"的小写形式，表示氯的元素符号"Cl"。

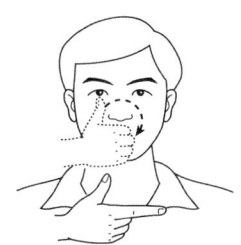

氩 (Ar)　yà

一手打手指字母"A"的指式，置于鼻前，转动一小圈，然后打手指字母"R"的指式，表示氩的元素符号"Ar"。

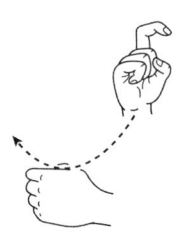

钾 (K)　jiǎ

左手握拳，虎口朝上；右手打手指字母"J"的指式，砸一下左手虎口后向前移动，表示钾的声母。

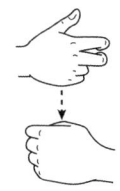

钙 (Ca)　gài

左手握拳，虎口朝上；右手伸拇、食、中指，食、中指弯曲，手背向外，砸一下左手虎口。

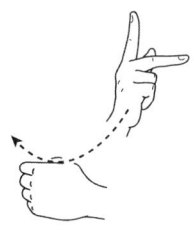

钪 (Sc)　kàng

左手握拳，虎口朝上；右手打手指字母"K"的指式，砸一下左手虎口后向前移动，表示钪的声母。

钛(Ti) tài

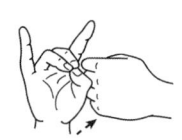

左手握拳,虎口朝上;右手打手指字母"T"的指式,碰一下左拳右侧,表示钛的声母。

钒(V) fán

左手握拳,虎口朝上;右手打手指字母"F"的指式,碰一下左手背,表示钒的声母。

铬(Cr) gè

左手握拳,虎口朝上;右手打手指字母"G"的指式,碰一下左手背,然后打手指字母"E"的指式,表示铬的音节。

锰(Mn) měng

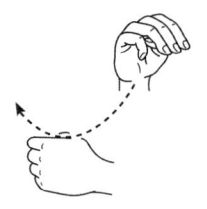

左手握拳,虎口朝上;右手打手指字母"M"的指式,砸一下左手虎口后向前移动,表示锰的声母。

铁(Fe) tiě

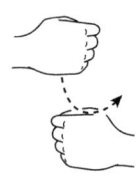

双手握拳,虎口朝上,一上一下,右拳向下砸一下左拳,再向内移动。

钴(Co) gǔ

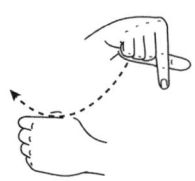

左手握拳,虎口朝上;右手拇、食指搭成"十"字形,食指尖朝下,砸一下左手虎口后向前移动,仿"钴"字的一部分。

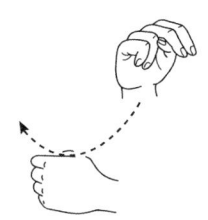

镍 (Ni)　niè
　　左手握拳，虎口朝上；右手打手指字母"N"的指式，砸一下左手虎口后向前移动，表示镍的声母。

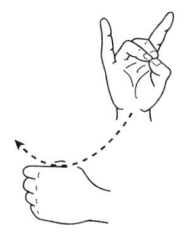

铜 (Cu)　tóng
　　左手握拳，虎口朝上；右手打手指字母"T"的指式，砸一下左手虎口后向前移动，表示铜的声母。

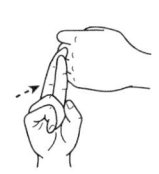

锌 (Zn)　xīn
　　左手握拳，虎口朝上；右手打手指字母"X"的指式，碰一下左拳右侧，表示锌的声母。

镓 (Ga)　jiā
　　左手握拳，虎口朝上；右手打手指字母"J"的指式，碰一下左拳右侧，表示镓的声母。

锗 (Ge)　zhě
　　左手握拳，虎口朝上；右手打手指字母"ZH"的指式，碰一下左手背，表示锗的声母。

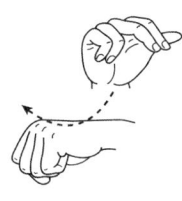

砷 (As)　shēn
　　左手握拳，手背向上；右手打手指字母"SH"的指式，碰一下左手背后向前移动，表示砷的声母。

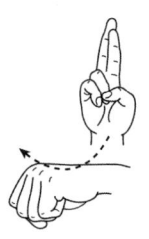

硒 (Se)　xī
　　左手握拳，手背向上；右手打手指字母"X"的指式，碰一下左手背后向前移动，表示硒的声母。

溴 (Br)　xiù
　　一手拇、食指捏住鼻子，其他三指伸出，表示溴的部首"氵"以及气味大的特征。

氪 (Kr)　kè
　　一手打手指字母"K"的指式，置于鼻前，转动一小圈，然后打手指字母"R"的指式，表示氪的元素符号"Kr"。

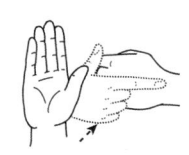

铷 (Rb)　rú
　　左手握拳，虎口朝上；右手打手指字母"R"的指式，碰一下左手背，然后打手指字母"U"的指式，表示铷的音节。

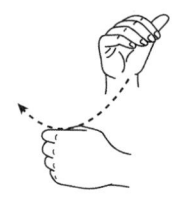

锶 (Sr)　sī
　　左手握拳，虎口朝上；右手打手指字母"S"的指式，碰一下左手虎口后向前移动，表示锶的声母。

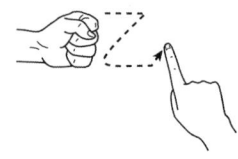

钇 (Y)　yǐ
　　左手握拳，虎口朝上；右手伸食指，指尖朝前，在左手旁书空"乙"字形，仿"钇"字的右半部。

附录 化学元素　161

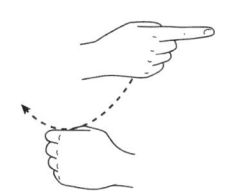

锆（Zr）　gào
　　左手握拳，虎口朝上；右手打手指字母"G"的指式，砸一下左手虎口后向前移动，表示锆的声母。

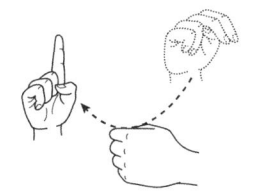

铌（Nb）　ní
　　左手握拳，虎口朝上；右手打手指字母"N"的指式，砸一下左手虎口后边向前移动边打手指字母"I"的指式，表示铌的音节。

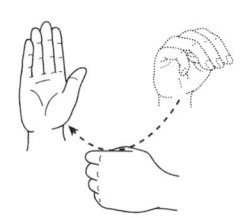

钼（Mo）　mù
　　左手握拳，虎口朝上；右手打手指字母"M"的指式，砸一下左手虎口后边向前移动边打手指字母"U"的指式，表示钼的音节。

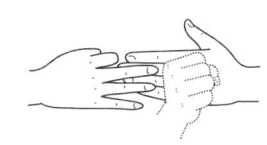

锝（Tc）　dé
　　左手横立，掌心向内，表示屏蔽放射性物质；右手在左手前连续打手指字母"D""E"的指式，表示锝的音节。

钌（Ru）　liǎo
　　左手握拳，虎口朝上；右手伸拇、食指，食指尖朝下，手背向外，在左手旁向下移动一下，仿"钉"字的一部分。

铑（Rh）　lǎo
　　左手握拳，虎口朝上；右手打手指字母"L"的指式，碰一下左拳右侧，表示铑的声母。

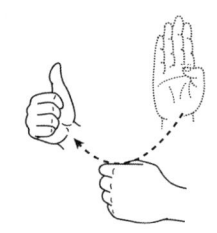

钯（Pd） bǎ

左手握拳，虎口朝上；右手打手指字母"B"的指式，砸一下左手虎口后边向前移动边打手指字母"A"的指式，表示钯的音节。

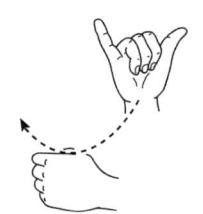

银（Ag） yín

左手握拳，虎口朝上；右手打手指字母"Y"的指式，砸一下左手虎口后向前移动，表示银的声母。

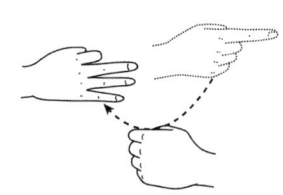

镉（Cd） gé

左手握拳，虎口朝上；右手打手指字母"G"的指式，砸一下左手虎口后边向前移动边打手指字母"E"的指式，表示镉的音节。

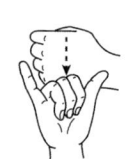

铟（In） yīn

左手握拳，虎口朝上；右手打手指字母"Y"的指式，沿左手背向下移动一下，表示铟的声母。

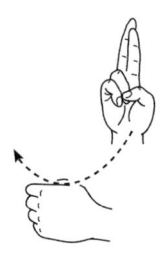

锡（Sn） xī

左手握拳，虎口朝上；右手打手指字母"X"的指式，砸一下左手虎口后向前移动，表示锡的声母。

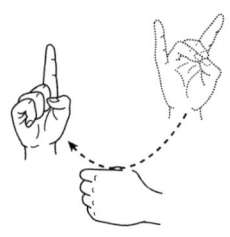

锑（Sb） tī

左手握拳，虎口朝上；右手打手指字母"T"的指式，砸一下左手虎口后边向前移动边打手指字母"I"的指式，表示锑的音节。

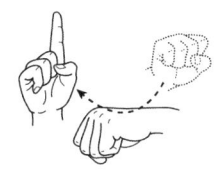

碲(Te) dì

左手握拳,手背向上;右手打手指字母"D"的指式,手背向内,碰一下左手背后边向前移动边打手指字母"I"的指式,表示碲的音节。

碘(I) diǎn

左手握拳,手背向上;右手打手指字母"D"的指式,手背向内,碰一下左手背,表示碘的声母。

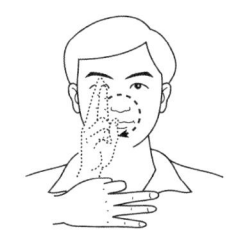

氙(Xe) xiān

一手打手指字母"X"的指式,置于鼻前,转动一小圈,然后打手指字母"E"的指式,表示氙的元素符号"Xe"。

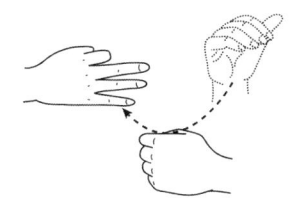

铯(Cs) sè

左手握拳,虎口朝上;右手打手指字母"S"的指式,砸一下左手虎口后边向前移动边打手指字母"E"的指式,表示铯的音节。

钡(Ba) bèi

左手握拳,虎口朝上;右手打手指字母"B"的指式,碰一下左拳右侧,表示钡的声母。

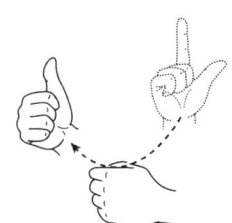

镧(La) lán

左手握拳,虎口朝上;右手打手指字母"L"的指式,砸一下左手虎口后边向前移动边打手指字母"A"的指式,表示镧的元素符号"La"。

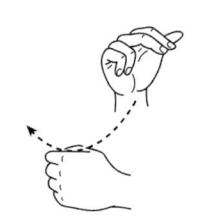

铈 (Ce)　shì

左手握拳，虎口朝上；右手打手指字母"SH"的指式，砸一下左手虎口后向前移动，表示铈的声母。

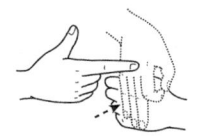

镨 (Pr)　pǔ

左手握拳，虎口朝上；右手打手指字母"P"的指式，碰一下左手背，然后打手指字母"R"的指式，表示镨的元素符号"Pr"。

钕 (Nd)　nǚ

左手握拳，虎口朝上；右手打手指字母"N"的指式，碰一下左拳右侧，表示钕的声母。

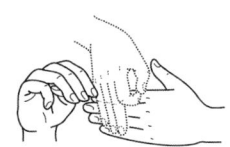

钷 (Pm)　pǒ

左手横立，掌心向内，表示屏蔽放射性物质；右手在左手前连续打手指字母"P""M"的指式，表示钷的元素符号"Pm"。

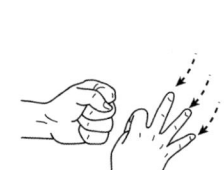

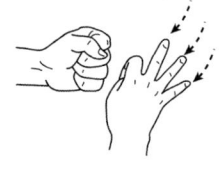

钐 (Sm)　shān

左手握拳，虎口朝上；右手伸中、无名、小指，指尖朝前，在左手旁斜向划动一下，仿"钐"字的右半部。

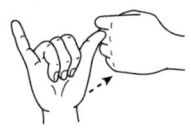

铕 (Eu)　yǒu

左手握拳，虎口朝上；右手打手指字母"Y"的指式，碰一下左拳右侧，表示铕的声母。

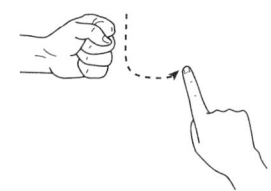

钆 (Gd)　gá
　　左手握拳,虎口朝上;右手伸食指,指尖朝前,在左手旁书空"L",仿"钆"字的右半部。

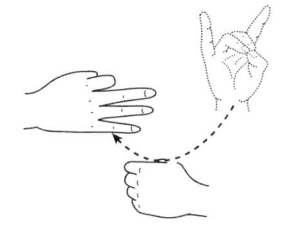

铽 (Tb)　tè
　　左手握拳,虎口朝上;右手打手指字母"T"的指式,砸一下左手虎口后边向前移动边打手指字母"E"的指式,表示铽的音节。

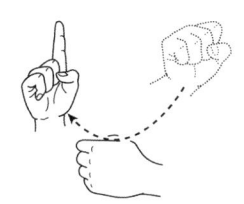

镝 (Dy)　dī
　　左手握拳,虎口朝上;右手打手指字母"D"的指式,砸一下左手虎口后边向前移动边打手指字母"I"的指式,表示镝的音节。

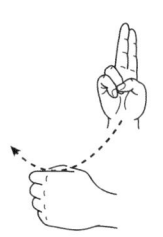

钬 (Ho)　huǒ
　　左手握拳,虎口朝上;右手打手指字母"H"的指式,砸一下左手虎口后向前移动,表示钬的声母。

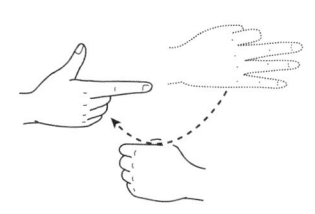

铒 (Er)　ěr
　　左手握拳,虎口朝上;右手打手指字母"E"的指式,砸一下左手虎口后边向前移动边打手指字母"R"的指式,表示铒的音节。

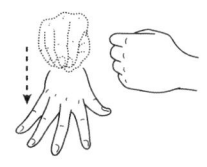

铥 (Tm)　diū
　　左手握拳,虎口朝上;右手五指撮合,指尖朝下,在左手旁边向下移动边张开,借用"丢"的手势表示"铥"字的右半部。

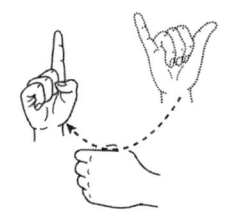

镱（Yb） yì
左手握拳，虎口朝上；右手打手指字母"Y"的指式，砸一下左手虎口后边向前移动边打手指字母"I"的指式，表示镱的音节。

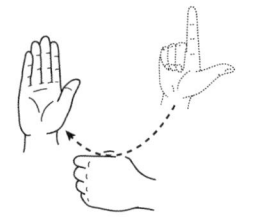

镥（Lu） lǔ
左手握拳，虎口朝上；右手打手指字母"L"的指式，砸一下左手虎口后边向前移动边打手指字母"U"的指式，表示镥的音节。

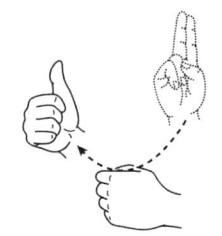

铪（Hf） hā
左手握拳，虎口朝上；右手打手指字母"H"的指式，砸一下左手虎口后边向前移动边打手指字母"A"的指式，表示铪的音节。

钽（Ta） tǎn
左手握拳，虎口朝上；右手打手指字母"T"的指式，在左手背前从左向右移动一下，表示钽的声母。

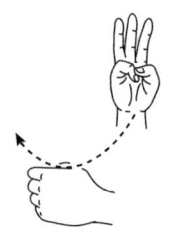

钨（W） wū
左手握拳，虎口朝上；右手打手指字母"W"的指式，砸一下左手虎口后向前移动，表示钨的声母。

铼（Re） lái
左手握拳，虎口朝上；右手打手指字母"L"的指式，沿左手背向下移动一下，表示铼的声母。

附录 化学元素　167

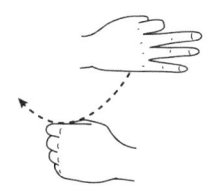

锇（Os）　é
　　左手握拳，虎口朝上；右手打手指字母"E"的指式，砸一下左手虎口后向前移动，表示锇的声母。

铱（Ir）　yī
　　左手握拳，虎口朝上；右手打手指字母"Y"的指式，碰一下左手背，然后打手指字母"I"的指式，表示铱的音节。

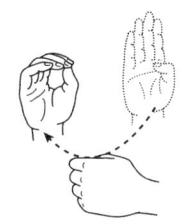

铂（Pt）　bó
　　左手握拳，虎口朝上；右手打手指字母"B"的指式，砸一下左手虎口后边向前移动边打手指字母"O"的指式，表示铂的音节。

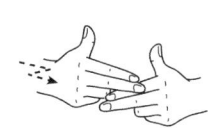

金①（Au）　jīn①
　　双手伸拇、食、中指，食、中指并拢，交叉相搭，右手中指蹭两下左手食指。

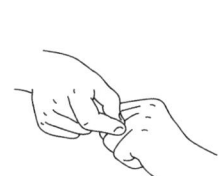

金②（Au）　jīn②
　　左手握拳，手背向上；右手拇、食指相捏，指尖朝下，置于左手无名指根部。

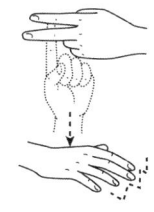

汞（水银①）（Hg）　gǒng（shuǐyín①）
　　左手食、中指与右手食指搭成"工"字形，表示"汞"字的上半部，然后右手向下移动，手横伸，掌心向下，五指张开，交替点动几下，表示"汞"字的下半部。

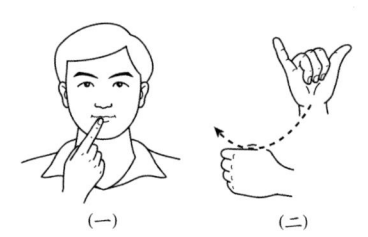

水银② shuǐyín ②
（一）一手伸食指，指尖贴于下嘴唇。
（二）左手握拳，虎口朝上；右手打手指字母"Y"的指式，砸一下左手虎口后向前移动，表示银的声母。

铊（Tl） tā
左手握拳，虎口朝上；右手打手指字母"T"的指式，砸一下左手虎口后边向前移动边打手指字母"A"的指式，表示铊的音节。

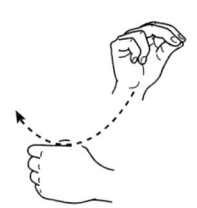

铅（Pb） qiān
左手握拳，虎口朝上；右手打手指字母"Q"的指式，砸一下左手虎口后向前移动，表示铅的声母。

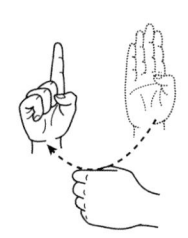

铋（Bi） bì
左手握拳，虎口朝上；右手打手指字母"B"的指式，砸一下左手虎口后边向前移动边打手指字母"I"的指式，表示铋的音节。

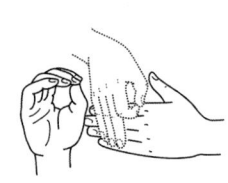

钋（Po） pō
左手横立，掌心向内，表示屏蔽放射性物质；右手在左手前连续打手指字母"P""O"的指式，表示钋的元素符号"Po"。

砹（At） ài
左手握拳，手背向上；右手食、中指分开，手背向上，置于左手背，然后向内做"乂"形转动，掌心向上，仿"艾"字形。

氡（Rn） dōng

一手打手指字母"R"的指式，置于鼻前，转动一小圈，然后打手指字母"N"的指式，表示氡的元素符号"Rn"。

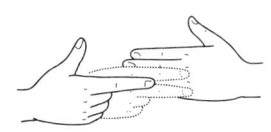

钫（Fr） fāng

左手横立，掌心向内，表示屏蔽放射性物质；右手在左手前连续打手指字母"F""R"的指式，表示钫的元素符号"Fr"。

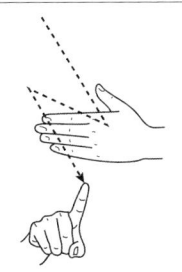

镭（Ra） léi

左手横立，掌心向内，表示屏蔽放射性物质；右手伸食指，指尖朝前，在左手前做"ㄣ"形划动。

锕（Ac） ā

左手横立，掌心向内，表示屏蔽放射性物质；右手打手指字母"A"的指式，置于左手前，表示锕的音节。

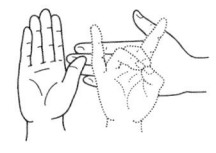

钍（Th） tǔ

左手横立，掌心向内，表示屏蔽放射性物质；右手在左手前连续打手指字母"T""U"的指式，表示钍的音节。

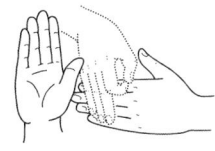

镤（Pa） pú

左手横立，掌心向内，表示屏蔽放射性物质；右手在左手前连续打手指字母"P""U"的指式，表示镤的音节。

铀（U） yóu
左手横立，掌心向内，表示屏蔽放射性物质；右手打手指字母"Y"的指式，手背贴于左手背，表示铀的声母。

镎（Np） ná
左手横立，掌心向内，表示屏蔽放射性物质；右手在左手前连续打手指字母"N""A"的指式，表示镎的音节。

钚（Pu） bù
左手横立，掌心向内，表示屏蔽放射性物质；右手在左手前连续打手指字母"B""U"的指式，表示钚的音节。

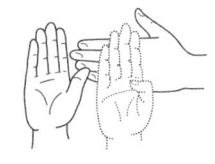

镅（Am） méi
左手横立，掌心向内，表示屏蔽放射性物质；右手打手指字母"M"的指式，置于左手前，表示镅的声母。

锔（Cm） jū
左手横立，掌心向内，表示屏蔽放射性物质；右手打手指字母"J"的指式，置于左手前，表示锔的声母。

锫（Bk） péi
左手横立，掌心向内，表示屏蔽放射性物质；右手打手指字母"P"的指式，置于左手前，表示锫的声母。

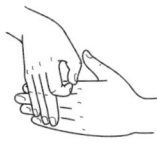

附录 化学元素　171

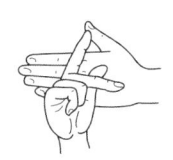

锎 (Cf)　kāi

左手横立,掌心向内,表示屏蔽放射性物质;右手打手指字母"K"的指式,置于左手前,表示锎的声母。

锿 (Es)　āi

左手横立,掌心向内,表示屏蔽放射性物质;右手在左手前连续打手指字母"A""I"的指式,表示锿的音节。

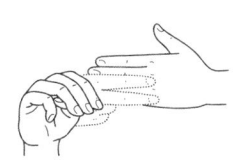

镄 (Fm)　fèi

左手横立,掌心向内,表示屏蔽放射性物质;右手在左手前连续打手指字母"F""M"的指式,表示镄的元素符号"Fm"。

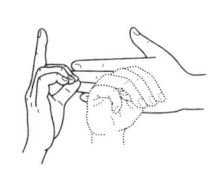

钔 (Md)　mén

左手横立,掌心向内,表示屏蔽放射性物质;右手在左手前打手指字母"M"的指式,然后打英文小写字母"d"的指式,表示钔的元素符号"Md"。

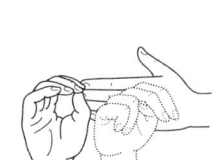
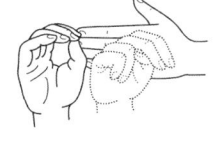

锘 (No)　nuò

左手横立,掌心向内,表示屏蔽放射性物质;右手在左手前连续打手指字母"N""O"的指式,表示锘的元素符号"No"。

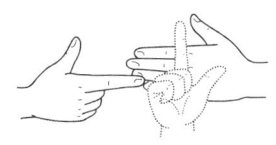

铹 (Lr)　láo

左手横立,掌心向内,表示屏蔽放射性物质;右手在左手前连续打手指字母"L""R"的指式,表示铹的元素符号"Lr"。

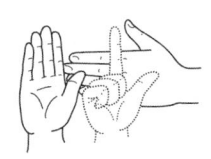

铲 (Rf) lú

左手横立,掌心向内,表示屏蔽放射性物质;右手在左手前连续打手指字母"L""U"的指式,表示铲的音节。

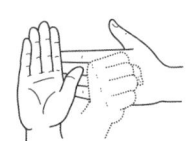

𬭊 (Db) dù

左手横立,掌心向内,表示屏蔽放射性物质;右手在左手前连续打手指字母"D""U"的指式,表示𬭊的音节。

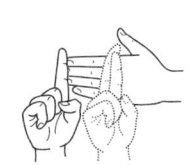

𬭳 (Sg) xǐ

左手横立,掌心向内,表示屏蔽放射性物质;右手在左手前连续打手指字母"X""I"的指式,表示𬭳的音节。

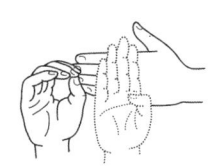

𬭛 (Bh) bō

左手横立,掌心向内,表示屏蔽放射性物质;右手在左手前连续打手指字母"B""O"的指式,表示𬭛的音节。

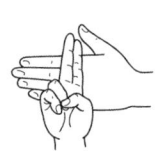

𬭶 (Hs) hēi

左手横立,掌心向内,表示屏蔽放射性物质;右手打手指字母"H"的指式,置于左手前,表示𬭶的声母。

鿏 (Mt) mài

左手横立,掌心向内,表示屏蔽放射性物质;右手在左手前连续打手指字母"M""T"的指式,表示鿏的元素符号"Mt"。

附录 化学元素　173

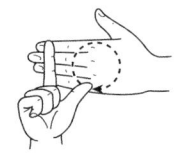

𫟼（Ds）　dá

左手横立，掌心向内，表示屏蔽放射性物质；右手在左手前连续打手指字母"D""A"的指式，表示𫟼的音节。

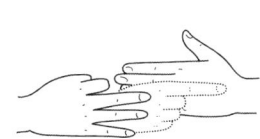

𬬭（Rg）　lún

左手横立，掌心向内，表示屏蔽放射性物质；右手打手指字母"L"的指式，置于左手前，并转动一圈，表示𬬭的声母。

鿔（Cn）　gē

左手横立，掌心向内，表示屏蔽放射性物质；右手在左手前连续打手指字母"G""E"的指式，表示鿔的音节。

𬬿（Nh）　nǐ

左手横立，掌心向内，表示屏蔽放射性物质；右手在左手前连续打手指字母"N""I"的指式，表示𬬿的音节。

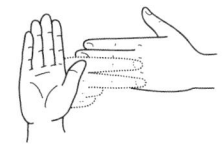

𫓧（Fl）　fū

左手横立，掌心向内，表示屏蔽放射性物质；右手在左手前连续打手指字母"F""U"的指式，表示𫓧的音节。

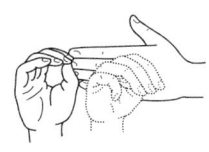

镆（Mc）　mò

左手横立，掌心向内，表示屏蔽放射性物质；右手在左手前连续打手指字母"M""O"的指式，表示镆的音节。

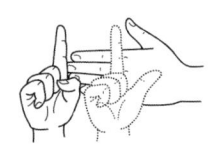

铊 (Lv) lì

左手横立,掌心向内,表示屏蔽放射性物质;右手在左手前连续打手指字母"L""l"的指式,表示铊的音节。

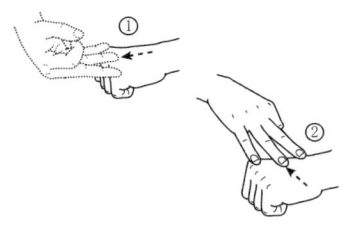

鿬 (Ts) tián

左手握拳,手背向上;右手中、无名、小指分开,掌心向上,在左手背上先横划一下,再掌心向下,在左手背上竖划一下,表示鿬的右半部。

鿫 (Og) ào

一手打手指字母"O"的指式,置于鼻前,转动一小圈,然后打手指字母"G"的指式,表示鿫的元素符号"Og"。

汉语拼音索引

A

Āfújiādéluó	阿伏加德罗	151
Āfújiādéluó chángshù	阿伏加德罗常数	25
ānquán túbiāo	安全图标	123
ān	氨	62
ānjīsuān	氨基酸	117
ānqì	氨气	62
ānshuǐ	氨水	62
áohéwù	螯合物	103
àomì	奥秘	2

B

báijīn	白金	90
bǎohé	饱和	17
bǎohé róngyè	饱和溶液	17
bǎohétīng	饱和烃	99
běn	苯	108
běnbǐngbǐ	苯并芘	109
běnfēn	苯酚	108
běnhuán	苯环	108
běnjiǎsuānnà	苯甲酸钠	108
biànsè	变色	7
biǎomiàn huóxìng wùzhì	表面活性物质	119
biǎomiànmǐn	表面皿	137
bǐngjī xiàngjiāo	丙基橡胶	116
bǐngquē	丙炔	107
bǐngsānchún	丙三醇	111
bǐngtóng	丙酮	112
bǐngwán	丙烷	105
bǐngxī	丙烯	107
bō'ěrduōyè	波尔多液	17
bō·libàng	玻璃棒	139
bō·ligāng	玻璃钢	117
bō·liguǎn	玻璃管	140
Bōyì'ěr	玻义耳	151
Bōyì'ěr	玻意耳	151
bùbǎohé róngyè	不饱和溶液	17
bùbǎohétīng	不饱和烃	100
bùchōngfèn ránshāo	不充分燃烧	126
bùhuó·pō jīnshǔ	不活泼金属	63
bùkězàishēng néngyuán	不可再生能源	53
bùwánquán ránshāo	不完全燃烧	126
bùxiùgāng	不锈钢	92

C

cáiliào	材料	5
cǎikuàng	采矿	3
cāozuò fāngfǎ	操作方法	122
cǎosuān①	草酸①	109
cǎosuān②	草酸②	109
cèliàn	侧链	102
cháiyóu	柴油	57
chānzá	掺杂	126
chǎnwù	产物	45
chángjǐng-lòudǒu	长颈漏斗	142
chángzhōuqī	长周期	28
chángwēn	常温	125
cháojiě	潮解	41
chéndiàn	沉淀	129
chénjiàng	沉降	130
chēngliàngpíng	称量瓶	145
chéngfèn	成分	7
chéngqīng shíhuīshuǐ	澄清石灰水	79
chìtiěkuàng	赤铁矿	93
chōngdiàn diànchí	充电电池	54
chōngfèn ránshāo	充分燃烧	126
chòuyǎng	臭氧	62
chǔqìpíng	储气瓶	146
chúndù	纯度	15
chúnjiǎn	纯碱	88
chúnjìngwù	纯净物	7
chún	醇	97
cílì jiǎobànqì	磁力搅拌器	150
cìlǜsuān	次氯酸	81
cìlǜsuāngài	次氯酸钙	81
cìlǜsuāngēn	次氯酸根	81
cìlǜsuānnà	次氯酸钠	81
cìwàicéng diànzǐshù	次外层电子数	32
cùquán	醋醛	112
cùsuān	醋酸	109
cuīhuàjì	催化剂	135
cuìqǔ	萃取	129
cuìqǔjì	萃取剂	134

D

dàlǐshí	大理石	94
Dàiwéi	戴维	151
dānjiàn	单键	22
dāntáng	单糖	112
dāntǐ	单体	114
dānwèi	单位	25
dānzhì	单质	6
dànhuà	淡化	130
dànféi	氮肥	96
dànqì	氮气	61
dǎodiànxìng	导电性	12
dǎoguǎn①	导管①	139
dǎoguǎn②	导管②	139
dǎorèxìng	导热性	12
Dào'ěrdùn	道尔顿	151
dītàn	低碳	58
dīdìngfǎ	滴定法	125
dīdìngguǎn	滴定管	143
dīdìngguǎnjiā	滴定管夹	144
dīguǎn	滴管	143
dīpíng	滴瓶	146
dìbiàn❶	递变❶	2
dìbiàn❷	递变❷	2
diǎnhuǒ	点火	125
diǎnrán	点燃	125
diànfùxìng	电负性	33
diànhè	电荷	38
diànjí	电极	131
diànjí fǎnyìng	电极反应	51
diànjiǎobànqì	电搅拌器	150
diànjiěchí	电解池	55
diànjiězhì	电解质	36
diànlí	电离	37

diànlí chángshù 电离常数		37
diànlídù 电离度		37
diànlí fāngchéngshì 电离方程式		37
diànlínéng 电离能		37
diànzǐcéng 电子层		31
diànzǐcéngshù 电子层数		31
diànzǐ néngjí 电子能级		33
diànzǐ-páibù 电子排布		33
diànzǐ-páibùshì 电子排布式		33
diànzǐshì 电子式		34
diànzǐ tiānpíng 电子天平		149
diànzǐ zhuǎnyí 电子转移		33
dīngdá'ěr xiàoyìng 丁达尔效应		15
dīngjī xiàngjiāo 丁基橡胶		116
dīngquē 丁炔		108
dīngwán 丁烷		105
dīngxī 丁烯		107
dìngliàng 定量		132
dìngliàng fēnxī 定量分析		132
dìngxìng 定性		132
dìngxìng fēnxī 定性分析		133
dōng·xi 东西		5
dòngtài pínghéng 动态平衡		52
dúxìng 毒性		40
duǎnzhōuqī 短周期		28
dùnhuà 钝化		71
duōtài 多肽		117
duōtáng 多糖		112
duōyuánsuān 多元酸		74
duòxìng qìtǐ 惰性气体		62

E

èrlǜhuàměng 二氯化锰		73
èrlǜjiǎwán 二氯甲烷		106
èryǎnghuàdàn 二氧化氮		67
èryǎnghuàguī 二氧化硅		67
èryǎnghuàliú 二氧化硫		68
èryǎnghuàměng 二氧化锰		70
èryǎnghuàtàn ① 二氧化碳①		67
èryǎnghuàtàn ② 二氧化碳②		67
èryuánsuān 二元酸		74

F

fājué 发掘		3
fǎmǎ 砝码		148
fán 矾		84
fǎnyìng tiáojiàn 反应条件		45
fǎnyìngwù 反应物		45
fàndéhuálì 范德华力		20
fāngxiāngjì 芳香剂		118
fāngxiāngtīng 芳香烃		100

fāngxiāngyóu 芳香油		119
fāngxiāngzú-huàhéwù 芳香族化合物		100
fángdòngjì 防冻剂		119
fángfǔjì 防腐剂		119
fánghù yòngjù 防护用具		123
fàngrè 放热		46
fàngrè fǎnyìng 放热反应		46
fēidiànjiězhì 非电解质		37
fēijíxìng 非极性		24
fēijíxìng fēnzǐ 非极性分子		24
fēijíxìngjiàn 非极性键		24
fēijīnshǔ ① 非金属①		64
fēijīnshǔ ② 非金属②		64
fēijīnshǔxìng ① 非金属性①		64
fēijīnshǔxìng ② 非金属性②		64
fèiqì 废气		133
fèishuǐ 废水		133
fèizhā 废渣		134
fèidiǎn 沸点		10
fèiténg 沸腾		126
fēncéng ① 分层①		129
fēncéng ② 分层②		129
fēnjiě 分解		41
fēnjiě fǎnyìng 分解反应		47
fēnlèi 分类		131
fēnlí 分离		128
fēnliè 分裂		44
fēnliú 分馏		127
fēnsànjì 分散剂		13
fēnsànxì 分散系		13
fēnsànzhì 分散质		13
fēnxī 分析		131
fēnxī huàxué 分析化学		132
fēnxī tiānpíng 分析天平		149
fēnyè 分液		128
fēnyè-lòudǒu 分液漏斗		143
fēnzǐ 分子		18
fēnzǐ guǐdào 分子轨道		19
fēnzǐjiān-zuòyònglì 分子间作用力		20
fēnzǐliàng 分子量		30
fēnzǐshì 分子式		34
fēnzǔ 分组		131
fēn 酚		98
fēnquán shùzhī 酚醛树脂		116
fēntài 酚酞		120
fěnchén 粉尘		9
fěnsuì 粉碎		42
fúlì'áng 氟利昂		58
fú'ěrmǎlín 福尔马林		111
fǔshíxìng 腐蚀性		12
fùdiànhè 负电荷		38

fùfēnjiě fǎnyìng 复分解反应		48
fùhé cáiliào 复合材料		117
fùhé féiliào 复合肥料		96
fùyuán 复原		48
fùzú 副族		27

G

gānbīng 干冰		67
gānliú 干馏		128
gānzàojì 干燥剂		135
gānzàoqì 干燥器		149
gānyóu ① 甘油①		111
gānyóu ② 甘油②		111
gānyóu-sānzhǐ 甘油三酯		112
gānguō 坩埚		147
gānguōqián 坩埚钳		148
gāng 钢		93
gāofēnzǐ 高分子		103
gāofēnzǐ huàhéwù 高分子化合物		103
gāojùwù 高聚物		104
gāoměngsuānjiǎ 高锰酸钾		80
gāowēn 高温		125
gōngyè zhìfǎ 工业制法		124
gòngjià-huàhéwù 共价化合物		21
gòngjiàjiàn 共价键		21
gòngyòng-diànzǐduì 共用电子对		21
gūduì-diànzǐ 孤对电子		25
gùróngjiāo 固溶胶		14
gùtǐ 固体		8
guàn 罐		3
guǎngkǒupíng 广口瓶		146
guīsuān 硅酸		77
guīsuānyán 硅酸盐		75
guīzǎotǔ 硅藻土		95
guǐdào chóngdié 轨道重叠		20
guǒsuān 果酸		110
guǒtáng 果糖		113
guòdù yuánsù 过渡元素		28
guòlǜ 过滤		129
guòyǎnghuànà 过氧化钠		70
guòyǎnghuàqīng 过氧化氢		70
guòyǎnghuàwù 过氧化物		66

H

hányǎngsuān 含氧酸		74
héchéng xiānwéi 合成纤维		116
héchéng xiàngjiāo 合成橡胶		116
héjīn 合金		91
héjīngāng 合金钢		93
hé diànhèshù 核电荷数		30

hésù 核素		30
héwài-diànzǐshù 核外电子数		29
hēisè jīnshǔ 黑色金属		63
héngwēnqì 恒温器		149
hóngbǎoshí 红宝石		95
Hóu Débǎng 侯德榜		152
hùmùjìng 护目镜		123
huāgāngyán 花岗岩		94
huàféi 化肥		96
huàgōngchǎng 化工厂		4
huàhé 化合		47
huàhé fǎnyìng 化合反应		47
huàhéjià 化合价		32
huàhétài 化合态		6
huàhéwù 化合物		6
huàshí néngyuán 化石能源		53
huàxué 化学		1
huàxué biànhuà 化学变化		5
huàxué fǎnyìng 化学反应		41
huàxué fǎnyìng sùlǜ 化学反应速率		51
huàxué fǎnyìng xiàndù 化学反应限度		51
huàxué fāngchéngshì 化学方程式		44
huàxué fúhào 化学符号		44
huàxué jìliàngfǎ 化学计量法		132
huàxué jìliàngshù 化学计量数		44
huàxuéjiàn 化学键		20
huàxué jiégòu 化学结构		6
huàxuénéng 化学能		53
huàxué pínghéng 化学平衡		51
huàxué pínghéng zhuàngtài 化学平衡状态		52
huàxuéshì 化学式		34
huàxué wùzhì 化学物质		6
huàxué xìngzhì 化学性质		5
huányuán 还原		48
huányuánjì 还原剂		134
huányuánxìng 还原性		40
huánbǐngwán 环丙烷		106
huándīngwán 环丁烷		106
huánjǐwán 环己烷		107
huánwántīng 环烷烃		99
huánwùwán 环戊烷		106
huǎnchōngjì 缓冲剂		135
huángjīn 黄金		91
huángtóng 黄铜		91
huángtóngkuàng 黄铜矿		93
huīfā 挥发		42
huīfāxìng 挥发性		12
huīfù 恢复		48
huītiěkuàng 辉铁矿		94
huíshōu 回收		3
húnzhuó① 浑浊①		8
húnzhuó② 浑浊②		8
hùnhéwù 混合物		7
huó·pō jīnshǔ 活泼金属		63
huóxìngtàn 活性炭		65
huǒ 火		125
huǒyào 火药		95

J

jīyóu 机油		57
jíhuà 极化		23
jíxìng 极性		24
jíxìng fēnzǐ 极性分子		24
jíxìngjiàn 极性键		24
jíqìpíng 集气瓶		146
jǐwán 己烷		105
jìliàngfǎ 计量法		132
jiāchéng fǎnyìng 加成反应		50
jiājù fǎnyìng 加聚反应		50
jiārè 加热		125
jiǎběn 甲苯		108
jiǎchún 甲醇		110
jiǎjīchéng 甲基橙		119
jiǎjīhóng 甲基红		120
jiǎquán 甲醛		111
jiǎsuān 甲酸		109
jiǎwán 甲烷		104
jiǎféi 钾肥		96
jiàdiànzǐ 价电子		32
jiàtài 价态		32
jiǎncè 检测		131
jiǎntàn 减碳		58
jiǎn 碱		38
jiǎnjīnshǔ 碱金属		29
jiǎnshíhuī 碱石灰		80
jiǎnshì-dīdìngguǎn 碱式滴定管		144
jiǎnshìyán 碱式盐		75
jiǎnxìng 碱性		39
jiǎnxìng yǎnghuàwù 碱性氧化物		66
jiànjiǎo 键角		22
jiànnéng 键能		23
jiànxiànshì 键线式		101
jiàngjiě 降解		42
jiàngtàn 降碳		58
jiāotǐ 胶体		14
jiāotóu-dīguǎn 胶头滴管		143
jiāozhānjì 胶粘剂		136
jiàoxué móxíng 教学模型		1
jiégòu dānyuán 结构单元		114
jiégòu jiǎnshì 结构简式		35
jiégòushì 结构式		34
jiéhélì 结合力		23
jiéjīng① 结晶①		43
jiéjīng② 结晶②		43
jièyòng 借用		4
jīngāngshí 金刚石		65
jīnshǔ 金属		63
jīnshǔ huódòngxìng 金属活动性		64
jīnshǔjiàn 金属键		21
jīnshǔxìng 金属性		64
jīnshǔ yǎnghuàwù 金属氧化物		66
jǐnlún 锦纶		115
jīnggé 晶格		23
jīngtǐ① 晶体①		23
jīngtǐ② 晶体②		23
jīnglún 腈纶		115
jīngmìdù 精密度		133
jīngquèdù 精确度		133
jìngdiàn zuòyòng 静电作用		20
jiǔjīng 酒精		110
jiǔjīngdēng 酒精灯		137
jiǔjīngdēngzhào 酒精灯罩		138
jiǔjīng-pēndēng 酒精喷灯		138
jùběnyǐxī 聚苯乙烯		115
jùbiàn 聚变		53
jùhédù 聚合度		114
jùhéwù 聚合物		104
jùlǜyǐxī 聚氯乙烯		115
jùsìfú-yǐxī 聚四氟乙烯		114
jùxiān'àn 聚酰胺		115
jùyǐxī 聚乙烯		114

K

Kǎwéndíxǔ 卡文迪许		151
kāicǎi 开采		3
kāifā 开发		3
Kǎikùlè 凯库勒		152
kěnì fǎnyìng 可逆反应		47
kěránbīng 可燃冰		56
kěránwù 可燃物		123
kěránxìng 可燃性		40
kěróng 可溶		16
kězàishēng néngyuán 可再生能源		52
kètí 课题		1
kōngjiān gòuxíng 空间构型		22
kōngqì 空气		60
kuàngwù 矿物		93
kuòsàn 扩散		130
kuòsàn guòchéng 扩散过程		130

L

lājī chǔlǐzhàn 垃圾处理站	4
Lāwǎxī 拉瓦锡	152
lánbǎoshí 蓝宝石	95
lěngníng 冷凝	43
lěngníngguǎn 冷凝管	143
líxīn fēnlí 离心分离	128
líyù-diànzǐ 离域电子	25
lízǐ 离子	19
lízǐ fǎnyìng 离子反应	41
lízǐ fāngchéngshì 离子方程式	44
lízǐ huàhéwù 离子化合物	20
lízǐjiǎn 离子碱	35
lízǐjiàn 离子键	20
lízǐsuān 离子酸	35
lǐdiànchí 锂电池	54
lìyòng 利用	4
lìzǐ 粒子	18
liàngāng 炼钢	93
liàntiě 炼铁	92
liángbēi 量杯	144
liángtǒng 量筒	145
liǎngxìng qīngyǎnghuàwù 两性氢氧化物	78
liǎngxìng yǎnghuàwù 两性氧化物	66
lièbiàn 裂变	53
lièjiě 裂解	44
lièjiě fǎnyìng 裂解反应	49
línféi 磷肥	96
línsuān 磷酸	76
línsuānèrqīnggēn 磷酸二氢根	87
línsuānèrqīngjiǎ 磷酸二氢钾	87
línsuānèrqīngnà 磷酸二氢钠	88
línsuāngēn 磷酸根	86
línsuānjiǎ 磷酸钾	86
línsuānnà 磷酸钠	87
línsuānqīngèrjiǎ 磷酸氢二钾	87
línsuānqīngèrnà 磷酸氢二钠	87
línsuānqīnggēn 磷酸氢根	87
língtiěkuàng 菱铁矿	94
língzú 零族	28
liúchún 硫醇	111
liúhuáng 硫磺	157
liúqínghuàjiǎ 硫氰化钾	90
liúsuān 硫酸	76
liúsuānǎn 硫酸铵	83
liúsuānbèi 硫酸钡	83
liúsuāngài 硫酸钙	82
liúsuāngēn 硫酸根	82
liúsuānjiǎ 硫酸钾	82
liúsuānlǚ 硫酸铝	82
liúsuānlǚjiǎ 硫酸铝钾	83
liúsuānměi 硫酸镁	82
liúsuānnà 硫酸钠	82
liúsuāntiě 硫酸铁	83
liúsuāntóng 硫酸铜	83
liúsuānyàtiě 硫酸亚铁	83
lòudǒu 漏斗	142
lǔdài-fǎnyìng 卤代反应	50
lǔdàitīng 卤代烃	99
lǔsù 卤素	28
lǔzú-yuánsù 卤族元素	28
lǚhéjīn 铝合金	91
lǚtǔkuàng 铝土矿	94
lǜdàiwù 氯代物	105
lǜhuà'ǎn 氯化铵	73
lǜhuàbèi 氯化钡	73
lǜhuàgài 氯化钙	71
lǜhuàgǒng 氯化汞	73
lǜhuàjiǎ 氯化钾	71
lǜhuàlǐ 氯化锂	73
lǜhuàlǚ 氯化铝	72
lǜhuàměi 氯化镁	72
lǜhuànà 氯化钠	72
lǜhuàtiě 氯化铁	72
lǜhuàtóng 氯化铜	72
lǜhuàwù 氯化物	71
lǜhuàxīn 氯化锌	72
lǜhuàyín 氯化银	73
lǜqì 氯气	61
lǜshuǐ 氯水	61
lǜsuānjiǎ 氯酸钾	80
lǜyè 滤液	129
lǜzhǐ 滤纸	138
luòhéwù 络合物	103

M

màiyátáng 麦芽糖	113
mǎn 满	17
mángxiāo 芒硝	95
méijiè 媒介	45
méi 煤	55
méikuài 煤块	55
méiqì 煤气	56
méiyóu 煤油	57
Ménjiélièfū 门捷列夫	152
mí 醚	98
mìdù 密度	10
mièhuǒjì 灭火剂	135
mièhuǒqì 灭火器	149

míngfán 明矾	84
mó'ěr 摩尔	25
mó'ěr zhìliàng 摩尔质量	26
mùtáng 木糖	113
mùtángchún 木糖醇	113

N

nǎiqì 氖气	62
nàigāowēn 耐高温	13
nánróng① 难溶①	16
nánróng② 难溶②	16
néngyuán① 能源①	52
néngyuán② 能源②	52
nígǔdīng 尼古丁	118
nílóng① 尼龙①	115
nílóng② 尼龙②	115
nílóng xiānwéi 尼龙纤维	115
nísānjiǎo 泥三角	142
nìfǎnyìng 逆反应	47
niàosù 尿素	117
niè·zi 镊子	148
niègé-diànchí 镍镉电池	54
nínggù 凝固	43
nínggùdiǎn 凝固点	11
níngjù 凝聚	43
nóngyào① 农药①	118
nóngyào② 农药②	118
nóngdù 浓度	15
nóngliúsuān 浓硫酸	77
nóngróngyè 浓溶液	18
nóngsuō 浓缩	43
nóngyánsuān 浓盐酸	77

P

páishuǐfǎ 排水法	124
páishuǐ jíqìfǎ 排水集气法	124
pèihéwù 配合物	103
pèipíng 配平	45
pèiwèijiàn 配位键	21
pèizhì 配制	126
piānlǚsuānnà 偏铝酸钠	90
piānyí 偏移	21
piǎobáifěn 漂白粉	81
piǎobáijì 漂白剂	81
píngdǐ-shāopíng 平底烧瓶	147
píngguǒsuān 苹果酸	110
pú·taotáng 葡萄糖	113
Pǔlìsītèlǐ 普利斯特里	152

Q

qíhuà fǎnyìng 歧化反应	49
qǐpǔ-fāshēngqì 启普发生器	149
qìhuà 气化	42

汉语拼音索引

qìmìxìng 气密性		12
qìpíng 气瓶		146
qìróngjiāo 气溶胶		14
qìtǐ 气体		9
qìtǐ mó'ěr tǐjī 气体摩尔体积		26
qìwèi 气味		7
qìchē wěiqì 汽车尾气		58
qìhuà 汽化		42
qìcái 器材		122
qiángdiànjiězhì 强电解质		36
qiángjiǎn 强碱		75
qiángsuān 强酸		74
qiǎngjī 羟基		102
qīngtóng 青铜		91
qīngtóngqì 青铜器		3
qīnghuàwù 氢化物		78
qīngjiàn 氢键		22
qīnglízǐ① 氢离子①		36
qīnglízǐ② 氢离子②		36
qīngqì 氢气		61
qīngqì fāshēngqì 氢气发生器		149
qīngyǎnggēn lízǐ 氢氧根离子		36
qīngyǎnghuàbèi 氢氧化钡		80
qīngyǎnghuàgài 氢氧化钙		78
qīngyǎnghuàjiǎ 氢氧化钾		78
qīngyǎnghuàlǚ 氢氧化铝		79
qīngyǎnghuàměi 氢氧化镁		79
qīngyǎnghuànà 氢氧化钠		79
qīngyǎnghuàsī 氢氧化锶		80
qīngyǎnghuàtiě 氢氧化铁		79
qīngyǎnghuàtóng 氢氧化铜		79
qīngyǎnghuàwù 氢氧化物		78
qīngyǎnghuàyàtiě 氢氧化亚铁		80
qīngjiéjì 清洁剂		136
qiúxíng-gānzàoguǎn 球形干燥管		144
qǔdài fǎnyìng 取代反应		50
qǔdàijī 取代基		102
quán 醛		98
quánjī 醛基		103
quētīng 炔烃		99

R

rándiǎn① 燃点①		11
rándiǎn② 燃点②		11
ránliào diànchí 燃料电池		55
ránshāo 燃烧		125
ránshāochí 燃烧匙		138
rènéng 热能		53
rèwěndìngxìng 热稳定性		13

róngjī 容积		10
róngliàngpíng 容量瓶		145
róngjì 溶剂		15
róngjiě 溶解		41
róngjiědù 溶解度		16
róngjiěxìng 溶解性		12
róngyè 溶液		13
róngzhì 溶质		15
róngzhì zhìliàng fēnshù 溶质质量分数		17
róngdiǎn 熔点		10
róngfèidiǎn 熔沸点		11
róngróng zhuàngtài 熔融状态		11
rǔhuàjì 乳化剂		136
rǔsuān① 乳酸①		110
rǔsuān② 乳酸②		110
rǔzhuóyè 乳浊液		14
rùnhuáyóu 润滑油		58
ruòdiànjiězhì 弱电解质		36
ruòjiǎn 弱碱		75
ruòsuān 弱酸		75

S

sānjiàn 三键		22
sānjiǎojià 三脚架		142
sānjǐngpíng 三颈瓶		147
sānlǜjiǎwán 三氯甲烷		106
sānyǎnghuà'èrdàn 三氧化二氮		68
sānyǎnghuàliú 三氧化硫		68
shāchóngjì 杀虫剂		118
shājūnjì 杀菌剂		118
shāobēi 烧杯		145
shāopíng 烧瓶		145
Shělè 舍勒		152
shèbèi 设备		122
shèshī 设施		122
shēnghuá 升华		43
shēngchéngwù 生成物		45
shēngshíhuī 生石灰		69
shēngtiě① 生铁①		92
shēngtiě② 生铁②		92
shēngxiù 生锈		44
shíhuīshí① 石灰石①		88
shíhuīshí② 石灰石②		88
shílà 石蜡		119
shímiánwǎng 石棉网		142
shímò 石墨		65
shíqì 石器		2
shíruǐ 石蕊		120
shíyóu 石油		56
shíyàn① 实验①		121

shíyàn② 实验②		121
shíyàn jìnéng 实验技能		122
shíyàn shèjì 实验设计		121
shíyànshì 实验式		34
shíyànshì 实验室		121
shíyànshì guīzé 实验室规则		121
shíyànshì zhìfǎ 实验室制法		124
shíyòngjiǎn 食用碱		90
shìguǎn 试管		140
shìguǎnjiā 试管夹		140
shìguǎnjià 试管架		141
shìguǎnshuā 试管刷		141
shìjì 试剂		122
shìjìpíng 试剂瓶		146
shìzhǐ 试纸		138
shūsōngjì 疏松剂		136
shúshíhuī① 熟石灰①		78
shúshíhuī② 熟石灰②		78
shútiě 熟铁		92
shuāibiàn 衰变		54
shuāngjiàn 双键		22
shuāngyǎngshuǐ 双氧水		70
shuǐcáo 水槽		141
shuǐhé fǎnyìng 水合反应		49
shuǐjiě 水解		41
shuǐjiě fǎnyìng 水解反应		49
shuǐméiqì 水煤气		56
shuǐróngyè 水溶液		17
shuǐyín① 水银①		167
shuǐyín② 水银②		168
sìlǜhuàtàn 四氯化碳		106
sìyǎnghuàsāntiě 四氧化三铁		70
sūdá① 苏打①		88
sūdá② 苏打②		89
sùliào 塑料		116
suān 酸		38
suāngān 酸酐		39
suānjiǎndù 酸碱度		39
suānjiǎnxìng 酸碱性		39
suānjiǎn zhǐshìjì 酸碱指示剂		40
suānjiǎn zhìzǐ lǐlùn 酸碱质子理论		40
suānshì-dīdìngguǎn 酸式滴定管		144
suānshìyán 酸式盐		75
suānxìng 酸性		39
suānxìng yǎnghuàwù 酸性氧化物		65
suōjī 羧基		102
suōsuān 羧酸		97
suō 缩		43
suōjù fǎnyìng 缩聚反应		51

T

tànjiū 探究		2
tànbǔjí 碳捕集		59
tàndáfēng 碳达峰		59
tànfēngcún 碳封存		59
tànlìyòng 碳利用		58
tànshuǐ-huàhéwù 碳水化合物		104
tànsuān 碳酸		77
tànsuānǎn 碳酸铵		89
tànsuānbèi 碳酸钡		89
tànsuāngài 碳酸钙		88
tànsuāngēn 碳酸根		88
tànsuānjiǎ 碳酸钾		88
tànsuānnà 碳酸钠		88
tànsuānqīnggēn 碳酸氢根		89
tànsuānqīngnà 碳酸氢钠		90
tànsuāntóng 碳酸铜		89
tànsuānyín 碳酸银		89
tàntàn-shuāngjiàn 碳碳双键		101
tànzhōnghé① 碳中和①		59
tànzhōnghé② 碳中和②		59
táoguàn 陶罐		3
táoqì 陶器		3
tèfúlóng① 特氟龙①		114
tèfúlóng② 特氟龙②		114
tíchún 提纯		128
tíliàn 提炼		127
tíqǔ 提取		127
tíqǔwù 提取物		127
tǐjī 体积		10
tiānpíng 天平		148
tiānqì 天气		60
tiānránqì 天然气		56
tiānjiājì 添加剂		136
tiánwèijì 甜味剂		137
tiějiā 铁夹		142
tiějiàtái 铁架台		141
tiěqì 铁器		3
tiěquān 铁圈		141
tiěxiè 铁屑		92
tiěxiù 铁锈		71
tiěyán 铁盐		76
tīng 烃		98
tīngjī 烃基		102
tōngshì 通式		33
tóngfēn-yìgòutǐ 同分异构体		101
tóngfēn-yìgòu xiànxiàng 同分异构现象		101
tóngsù-yìxíngtǐ 同素异形体		60
tóngwèisù 同位素		30
tóngxìwù 同系物		100
tóng 酮		98
tóngjī 酮基		103
tuìsè① 褪色①		8
tuìsè② 褪色②		8
tuōpán tiānpíng 托盘天平		148
tuōdàn-zuòyòng 脱氮作用		96
tuōshuǐ 脱水		42
tuōshuǐjì 脱水剂		135

W

wājué 挖掘		3
wánquán ránshāo 完全燃烧		126
wánjī 烷基		102
wántīng 烷烃		99
wēilì 微粒		18
wēilìshù 微粒数		26
wēiliàng yuánsù 微量元素		29
wēiróng 微溶		16
wěiqì 尾气		58
wēndù① 温度①		139
wēndù② 温度②		139
wēndùjì① 温度计①		139
wēndùjì② 温度计②		139
wūshuǐ chǔlǐchǎng 污水处理厂		4
wúdìngxíngtàn 无定形碳		65
wújī huàhéwù 无机化合物		60
wújī huàxué 无机化学		60
wújīwù 无机物		60
wúsè 无色		7
wúyǎngsuān 无氧酸		74
wǔyǎnghuà'èrdàn 五氧化二氮		68
wǔyǎnghuà'èrlín 五氧化二磷		68
wùwán 戊烷		105
wùlǐ biànhuà 物理变化		5
wùlǐliàng 物理量		9
wùlǐ xìngzhì 物理性质		5
wùtǐ zhuàngtài 物体状态		8
wùzhì 物质		5
wùzhì·de liàng 物质的量		25
wùzhì·de liàng nóngdù 物质的量浓度		26
wùzī 物资		5

X

xīfù 吸附		130
xīrè 吸热		45
xīrè fǎnyìng 吸热反应		46
xīshuǐ 吸水		42
xītīng 烯烃		99
xīliúsuān 稀硫酸		77
xīróngyè 稀溶液		18
xīshì 稀释		130
xītǔ-yuánsù 稀土元素		28
xīyánsuān 稀盐酸		77
xīyǒu qìtǐ 稀有气体		62
xǐdícáo 洗涤槽		141
xǐ'ěrqiú 洗耳球		139
xǐpíng 洗瓶		145
xìkǒupíng 细口瓶		146
xiànxiàng① 现象①		1
xiànxiàng② 现象②		2
xiāngduì fēnzǐ zhìliàng 相对分子质量		31
xiāngduì yuánzǐ zhìliàng 相对原子质量		31
xiāngwèijì 香味剂		137
xiàngshàng páikōngqìfǎ 向上排空气法		124
xiàngxià páikōngqìfǎ 向下排空气法		124
xiàngjiāo 橡胶		116
xiàngjiāoguǎn 橡胶管		140
xiàngjiāosāi 橡胶塞		140
xiàngpísāi 橡皮塞		140
xiāodúyè 消毒液		137
xiāoqù fǎnyìng 消去反应		50
xiāo 硝		95
xiāosuān 硝酸		76
xiāosuānǎn 硝酸铵		86
xiāosuānbèi 硝酸钡		85
xiāosuāngài 硝酸钙		85
xiāosuān gānyóu 硝酸甘油		120
xiāosuāngēn 硝酸根		84
xiāosuānjiǎ 硝酸钾		84
xiāosuānměi 硝酸镁		85
xiāosuānnà 硝酸钠		85
xiāosuāntóng 硝酸铜		85
xiāosuānyín 硝酸银		85
xiǎojié 小结		1
xiǎosūdá① 小苏打①		90
xiǎosūdá② 小苏打②		90
xīnměng-diànchí 锌锰电池		54
xiù 锈		44
xiùshuǐ 溴水		61
xùdiànchí 蓄电池		55
xuánzhuóyè 悬浊液		14
xúnhuán lìyòng 循环利用		4

汉语拼音索引

Y

yāqiáng 压强		10
yàliúsuāngēn 亚硫酸根		84
yàliúsuānnà 亚硫酸钠		84
yàtiěyán 亚铁盐		76
yàxiāosuāngēn 亚硝酸根		86
yàxiāosuānjiǎ 亚硝酸钾		86
yàxiāosuānnà 亚硝酸钠		86
yánzhǎnxìng 延展性		11
yánbō 研钵		148
yánbōbàng 研钵棒		148
yán 盐		38
yándù 盐度		15
yánsuān 盐酸		76
yǎnshēngwù 衍生物		101
yànsè-fǎnyìng 焰色反应		46
yànsè-shíyàn① 焰色试验①		46
yànsè-shíyàn② 焰色试验②		46
yángjí 阳极		131
yánglízǐ 阳离子		35
yǎnghuà 氧化		48
yǎnghuàgài 氧化钙		69
yǎnghuà huányuán fǎnyìng 氧化还原反应		48
yǎnghuàjì 氧化剂		134
yǎnghuàjiǎ 氧化钾		68
yǎnghuàlǚ 氧化铝		69
yǎnghuàměi 氧化镁		69
yǎnghuàmó 氧化膜		71
yǎnghuànà 氧化钠		69
yǎnghuàshù 氧化数		32
yǎnghuàtiě 氧化铁		69
yǎnghuàtóng 氧化铜		69
yǎnghuàwù 氧化物		65
yǎnghuàxìng 氧化性		40
yǎnghuàyàtiě 氧化亚铁		70
yǎngqì 氧气		61
yàochí 药匙		138
yějīn 冶金		91
yěliàn 冶炼		91
yèhuà 液化		42
yèhuà shíyóuqì 液化石油气		57
yèróngjiāo 液溶胶		14
yètǐ 液体		9
yèxiù 液溴		62
yīcìxìng diànchí 一次性电池		55
yīlǜjiǎwán 一氯甲烷		105
yīyǎnghuàdàn 一氧化氮		66
yīyǎnghuàtàn① 一氧化碳①		66
yīyǎnghuàtàn② 一氧化碳②		67
yīyuánsuān 一元酸		74
yíqì 仪器		122
yíyèguǎn 移液管		143
yǐchún 乙醇		110
yǐ'èrchún 乙二醇		111
yǐ'èrsuān 乙二酸		109
yǐmí 乙醚		111
yǐquán 乙醛		112
yǐquē 乙炔		107
yǐsuān 乙酸		109
yǐsuān-yǐzhǐ 乙酸乙酯		112
yǐwán 乙烷		104
yǐxī 乙烯		107
yǐquán 蚁醛		111
yǐsuān① 蚁酸①		109
yǐsuān② 蚁酸②		109
yìbàowù 易爆物		123
yìhàopǐn 易耗品		124
yìránwù 易燃物		123
yìróng 易溶		16
yīnjí 阴极		131
yīnlízǐ 阴离子		35
yínjìng-fǎnyìng 银镜反应		49
yínkuàng 银矿		94
yínxīn-diànchí 银锌电池		54
yìngdù 硬度		9
yóuzhī 油脂		120
yóulítài 游离态		6
yǒujī bō·li 有机玻璃		117
yǒujī huàhéwù 有机化合物		97
yǒujī huàxué 有机化学		97
yǒujī róngjì 有机溶剂		104
yǒujīwù 有机物		97
yǒukǒng-xiàngjiāosāi 有孔橡胶塞		140
yǒusè jīnshǔ 有色金属		63
yuánsù 元素		27
yuánsù fúhào 元素符号		154
yuánsù zhōuqībiǎo 元素周期表		27
yuánsù zhōuqīlǜ 元素周期律		27
yuándiànchí 原电池		55
yuányóu① 原油①		57
yuányóu② 原油②		57
yuánzǐ 原子		18
yuánzǐ bànjìng 原子半径		32
yuánzǐ guǐdào 原子轨道		19
yuánzǐhé 原子核		19
yuánzǐjià 原子价		32
yuánzǐ jiégòu shìyìtú 原子结构示意图		31
yuánzǐliàng 原子量		30
yuánzǐtuán 原子团		35
yuánzǐ xùshù 原子序数		30
yuándǐ-shāopíng 圆底烧瓶		147

Z

zázhì 杂质		134
zàishēng 再生		4
zàohuà-fǎnyìng 皂化反应		51
zhàyào 炸药		120
Zhāng Qīnglián① 张青莲①		153
Zhāng Qīnglián② 张青莲②		153
zháohuǒdiǎn① 着火点①		11
zháohuǒdiǎn② 着火点②		11
zhǎoqì 沼气		56
zhètáng 蔗糖		113
zhèndàng 振荡		128
zhēngfā 蒸发		126
zhēngfāmǐn 蒸发皿		137
zhēngliú 蒸馏		127
zhēngliú shāopíng 蒸馏烧瓶		147
zhēngliúshuǐ 蒸馏水		127
zhèngdiànhè 正电荷		38
zhèngfǎnyìng 正反应		47
zhīliàn 支链		102
zhīfángtīng 脂肪烃		100
zhīfángzú-huàhéwù 脂肪族化合物		100
zhǐshìjì 指示剂		135
zhǐ 酯		98
zhǐhuà-fǎnyìng 酯化反应		50
zhǐjī 酯基		103
zhìlěngjì 制冷剂		136
zhìqǔ 制取		127
zhìliàng 质量		9
zhìliàng shǒuhéng 质量守恒		26
zhìliàng shǒuhéng dìnglǜ 质量守恒定律		26
zhìliàngshù 质量数		29
zhìzǐ 质子		19
zhìzǐshù 质子数		29
zhìhuàn fǎnyìng 置换反应		48
zhōnghé fǎnyìng 中和反应		49
zhōnghérè 中和热		46
zhōnghé zuòyòng 中和作用		48
zhōngxìng 中性		39
zhōngzǐ 中子		19
zhōngzǐshù 中子数		29
zhòngjīnshǔ 重金属		63
zhǔliàn 主链		101
zhǔzú 主族		27
zhuīxíngpíng 锥形瓶		147
zhǔnquèdù 准确度		133
zìyóu diànzǐ 自由电子		25

zú 族		27
zúxùshù 族序数		32
zuànshí 钻石		65
zuìjiǎnshì 最简式		34
zuìwàicéng diànzǐshù		
最外层电子数		31

其他

pH zhí　pH 值		39
U xíng-gānzàoguǎn		
U 形干燥管		144

笔画索引

一画

一元酸	74
一次性电池	55
一氧化氮	66
一氧化碳①	66
一氧化碳②	67
一氯甲烷	105
乙二酸	109
乙二醇	111
乙炔	107
乙烯	107
乙烷	104
乙酸	109
乙酸乙酯	112
乙醇	110
乙醛	112
乙醚	111

二画

二元酸	74
二氧化硅	67
二氧化硫	68
二氧化氮	67
二氧化锰	70
二氧化碳①	67
二氧化碳②	67
二氯化锰	73
二氯甲烷	106
丁达尔效应	15
丁炔	108
丁基橡胶	116
丁烯	107
丁烷	105

三画

三氧化二氮	68
三氧化硫	68
三脚架	142
三颈瓶	147
三氯甲烷	106
三键	22
干冰	67
干馏	128
干燥剂	135
干燥器	149
工业制法	124
大理石	94
小苏打①	90
小苏打②	90
小结	1
广口瓶	146
门捷列夫	152
己烷	105

四画

开发	3
开采	3
天气	60
天平	148
天然气	56
元素	27
元素周期表	27
元素周期律	27
元素符号	154
无机化合物	60
无机化学	60
无机物	60
无色	7
无定形碳	65
无氧酸	74
木糖	113
木糖醇	113
五氧化二氮	68
五氧化二磷	68
支链	102
不可再生能源	53
不充分燃烧	126
不完全燃烧	126
不饱和烃	100
不饱和溶液	17
不活泼金属	63
不锈钢	92
中子	19
中子数	29
中和反应	49
中和作用	48
中和热	46
中性	39
水合反应	49
水银①	167
水银②	168
水解	41
水解反应	49
水煤气	56
水溶液	17
水槽	141
气化	42
气体	9
气体摩尔体积	26
气味	7
气瓶	146
气密性	12
气溶胶	14
升华	43
长周期	28
长颈漏斗	142
化工厂	4
化石能源	53
化合	47
化合反应	47
化合价	32
化合态	6
化合物	6
化肥	96
化学	1
化学反应	41
化学反应限度	51
化学反应速率	51
化学方程式	44
化学计量法	132
化学计量数	44
化学平衡	51
化学平衡状态	52
化学式	34
化学物质	6
化学变化	5
化学性质	5
化学结构	6

化学能	53	石油	56	尼龙纤维	115
化学符号	44	石棉网	142	加成反应	50
化学键	20	石蜡	119	加热	125
反应条件	45	石蕊	120	加聚反应	50
反应物	45	石墨	65	发掘	3
分子	18	石器	2		
分子式	34	戊烷	105	**六画**	
分子轨道	19	平底烧瓶	147	动态平衡	52
分子间作用力	20	灭火剂	135	托盘天平	148
分子量	30	灭火器	149	扩散	130
分层①	129	东西	5	扩散过程	130
分层②	129	卡文迪许	151	共用电子对	21
分析	131	甲苯	108	共价化合物	21
分析天平	149	甲基红	120	共价键	21
分析化学	132	甲基橙	119	芒硝	95
分组	131	甲烷	104	亚铁盐	76
分类	131	甲酸	109	亚硝酸钠	86
分离	128	甲醇	110	亚硝酸根	86
分液	128	甲醛	111	亚硝酸钾	86
分液漏斗	143	电子天平	149	亚硫酸钠	84
分散系	13	电子式	34	亚硫酸根	84
分散质	13	电子层	31	机油	57
分散剂	13	电子层数	31	过氧化物	66
分裂	44	电子转移	33	过氧化钠	70
分解	41	电子能级	33	过氧化氢	70
分解反应	47	电子排布	33	过渡元素	28
分馏	127	电子排布式	33	过滤	129
火	125	电负性	33	再生	4
火药	95	电极	131	压强	10
计量法	132	电极反应	51	有孔橡胶塞	140
双氧水	70	电荷	38	有机化合物	97
双键	22	电离	37	有机化学	97
		电离方程式	37	有机物	97
五画		电离度	37	有机玻璃	117
正反应	47	电离能	37	有机溶剂	104
正电荷	38	电离常数	37	有色金属	63
甘油①	111	电搅拌器	150	成分	7
甘油②	111	电解池	55	轨道重叠	20
甘油三酯	112	电解质	36	同分异构体	101
可再生能源	52	四氧化三铁	70	同分异构现象	101
可逆反应	47	四氯化碳	106	同位素	30
可溶	16	生石灰	69	同系物	100
可燃冰	56	生成物	45	同素异形体	60
可燃物	123	生铁①	92	吸水	42
可燃性	40	生铁②	92	吸附	130
丙三醇	111	生锈	44	吸热	45
丙炔	107	仪器	122	吸热反应	46
丙基橡胶	116	白金	90	回收	3
丙烯	107	主族	27	氖气	62
丙烷	105	主链	101	延展性	11
丙酮	112	尼古丁	118	价电子	32
石灰石①	88	尼龙①	115	价态	32
石灰石②	88	尼龙②	115	自由电子	25

词条	页码	词条	页码	词条	页码
向下排空气法	124	极性	24	取代反应	50
向上排空气法	124	极性分子	24	取代基	102
杀虫剂	118	极性键	24	苯	108
杀菌剂	118	两性氢氧化物	78	苯甲酸钠	108
合成纤维	116	两性氧化物	66	苯并芘	109
合成橡胶	116	还原	48	苯环	108
合金	91	还原剂	134	苯酚	108
合金钢	93	还原性	40	苹果酸	110
杂质	134	卤代反应	50	范德华力	20
负电荷	38	卤代烃	99	矾	84
多元酸	74	卤素	28	矿物	93
多肽	117	卤族元素	28	非电解质	37
多糖	112	利用	4	非极性	24
次外层电子数	32	体积	10	非极性分子	24
次氯酸	81	低碳	58	非极性键	24
次氯酸钙	81	皂化反应	51	非金属①	64
次氯酸钠	81	含氧酸	74	非金属②	64
次氯酸根	81	冷凝	43	非金属性①	64
产物	45	冷凝管	143	非金属性②	64
充分燃烧	126	冶金	91	歧化反应	49
充电电池	54	冶炼	91	果酸	110
污水处理厂	4	汽车尾气	58	果糖	113
安全图标	123	汽化	42	明矾	84
农药①	118	沉降	130	易耗品	124
农药②	118	沉淀	129	易溶	16
设备	122	完全燃烧	126	易燃物	123
设施	122	启普发生器	149	易爆物	123
导电性	12	尿素	117	固体	8
导热性	12	尾气	58	固溶胶	14
导管①	139	张青莲①	153	凯库勒	152
导管②	139	张青莲②	153	制冷剂	136
阳极	131	阿伏加德罗	151	制取	127
阳离子	35	阿伏加德罗常数	25	物体状态	8
阴极	131	纯净物	7	物质	5
阴离子	35	纯度	15	物质的量	25
防护用具	123	纯碱	88	物质的量浓度	26
防冻剂	119			物资	5
防腐剂	119	**八画**		物理变化	5
红宝石	95	环丁烷	106	物理性质	5
		环己烷	107	物理量	9
七画		环丙烷	106	侧链	102
麦芽糖	113	环戊烷	106	质子	19
赤铁矿	93	环烷烃	99	质子数	29
护目镜	123	青铜	91	质量	9
花岗岩	94	青铜器	3	质量守恒	26
芳香剂	118	现象①	1	质量守恒定律	26
芳香油	119	现象②	2	质量数	29
芳香烃	100	表面皿	137	舍勒	152
芳香族化合物	100	表面活性物质	119	金刚石	65
苏打①	88	坩埚	147	金属	63
苏打②	89	坩埚钳	148	金属性	64
材料	5	垃圾处理站	4	金属活动性	64
极化	23	拉瓦锡	152	金属氧化物	66

笔画索引 185

金属键	21					衍生物	101
采矿	3		**九画**			食用碱	90
乳化剂	136	玻义耳	151			逆反应	47
乳浊液	14	玻意耳	151			炼钢	93
乳酸①	110	玻璃钢	117			炼铁	92
乳酸②	110	玻璃棒	139			炸药	120
饱和	17	玻璃管	140			烃	98
饱和烃	99	毒性	40			烃基	102
饱和溶液	17	指示剂	135			洗耳球	139
变色	7	挖掘	3			洗瓶	145
废水	133	挥发	42			洗涤槽	141
废气	133	挥发性	12			活泼金属	63
废渣	134	草酸①	109			活性炭	65
放热	46	草酸②	109			浑浊①	8
放热反应	46	药匙	138			浑浊②	8
单体	114	相对分子质量	31			浓度	15
单位	25	相对原子质量	31			浓盐酸	77
单质	6	研钵	148			浓硫酸	77
单键	22	研钵棒	148			浓溶液	18
单糖	112	耐高温	13			浓缩	43
炔烃	99	点火	125			恒温器	149
油脂	120	点燃	125			恢复	48
泥三角	142	蚁酸①	109			结合力	23
沸点	10	蚁酸②	109			结构式	34
沸腾	126	蚁醛	111			结构单元	114
沼气	56	钝化	71			结构简式	35
波尔多液	17	钢	93			结晶①	43
定性	132	氟利昂	58			结晶②	43
定性分析	133	氢气	61			络合物	103
定量	132	氢气发生器	149				
定量分析	132	氢化物	78			**十画**	
空气	60	氢氧化亚铁	80			振荡	128
空间构型	22	氢氧化物	78			盐	38
实验①	121	氢氧化钙	78			盐度	15
实验②	121	氢氧化钠	79			盐酸	76
实验式	34	氢氧化钡	80			热能	53
实验设计	121	氢氧化钾	78			热稳定性	13
实验技能	122	氢氧化铁	79			核电荷数	30
实验室	121	氢氧化铜	79			核外电子数	29
实验室规则	121	氢氧化铝	79			核素	30
实验室制法	124	氢氧化锶	80			配平	45
试纸	138	氢氧化镁	79			配合物	103
试剂	122	氢氧根离子	36			配位键	21
试剂瓶	146	氢离子①	36			配制	126
试管	140	氢离子②	36			砝码	148
试管夹	140	氢键	22			原子	18
试管刷	141	香味剂	137			原子半径	32
试管架	141	重金属	63			原子轨道	19
孤对电子	25	复分解反应	48			原子团	35
降解	42	复合材料	117			原子价	32
降碳	58	复合肥料	96			原子序数	30
细口瓶	146	复原	48			原子结构示意图	31
		侯德榜	152			原子核	19

原子量	30	离子化合物	20	硅酸	77
原电池	55	离子反应	41	硅酸盐	75
原油①	57	离子方程式	44	硅藻土	95
原油②	57	离子键	20	常温	125
柴油	57	离子酸	35	悬浊液	14
圆底烧瓶	147	离子碱	35	铝土矿	94
钻石	65	离心分离	128	铝合金	91
钾肥	96	离域电子	25	银矿	94
铁夹	142	粉尘	9	银锌电池	54
铁架台	141	粉碎	42	银镜反应	49
铁盐	76	烧杯	145	甜味剂	137
铁屑	92	烧瓶	145	移液管	143
铁圈	141	递变❶	2	偏铝酸钠	90
铁锈	71	递变❷	2	偏移	21
铁器	3	酒精	110	脱水	42
氧气	61	酒精灯	137	脱水剂	135
氧化	48	酒精灯罩	138	脱氮作用	96
氧化亚铁	70	酒精喷灯	138	减碳	58
氧化还原反应	48	消去反应	50	族	27
氧化物	65	消毒液	137	族序数	32
氧化剂	134	润滑油	58	着火点①	11
氧化性	40	容积	10	着火点②	11
氧化钙	69	容量瓶	145	羟基	102
氧化钠	69	课题	1	粒子	18
氧化钾	68	弱电解质	36	烯烃	99
氧化铁	69	弱酸	75	烷烃	99
氧化铜	69	弱碱	75	烷基	102
氧化铝	69	陶器	3	清洁剂	136
氧化数	32	陶罐	3	添加剂	136
氧化镁	69	通式	33	混合物	7
氧化膜	71	能源①	52	液化	42
氨	62	能源②	52	液化石油气	57
氨水	62	难溶①	16	液体	9
氨气	62	难溶②	16	液溴	62
氨基酸	117			液溶胶	14
特氟龙①	114	十一画		淡化	130
特氟龙②	114			密度	10
称量瓶	145	球形干燥管	144		
借用	4	排水法	124	十二画	
臭氧	62	排水集气法	124		
脂肪烃	100	教学模型	1	提纯	128
脂肪族化合物	100	探究	2	提取	127
胶头滴管	143	掺杂	126	提取物	127
胶体	14	菱铁矿	94	提炼	127
胶粘剂	136	黄金	91	葡萄糖	113
衰变	54	黄铜	91	硬度	9
高分子	103	黄铜矿	93	硝	95
高分子化合物	103	萃取	129	硝酸	76
高温	125	萃取剂	134	硝酸甘油	120
高锰酸钾	80	检测	131	硝酸钙	85
高聚物	104	副族	27	硝酸钠	85
准确度	133	酚	98	硝酸钡	85
离子	19	酚酞	120	硝酸根	84
		酚醛树脂	116	硝酸钾	84

词	页	词	页	词	页
硝酸铜	85	氯化镁	72	微粒	18
硝酸铵	86	氯代物	105	微粒数	26
硝酸银	85	氯酸钾	80	微量元素	29
硝酸镁	85	稀土元素	28	微溶	16
硫氰化钾	90	稀有气体	62	羧基	102
硫酸	76	稀盐酸	77	羧酸	97
硫酸亚铁	83	稀硫酸	77	塑料	116
硫酸钙	82	稀释	130	煤	55
硫酸钠	82	稀溶液	18	煤气	56
硫酸钡	83	集气瓶	146	煤块	55
硫酸根	82	储气瓶	146	煤油	57
硫酸钾	82	奥秘	2	满	17
硫酸铁	83	循环利用	4	滤纸	138
硫酸铜	83	腈纶	115	滤液	129
硫酸铝	82	普利斯特里	152	溴水	61
硫酸铝钾	83	道尔顿	151	溶质	15
硫酸铵	83	焰色反应	46	溶质质量分数	17
硫酸镁	82	焰色试验①	46	溶剂	15
硫醇	111	焰色试验②	46	溶液	13
硫磺	157	温度①	139	溶解	41
裂变	53	温度②	139	溶解性	12
裂解	44	温度计①	139	溶解度	16
裂解反应	49	温度计②	139	福尔马林	111
辉铁矿	94	游离态	6		
最外层电子数	31	惰性气体	62	**十四画**	
最简式	34	强电解质	36	静电作用	20
量杯	144	强酸	74	聚乙烯	114
量筒	145	强碱	75	聚四氟乙烯	114
晶体①	23	疏松剂	136	聚合物	104
晶体②	23	媒介	45	聚合度	114
晶格	23	缓冲剂	135	聚苯乙烯	115
黑色金属	63			聚变	53
锂电池	54	**十三画**		聚氯乙烯	115
锈	44	蓝宝石	95	聚酰胺	115
锌锰电池	54	蓄电池	55	蔗糖	113
短周期	28	蒸发	126	酸	38
氮气	61	蒸发皿	137	酸式盐	75
氮肥	96	蒸馏	127	酸式滴定管	144
氯水	61	蒸馏水	127	酸性	39
氯气	61	蒸馏烧瓶	147	酸性氧化物	65
氯化汞	73	酮	98	酸酐	39
氯化物	71	酮基	103	酸碱质子理论	40
氯化钙	71	酯	98	酸碱性	39
氯化钠	72	酯化反应	50	酸碱指示剂	40
氯化钡	73	酯基	103	酸碱度	39
氯化钾	71	零族	28	碱	38
氯化铁	72	置换反应	48	碱石灰	80
氯化铜	72	锥形瓶	147	碱式盐	75
氯化铝	72	锦纶	115	碱式滴定管	144
氯化铵	73	键角	22	碱金属	29
氯化银	73	键线式	101	碱性	39
氯化锂	73	键能	23	碱性氧化物	66
氯化锌	72	催化剂	135	碳中和①	59

碳中和②	59
碳水化合物	104
碳达峰	59
碳利用	58
碳封存	59
碳捕集	59
碳酸	77
碳酸钙	88
碳酸钠	88
碳酸钡	89
碳酸氢钠	90
碳酸氢根	89
碳酸根	88
碳酸钾	88
碳酸铜	89
碳酸铵	89
碳酸银	89
碳碳双键	101
磁力搅拌器	150
腐蚀性	12
精密度	133
精确度	133
熔沸点	11
熔点	10
熔融状态	11
漂白剂	81
漂白粉	81
滴定法	125
滴定管	143
滴定管夹	144
滴瓶	146
滴管	143
漏斗	142
褪色①	8
褪色②	8
缩	43
缩聚反应	51

十五画

橡皮塞	140
橡胶	116
橡胶塞	140
橡胶管	140
醋酸	109
醋醛	112
醇	97
镊子	148
镍镉电池	54
熟石灰①	78
熟石灰②	78
熟铁	92
摩尔	25
摩尔质量	26

潮解	41
澄清石灰水	79

十六画

螯合物	103
操作方法	122
醛	98
醛基	103
醚	98
器材	122
凝固	43
凝固点	11
凝聚	43
燃点①	11
燃点②	11
燃料电池	55
燃烧	125
燃烧匙	138

十七画

戴维	151
磷肥	96
磷酸	76
磷酸二氢钠	88
磷酸二氢根	87
磷酸二氢钾	87
磷酸钠	87
磷酸氢二钠	87
磷酸氢二钾	87
磷酸氢根	87
磷酸根	86
磷酸钾	86

二十三画

罐	3

其他

pH 值	39
U 形干燥管	144

图书在版编目（CIP）数据

化学常用词通用手语 / 中国残疾人联合会组编；中国聋人协会，国家手语和盲文研究中心编. -- 北京：华夏出版社有限公司，2022.10
（国家通用手语系列）
ISBN 978-7-5222-0360-7

Ⅰ. ①化… Ⅱ. ①中… ②中… ③国… Ⅲ. ①化学－手势语－特殊教育－教材 Ⅳ. ① H126.3 ② G762.4

中国版本图书馆 CIP 数据核字 (2022) 第 111778 号

ⓒ 华夏出版社有限公司　未经许可，不得以任何方式使用本书全部及任何部分内容，违者必究。

化学常用词通用手语

组 编 者	中国残疾人联合会
编　　者	中国聋人协会　国家手语和盲文研究中心
项目统筹	曾令真
策划编辑	王一博
责任编辑	刘　畅
美术编辑	徐　聪
装帧设计	王　颖
责任印制	顾瑞清
出版发行	华夏出版社有限公司
经　　销	新华书店
印　　装	三河市少明印务有限公司
版　　次	2022 年 10 月北京第 1 版 2022 年 10 月北京第 1 次印刷
开　　本	787×1092　1/16 开
印　　张	13.5
字　　数	300 千字
定　　价	39.00 元

华夏出版社有限公司　地址：北京市东直门外香河园北里 4 号　邮编：100028
网址：www.hxph.com.cn　电话：（010）64663331（转）
若发现本版图书有印装质量问题，请与我社营销中心联系调换。

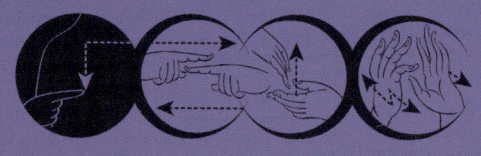

沟通由手形到心灵

　　通用手语是我国通用语言的一部分。推广使用通用手语、构建无障碍沟通环境是国家语言工作的重要政策。《化学常用词通用手语》是"国家通用手语系列"之一，以适应聋人教育机构化学教学工作的基本需要。本书依据手语语言学理论，广泛选取表达化学概念的形象手语动作，体现手语借助形象与空间表意的特点。

项目统筹：曾令真
策划编辑：王一博
责任编辑：刘　畅
特邀审校：许　婷
美术编辑：徐　聪
装帧设计：王　颖

通用手语微信平台

ISBN 978-7-5222-0360-7

定价：39.00元

高等医学院校康复治疗学专业教材

Research Guidance of Physical Therapy and Occupational Therapy

物理疗法与作业疗法研究

（第二版）

● 刘克敏 主编

华夏出版社
HUAXIA PUBLISHING HOUSE